O ABC da Mulher Moderna

Clare Conville, Liz Hoggard
& Sarah-Jane Lovett

O ABC da Mulher Moderna

Tradução
Doralice Lima

1ª edição

BestSeller
Rio de Janeiro | 2014

CIP-BRASIL. CATALOGAÇÃO NA PUBLICAÇÃO
SINDICATO NACIONAL DOS EDITORES DE LIVROS, RJ

Conville, Clare
C783a O ABC da mulher moderna / Clare Conville, Liz Hoggard, Sarah-Jane Lovett; tradução: Doralice Lima. – 1. ed. – Rio de Janeiro: Best*Seller*, 2014.

Tradução de: Dangerous Women
Inclui bibliografia
ISBN 978-85-7684-617-8

1. Mulheres – Século XXI. 2. Mulheres – Condições sociais. 3. Feminismo. I. Hoggard, Liz. II. Lovett, Sarah-Jane. III. Título.

14-13055 CDD: 305.42
CDU: 3156.346.2-055.2

Texto revisado segundo o novo Acordo Ortográfico da Língua Portuguesa.

Título original
DANGEROUS WOMEN

Editoração eletrônica: Abreu's System

Direitos exclusivos de publicação em língua portuguesa para o Brasil adquiridos pela
Editora Best Seller Ltda.
Rua Argentina, 171, parte, São Cristóvão
Rio de Janeiro, RJ – 20921-380
que se reserva a propriedade literária desta tradução.

Impresso no Brasil

ISBN 978-85-7684-617-8

Dedicatórias

Para meus lindos filhos: Tom, Teddy e Milly;
para DW Rowan Pelling e Sue Armstrong.
— CBC

* * *

Para os amigos que posso chamar às quatro da manhã
(obrigada, Marlene Dietrich), o que há de melhor...
— LH

* * *

Para Otis e Queenie Ingrams, eternamente.
— SJL

"Para que servem os dias?
É neles que vivemos.
Eles chegam, nos despertam
vezes sem conta.
São para sermos felizes:
onde podemos viver senão nos dias?"
— "Dias", Philip Larkin

* * *

"Eu sou porque você é."
— Provérbio Africano

* * *

"Se você quiser muito
ler um livro,
mas ele ainda não tiver sido escrito,
você precisa escrevê-lo."
— Toni Morrison

* * *

"Se ainda houver uma pessoa que não seja livre, eu não sou livre;
se ainda houver uma pessoa que sofra insultos e humilhações, eu sofro.
Você entende?"
— Ai Weiwei

* * *

"Comece por qualquer lugar."
John Cage

A

Abandonar a festa

"Por amar tanto a vida,
eu costumava pensar
que morrer seria
como abandonar a festa
antes do final.
Agora sei que a festa
na verdade acontece
em outro lugar."
— "LEAVING THE PARTY", ANÔNIMO

Não é fácil abandonar a festa. Nosso único consolo é saber que um bilhão de pessoas fizeram isso antes de nós, portanto também somos capazes de fazê-lo.
(ver: *Amiga com câncer, Queda de cabelo, Testamento, Caixas de recordações, Moda hospitalar*)

Aborto

É um triste fato que, apesar da ampla disponibilidade de métodos de controle da natalidade e da pílula do dia seguinte, o Reino Unido tenha a taxa de abortos mais alta do mundo ocidental. O estranho é que já aconteceu de bebês muito prematuros sobreviverem ao prazo máximo para o aborto, que é de 24 semanas. Nesse momento, os limites legais e morais ficam confusos.

Um aborto é um procedimento médico relativamente simples, mas que pode deixar cicatrizes emocionais duradouras. Se você estiver pensando em fazê-lo, procure aconselhamento profissional. Se for solteira, estiver grávida e já tiver quase 40 anos — e sempre tiver desejado ter filhos —, nós aconselhamos ter o bebê, mesmo que isso implique em reorganizar sua vida.
(ver: *Controle de natalidade, É só um presente, Esperma*)

Abra o jogo!
Às vezes é apropriado falar e às vezes não é. Em geral, a informação precisa circular, pois essa é uma das funções e recompensas de fazer parte de uma ampla sociedade. No entanto, se alguém pedir que você guarde um segredo, é preciso fazê-lo. Se alguém pedir que você revele o segredo de outra pessoa, resista. Contudo, somos todos vulneráveis ao canto da sereia, portanto, não bata em sua melhor amiga se ela deixar escapar alguma coisa.
(ver: *Melhor amiga, Fofocas, Segredos*)

Abusar da internet
Não é lá que você está.
(ver: *Tecnologia*)

Abuso sexual
(ver: *Feridas paternas*)

Aceitar responsabilidade
(ver: *Limites, Encarar o problema, Questões financeiras, Receber as contas*)

Acima da situação
Quando todo mundo está se comportando mal, é bom se elevar acima da situação e seguir seu caminho.
(ver: *Graça*)

Acompanhantes
Toda mulher que já passou dos 40 precisa de um homem carismático para levar às festas, que vai rir de todas as suas piadas e lembrar qual é o seu coquetel favorito. Vocês não vão automaticamente para a cama (a maioria dos melhores acompanhantes é gay), mas pode ser muito bom se isso acontecer. Por que uma mulher que está entre dois relacionamentos não pode tomar uma decisão pragmática, como fazem os homens?
(ver: *Pensar como homem*)

Acupuntura dos cinco elementos
Originária da filosofia Taoísta, a acupuntura dos cinco elementos era o sistema de medicina preventiva favorito dos "príncipes" da China antiga. Ao equilibrar os cinco elementos do corpo, fortalecer o sistema imune e garantir o livre fluxo do "chi", a energia vital, o curandeiro também tratava em cada indivíduo sua relação com a comunidade na qual vivia. No século XXI, estudos científicos descobriram poucas provas da eficácia do método e os médicos continuam céticos em relação ao seu poder de cura, embora centenas de milhares de ocidentais que frequentam regularmente um acupunturista afirmem que a técnica funciona. Como explicar essa contradição? É pouco provável que a acupuntura cure doenças crônicas, mas também é possível que a própria conexão física entre o acupunturista e o paciente, somada ao tempo que os dois passam juntos, exerçam um efeito positivo. Quem se sente bem, está bem. Se você acreditar

que formas mais convencionais de medicina e terapia não estejam resolvendo, pode valer a pena tentar essa técnica — principalmente para depressão, problemas de fertilidade, insônia e perda da libido. (ver: *Botox, Fertilidade*)

Adiamento do prazer

É uma verdade universalmente reconhecida que a sobrevivência da raça humana sempre dependeu do fato de que as mulheres costumam abrir mão do próprio prazer pelo bem da maioria. Nos tempos modernos, continuamos especialistas nesse campo específico, o que é incrivelmente útil para todos os homens nem tão adultos assim que vivem a nosso redor. Até a mídia, supostamente dominada por liberais, fortalece essa visão. Contudo, será que não existe uma pitada de martírio nisso tudo? Naturalmente, é bom cumprir nossas responsabilidades: há quem diga que essa é a única maneira de conquistarmos a liberdade, mas hoje em dia parece que queremos acrescentar expectativas ainda maiores a essa mistura. Será que só nos permitimos viver bem depois de termos lavado a louça, perdido cinco quilos e recuperado a Arca da Aliança? Dez anos mais tarde, talvez façamos um retrospecto diante de uma fotografia e digamos: "Meu Deus, eu tinha braços fantásticos, afinal. Poderia ter saído para dançar, me divertido, talvez chegado em casa um pouco mais tarde e isso não teria prejudicado nem a mim nem às pessoas que eu amo."
(ver: *Orgasmos*)

Administração do corpo

"Muitas jovens são constantemente dominadas pela necessidade de controlar e administrar a imagem corporal, a ponto de se envolverem muito mais com a produção de si mesmas do que com o ato de viver."
— Suzie Orbach

Adolescentes

Adolescentes podem ser terríveis, mas a verdade é que 99% das vezes por causa da descarga de hormônios no corpo, eles não conseguem evitar isso. Não imponha castigos ridículos, como suspender a mesada durante dois anos e meio, e não prolongue as discussões por conta de seus próprios problemas hormonais e/ou hepáticos. Quando um adolescente pega impulso, não há um botão para desligá-lo. Você tem um para si, portanto use-o. Em casos de uso de drogas, chegar tarde em casa, saúde sexual e dever de casa atrasado, explique-lhes que sua única motivação é a preocupação com a saúde e segurança deles, e não o desejo de pertencer à maioria conservadora. Em caso de quarto caótico, limite-se a fechar a porta e deixar que eles convivam com a bagunça.

(ver: *Filhas, Madrinhas, Filhos, Afilhados, Madrastas, Lágrimas, Tecnologia*)

Advogados

Apenas telefone para o advogado de divórcio quando já tiver parado de chorar.

(ver: *Questões financeiras*)

Agenda de endereços

Todo mundo tem uma, mas precisamos tirar a poeira dela e atualizá-la de vez em quando. Se necessário, troque endereços com uma amiga. Mas lembre-se de pagar a tarifa de uma garrafa de champanhe ou uma comissão de agenciamento pela informação sobre um cara, principalmente se ele se revelar bom material conjugal. Vamos lá, meninas. Vamos compartilhar com equanimidade.

(ver: *Bom material conjugal*)

Água

A água é tudo. Quando a desperdiçamos, nos colocamos em perigo, porque ela é vital para todas as formas de vida. Ela representa a liberdade corporal, a pureza e a limpeza. Apesar de ter o pé deformado, em 1810 Lorde Byron encontrou sua liberdade definitiva e seu maior desafio ao cruzar a nado uma extensão de quase cinco quilômetros de mar agitado no Helesponto, onde o Mar Negro desemboca no Mar Egeu e a Ásia praticamente beija a Europa.

A água pode ser borbulhante ou parada: nas cachoeiras, pelos rios, em chuveiros, mares e chuva. Ela pode nos martelar e encharcar, afogar e salvar: não podemos existir sem ela. Beba água durante todo o dia para manter a saúde, a agilidade e a sabedoria.

Ela pode nos batizar e ungir. E, como é do conhecimento de muitas donzelas, não há nada melhor para tirar aquele homem de sua cabeça. Literalmente. Dizem que funciona.

(ver: *Chuva, Litoral, Pele, Natação ao ar livre*)

Agulhas pré-enfiadas

São extraordinariamente úteis.

(ver: *Lojas de departamento, Reforme e economize*)

Álbum de fotos

"Uma boa foto evita que um momento desapareça."

— Eudora Welty

Hoje em dia, é mais provável registrarmos aniversários e casamentos em laptops e telefones celulares, mas não se esqueça do humilde álbum de fotografias. Há mais de cem anos ele vem contando nossas histórias individuais e coletivas, guardando nossas lembranças

mais preciosas. Ele oferece um registro permanente da história familiar — o que vestimos, o que comemos e onde passamos as férias. Um álbum de fotografias traz de volta nossa juventude; os filhos e netos adoram.
(ver: *Caixas de recordações*)

Álcool

"Wer nicht liebt Wein, Weib, Gesang,
Der bleibt ein Narr sein Leben lang."

"Quem não ama vinho, sua mulher e uma cantiga
Se mantém idiota por toda a vida."
— Atribuído a Martinho Lutero

(ver: *Maus hábitos, Bebidas, Champanhe, Coquetéis, Codependência, Dipsomania, Ligações perigosas, Insônia*)

Alegria

"A longo prazo, todos devíamos fazer o que nos traz alegria, mesmo que seja apenas colher uvas ou separar a roupa suja."
— E. B. White

Alergias

Por alguma razão, é difícil ser solidário com quem lhe diz que não pode comer castanha-do-pará. Apesar disso, a moda das alergias revela um problema real do século XXI. Somos asseados demais, nossas casas são limpas demais. Em decorrência dos atuais "conselhos especializados" sobre amamentação e o desmame, nossos bebês talvez não estejam recebendo uma variedade suficiente de alimentos

com o devido acompanhamento de bactérias. Se associarmos a isso a campanha mundial extraordinariamente bem-sucedida para erradicar doenças fatais, o resultado é que estamos formando sistemas imunológicos incompletos, que já não precisam combater invasores externos (vírus e bactérias) e, em vez disso, estão sucumbindo a uma grande quantidade de doenças autoimunes. É chato, mas precisamos ser responsáveis e mostrar simpatia pelos alérgicos, atendendo sem resmungar às suas necessidades dietéticas. Se você suspeitar de que tem alergia a alguma coisa, nós não vamos chamá-la de bebê chorona, mas, por favor, faça um teste alérgico. O lado positivo de tudo isso, para os menos obcecados por limpeza, é que há uma razão válida para não limpar o chão da cozinha mais de uma vez por semana.
(ver: *Remédios*)

Alma

Pesa 21 gramas e é um dos esteios das crenças religiosas, embora sua existência costume ser negada por cientistas fundamentalistas. A alma é uma mistura de genética, circunstância, natureza e criação. Nossa resposta individual ao destino ajuda a constituir esse ilusório núcleo de nosso ser. No momento da morte de alguém, os amigos e parentes muitas vezes têm uma profunda sensação de que a alma está deixando o corpo.

Almas gêmeas

Os consórcios civis exigem que você se torne a melhor amiga de seu cônjuge; segundo os usos sociais modernos, isso é "uma coisa boa". Mas será estritamente necessário no caso do seu maridinho ou do seu homem? Não é melhor reservar essa identidade de almas somente para as amigas?
(ver: *Melhor amiga, Bom material conjugal, Mesa de honra*)

Alto preço

Você sempre vai valorizar alguma coisa adorável e provavelmente de preço abusivo, seja um relógio de mergulho, um vestido estampado de uma grife italiana ou um creme facial delicioso e perfumado. E vai usar muito essa preciosidade porque pagou caro por ela, por um bom motivo. Provavelmente é bonita, bem-feita e de uma qualidade excepcional. Usá-la pode fazer você sentir-se milionária, o que é bom.

(ver: *Não posso comprar um artigo barato*)

Amamentação

Não vamos entrar nos detalhes práticos, mas obviamente é importante e gratificante amamentar, se você puder — 16 semanas são suficientes. No entanto, não se culpe se não puder: isso pode acontecer por inúmeras razões. O que um recém-nascido mais precisa é de uma mãe tranquila que durma o suficiente, e não de um monstro exausto e histérico, cheio de angústia por não saber se a criança está mamando o suficiente e qual é o momento certo para desmamar de acordo com a Organização Mundial de Saúde. Como prova desse ponto de vista, há diversos garotões (e garotonas) bem-alimentados e fortes, criados com leite em pó e pudim de chocolate industrial.

(ver: *Alergias, Bebês, Seios, Silicone*)

Amantes

"Quando alguém se casa com a amante, abre uma vaga."

— James Goldsmith

É possível que você conheça uma, que seu marido tenha uma ou que você seja uma.

(ver: *Casos, Amizade colorida*)

Ambição

Por que essa palavra ainda é um palavrão para as mulheres? Para os homens, a ambição é uma parte necessária e desejável da vida, mas as mulheres frequentemente minimizam as próprias conquistas por medo de parecerem egocêntricas ou egoístas — ou, ainda pior, "megeras". Não queremos ver todos os nossos esforços e realizações reconhecidos? É perfeitamente aceitável ser competitiva. A ambição nos tira da cama pela manhã e nos motiva a seguir em frente quando surgem dificuldades. Portanto, por que há dois pesos e duas medidas? Quando o chefe é homem e está de mau humor, nós o desculpamos porque ele é perfeccionista. Quando é uma mulher e exige um padrão alto, está tendo um ataque histérico. Lembre-se de que a ambição é neutra: o que determina se estamos operando de uma maneira saudável ou doentia é o uso que fazemos dela.

(ver: *Fêmeas alfa*)

Ambivalência (com relação à pessoa amada)

Um sentimento de ambivalência para com a pessoa amada costuma revelar a presença de grandes sentimentos: positivos, negativos, ou ambos. Se você sentir ambivalência com relação a seu parceiro ou a qualquer aspecto do relacionamento, precisa buscar a essência do problema e ser verdadeira quanto a seus sentimentos. Só!

(ver: *Solteirões, Rejeição*)

Ambivalência (com relação ao ex)

É a suprema vingança contra quem partiu seu coração.

(ver: *Rejeição*)

Amiga com câncer

No mundo ocidental, o câncer já se tornou praticamente uma pandemia. É provável que um a cada três habitantes tenha alguma forma de câncer durante a vida e talvez até morra em consequência da doença. Nas mulheres, o tipo mais comum é o câncer de mama, portanto você talvez conheça alguém que já sofreu ou sofre da doença, ou venha você mesma a sofrer desse mal. O lado positivo é que os tratamentos para câncer de mama têm sido tão eficazes que a doença já deixou de ser classificada como moléstia fatal e passou a ser considerada moléstia crônica. No entanto, de qualquer ângulo que olhemos, o câncer não é brincadeira; a quimioterapia e a radioterapia podem deixar as pacientes mais doentes, exaustas e deprimidas do que quando receberam o diagnóstico. Caso você tenha uma amiga com câncer, aqui vão algumas dicas:

1. O foco do problema não é você. Por mais triste que esteja porque sua amiga está doente, você precisa deixar de lado esses sentimentos e se concentrar nela e na família dela.
2. Assumir o compromisso de passar algum tempo cuidando de sua amiga é uma oferta generosa. Não se limite a dizer que fará qualquer coisa para ajudar, faça um planejamento e ofereça uma variedade de sugestões: acompanhá-la ao hospital para a quimioterapia, levá-la ao cinema ou simplesmente sugerir um passeio no parque em um dia de sol. Deixe que ela escolha.
3. Surpresas agradáveis, como um buquê de flores, velas perfumadas ou um par de meias confortáveis serão muito apreciadas, mas não se esqueça das tarefas práticas. Ofereça-se para preparar uma refeição, limpar a casa (pacientes de quimioterapia são muito suscetíveis a infecções), levar o cachorro para passear, dirigir, pegar as crianças na escola; tudo isso pode ser melhor que um vidro do melhor perfume.

4. Ter câncer é um saco. Se sua amiga quiser conversar constantemente sobre o problema, tudo bem, mas seu papel é ser alegre, animadora e, tanto quanto possível, procurar tornar normal uma situação potencialmente grave. É importante injetar um pouco de humor no processo. Se sua amiga estiver de cama, uma boa fofoca pode ser uma ótima distração.
5. Tenha sensibilidade para com as necessidades da família dela e dos outros amigos. Não monopolize sua amiga nem assuma o controle da vida, das necessidades e dos pedidos dela; ou pior, não comece a competir com as outras amigas que também queiram ajudá-la. Às vezes, o melhor que podemos fazer é só deixar uma sopa na casa dela.
6. Lembre-se de comemorar qualquer notícia boa que sua amiga receber. Durante o tratamento, essas notícias surgirão, mesmo que o prognóstico a longo prazo não seja bom.
7. Você também está autorizada a se sentir triste, mas precisa assumir a responsabilidade pelo sentimento e lidar com ele em casa.

(ver: *Etiqueta hospitalar, Abandonar a festa, Testamento, Caixas de recordações, Moda hospitalar*)

Amigas

(ver: *Ficar só, Melhor amiga, Animigas,* Schadenfreude)

Amigos gays

Amigos gays são uma alegria. Mas lembre-se de que em primeiro lugar, e principalmente, eles são amigos — a condição de gay vem em segundo lugar. Ninguém contrata funcionários com base na orientação sexual. Em nossos dias, as amizades são heterogêneas. O termo "bicha" é ofensivo. E vamos colocar os pingos nos i's — gays e lésbicas não são automaticamente melhores do que os outros em decoração, compras e projeto de almofadas. Assim como você, eles podem perfeitamente bem ficar irritados com futebol e *Top Gear* ou ser casados e ter filhos.

A especialidade dos amigos gays é o prazer. Os amigos gays jovens são os primeiros a adotar qualquer tendência — de casas noturnas e conferências até locais fantásticos para festas de aniversário. Não deixe de conferir a página deles no Facebook para ver as postagens mais recentes. A avaliação deles é impecável e eles têm os melhores cadernos de endereços. Também não se assustam com um convite para um restaurante caro ou com a despesa de táxi.

Se você não faz parte de famílias nucleares, os amigos homossexuais podem ser um presente divino na época de Natal. Eles vão promover um *open house* com um almoço de cinco pratos, champanhe e karaokê. Você pode levar uma ou duas mães (se forem bem comportadas), mas fica bem claro quem manda.

Amigas e amigos gays costumam ser sexualmente liberais e politicamente informados e com certeza não vão deixar você se tornar uma liberal complacente. O bullying homofóbico ainda é uma questão importante para os gays. Por outro lado, eles refinarão seu guarda-roupa e darão excelentes conselhos sobre relacionamentos. Mas é preciso fazer jus à amizade deles. Amigos gays conseguem identificar muito bem quem são os indivíduos casados que só querem um padrinho para os filhos.

Quando um casal gay se separa, você pode se encontrar em uma situação de escolha muito difícil. Ao contrário do que acontece na relação com casais heterossexuais, nós tendemos a gostar igualmente dos dois cônjuges de um casal gay. Contudo, depois da dor inicial da separação, os parceiros gays em geral se tornam amigos e podem até viajar juntos nas férias levando os novos namorados. É tudo tão

civilizado. Claramente, nós heterossexuais temos muito a aprender com eles.
(ver: *Coquetéis, Amizade entre gerações, Casos de amor imaginários com amigos gays*)

Amizade colorida

Quem poderia imaginar? A amizade colorida está de novo na moda. Quer dizer que muitos casamentos naufragados poderiam ter sido salvos se tivesse rolado uma "amizade colorida" ao estilo francês da década de 1940?

Por definição, amizade colorida é manter a seu redor alguém que você encontra de vez em quando para um jantar elegante ou uma excelente sessão de sexo (às vezes as duas coisas). Mais ao gênero de Graham Greene que ao de F. Scott Fitzgerald.

Portanto, uma amizade colorida significa não ficar ressentida, histericamente carente ou triste. Vocês estão apenas desfrutando da companhia um do outro e se divertindo juntos. É uma coisa adulta e muito legal; você não divulga a situação nem faz exigências. É só isso. Ademais, pode durar muitos anos, por não haver melodrama — e essa é uma vantagem a mais.
(ver: *Casos, Macaquinhos,* Cinq à sept)

Amizade entre gerações

Hoje em dia, não é difícil ver uma pessoa de 38 anos jantando com uma de 70. Estamos começando a entender que não é saudável conviver apenas com a própria faixa etária. Um verdadeiro amigo é alguém que nos faz pensar de forma diferente, disposto a correr os riscos que um aumento de complexidade sempre traz. É por isso que amizades entre gerações são tão gratificantes. É importante olhar para além do seu grupo social óbvio.

Amigos mais velhos trazem sabedoria e perspectiva, além de nos ensinarem a não perder tempo com arrependimentos. Eles tendem a ser menos críticos e menos competitivos. São raras as experiências que os mais velhos não tiveram, e eles apreciam nossas qualidades. Além disso, eles podem nos lembrar humildemente de que ainda não vimos nada da prática hedonista de quebrar regras.

Os amigos mais jovens nos mantêm atualizados, seja recomendando novas lojas e casas noturnas, dando uma melhorada em nosso guarda-roupa ("sim" para a jaqueta de couro, "não" para o salto agulha) ou nos ensinando a baixar os aplicativos mais recentes. Como geração mais segura de si graças aos pais liberais, eles têm uma atitude agradável e surpreendentemente boa com relação a sexo e amor. Eles têm menos probabilidade de ficarem obcecados por trabalho, sabem como obter prazer das coisas e também nos tiram da nossa zona de conforto. Eles precisam de um pouco de orientação e apoio sim, mas é gratificante a sensação de que podemos retribuir.

Ser adotada como amiga por alguém vinte anos mais novo ou mais velho que você é um grande elogio. Ninguém está lhe pedindo para ser uma mãe substituta ou uma cuidadora de idosos. As verdadeiras amizades entre gerações são divertidas, não gestos de altruísmo cansativo.
(ver: *Melhor amiga*)

Amor

"O amor conquista tudo; entreguemo-nos todos a ele."
— Virgílio

"Com um toque do amor, todos se tornam poetas."
— Platão

Amor tardio

(ver: *Como responder a um convite, Agenda de endereços, Mente aberta, Verdes anos*)

Amoralidade

Podemos defender a ideia de que vivemos em uma era amoral, mas todo indivíduo deve ter princípios.

(ver: *Solteirões, Código de conduta*)

Anágua

O que é esse item retrógrado de vestuário e para que preciso dele? A resposta: porque o vestido ou a saia ficam muito mais estéticos nos quadris se estivermos usando uma anágua. Realmente, a aparência pode depender inteiramente dessa peça íntima tão pouco compreendida. Uma vantagem adicional é poder usar embaixo dela uma calcinha bem pequenininha. Muitas deficiências podem ser escondidas por uma peça dessas. Esse é o propósito das anáguas na vida. Procure uma bem modelada, feita de cetim ou seda natural, um material que escorregue em vez de aderir ao corpo. Uma anágua cheia com alças finas é muito sedutora, à la Fellini. Nossa sugestão é ter várias, pois, para quem não for incrivelmente organizada, essas peças são difíceis de encontrar pela manhã quando precisamos sair de casa com pressa.

(ver: *Atração, Você tem um conjunto?, Vintage*)

Angelou, Maya [ícone]

"Aprendi que as pessoas esquecem o que dissemos, esquecem o que fizemos, mas jamais esquecem o que as fizemos sentir."

"Animigas"

"Perdoe sempre seus inimigos; nada pode deixá-los mais irritados."
— OSCAR WILDE

"Mantenha os amigos por perto e os inimigos mais perto ainda."
— MICHAEL CORLEONE EM *O PODEROSO CHEFÃO II*

Ocasionalmente, há pessoas em sua vida de quem você gostou no passado, mas de quem deixou de gostar por alguma razão que nem se lembra mais. Você ainda se encontra com elas, é razoavelmente calorosa quando as encontra, mas no fundo seu santo já não casa com o delas. Contudo, em um nível inconsciente, você é incapaz de se afastar de vez. Nossa opinião, com a qual você talvez não concorde à primeira vista, é de que você deve manter suas "animigas". Provavelmente existe uma razão oculta pela qual você ainda se sente ligada em algum nível a essas pessoas, e até descobrir que razão é essa talvez seja melhor mantê-las dentro de sua tenda.
(ver: *Inimiga, Perséfone,* Schadenfreude)

Aniversários

Eles chegam, passam e tornam a chegar. A melhor ideia provavelmente é aceitar bem o seu, já que a vida muda e com ela mudam seus ideais.
(ver: *Um pouco do que você acha que lhe faz bem*)

Ano sabático

Todo mundo está fazendo e não é necessariamente um turismo de baixa renda. Por que não alugar sua casa por alguns meses e morar com um parceiro ou uma amiga em um ou dois lugares que você sempre quis conhecer? Você não precisa estar procurando nada a não ser o espírito de aventura, a chance de aprender coisas novas e

talvez a oportunidade de passar adiante seus conhecimentos. Quem tem formação no magistério pode sair e ganhar a vida praticamente em qualquer lugar; as possibilidades são infinitas. No entanto, resista à tentação de vender seu patrimônio para financiar o ano sabático. Essa é uma decisão perigosa. Afinal, em algum momento você vai querer voltar para casa.
(ver: *Aventuras*)

Antes eu estava com medo, estava paralisada

Se você desconfia que sofre ou conhece alguém que sofra de um transtorno de ansiedade obsessivo compulsivo (TOC), é preciso saber que a principal característica dessa condição é dedicar uma quantidade imensa de tempo a tarefas fúteis e inúteis, como lavar as mãos ou verificar se o forno está desligado ou a porta, trancada. Essas atividades são repetidas na esperança vã e provavelmente inconsciente de que elas ajudem a diminuir a preocupação e a angústia. Elas não ajudam e não ajudarão. Naturalmente, o envolvimento constante com uma ansiedade repetitiva e excessiva começa a agravar o problema, porque o indivíduo está ocupado demais lavando sem parar o vaso sanitário para enxergar os motivos pelos quais começou a sentir ansiedade. Se você estiver manifestando qualquer um desses sintomas, procure ajuda imediatamente.
(ver: *Alergias*)

Apagar o incêndio

Quer você tenha estourado o limite do cheque especial ou se esquecido de adiar a reunião, é preciso apagar o incêndio antes que ele se propague. Todo mundo tira os olhos da bola de vez em quando — errar é humano —, mas é importante manter a mente voltada para a solução em vez de mergulhar de cabeça no problema.
(ver: *Encarar o problema, Receber as contas*)

Apaixonados

"Alice: Não te amo mais. Adeus.
Dan: Desde quando?
Alice: Desde já. Deste exato momento."
— *Closer*, Patrick Marber

(ver: *Amizade colorida, Casos,* Cinq à sept)

Aposentadoria

Como o mundo está financeiramente ferrado, poucos de nós vão poder se aposentar. Contudo, ainda assim temos motivo para alegria, pois permaneceremos conectados com o mundo, viveremos mais e ainda seremos capazes de pegar táxis, como nos mostra Diana Athill [ícone].
(ver: *Adiamento do prazer, Questões financeiras, Pensão*)

Aprender a se amar

"Ninguém consegue fazer você se sentir inferior sem seu consentimento."
— Eleanor Roosevelt

(ver: *Como receber um elogio, Autoconfiança interior*)

Aproveite ao máximo (*carpe diem*)

"Às minhas costas sempre posso escutar
a carruagem do tempo depressa a se aproximar."
— "To His Coy Mistress", Andrew Marvell

Armadura secreta

(ver: *Elegância, Enigma, Código de conduta*)

Arrependimentos
Nós temos alguns.
(ver: *Bebedeiras, Ligações perigosas, Parecia ser uma boa ideia*)

Arrivistas (como identificar)
Os aspirantes a gente importante passam muito tempo mencionando casualmente nomes de pessoas ricas, nomes de artistas considerados interessantes por pessoas ricas, nomes de lugares caros frequentados por gente rica e as quantias que recentemente gastaram comprando "obras de arte". É absurdamente chato, mas como somos bem-educados, temos que fingir ouvir com interesse. Gente realmente importante faz tudo isso sem alarde.
(ver: *Chatos, Saída de emergência*)

(A) arte da maquiagem
Quando se trata de maquiagem, menos é mais. O que conta é a pele parecer fantástica. Dito isso, aplicar um corretivo de qualidade no canto interno dos olhos e em torno da área avermelhada no nariz é uma ótima ideia. Os olhos podem ganhar definição com o uso do lápis na pálpebra e o prolongamento dessa linha no canto externo do olho.

Quanto ao batom, muitas não saem de casa sem ele. Leve sempre em sua bolsa alguns recursos básicos de maquiagem para reaplicar. A base de maquiagem é boa para uma festa em que, se tiver sorte, você poderá se encontrar sentindo calor e emoção.
(ver: *Cílios postiços, Batom*)

Artista da pegação
Basta ler *O jogo*, de Neil Strauss, para entender o mundo obscuro dos homens "artistas da pegação". A arma mais insidiosa de

Strauss é o elogio ambíguo, calculado para minar momentaneamente a autoconfiança de uma mulher ("Belas unhas, são suas mesmo? Ah, não? São bonitas de qualquer forma."). Há duas linhas de pensamento sobre isso. A primeira é ele ser uma forma de questionamento que deixa profundamente infeliz uma mulher que careça de autoestima. A segunda é que esse é um joguinho idiota e quem tentar jogá-lo é um babaca. Neil Strauss chega a essa segunda conclusão no final do livro e é por essa razão que gostamos secretamente dele.

Assédio sexual
Um recurso milenar dos homens para sexualizar demais e sabotar mulheres, em geral no local de trabalho, como na série de TV *Mad Men*. Hoje em dia, existem regras muito rígidas contra isso. Conheça seus direitos.
(ver: *Bullying, Política*)

Assoalho pélvico
Não há nada mais irritante do que já ter passado 36 horas em trabalho de parto e ver a fisioterapeuta, geralmente uma figura com cara de galgo, entrar na enfermaria para encorajá-la a fazer os exercícios para o assoalho pélvico. No entanto, ela está certa. Imagine que esses exercícios são uma ginástica para a parte interna. Você não precisa de equipamento especial: pode fazer os movimentos sentada, de pé, deitada ou até mesmo no ponto do ônibus. Existem muitas maneiras discretas de tonificar e fortalecer os músculos do assoalho pélvico. Pense nelas como uma contração para cima e para dentro. Contraia os músculos durante dez segundos. Repita a contração até dez vezes. Como nos lembra a especialista em relacionamentos Tracey Cox: "O que não se usa, se perde." Esses exercícios fazem uma

grande diferença para a vida sexual e podem evitar a incontinência urinária da velhice e outros problemas pavorosos causados pela idade.
(ver: *Cama elástica*)

Assobios
Ter alguém assobiando para você na rua pode ser desagradável e deixá-la insegura, mas nessa nova era de pornificação, os assobios assumiram um caráter retrô, meio chanchada, meio anos 1960. De todas as formas de agressão sexista, o assobio começou a ser o menos ofensivo, e quando essa prática finalmente acabar, você talvez sinta mais falta dela do que imagina.
(ver: *É só um presente, Postais picantes*)

Astrologia
Astrologia... Essa é fogo. Principalmente se você, como nós, adora ler a coluna dos astrólogos de jornais e revistas, mas não consegue deixar de pensar se eles se limitam a embaralhar as mesmas previsões. Por exemplo: Touro e Escorpião são a mesma coisa?

Naturalmente, é sempre atraente pensar na ação dos planetas, principalmente quando alguém como o Dr. Who está em jogo; tudo parece ainda mais plausível quando a previsão para o seu signo é totalmente positiva. Mas isso realmente ajuda a longo prazo?

Talvez o que mais se aproxime da verdade é o fato de todos procurarmos um pouco de esperança e positividade em nossas vidas. Portanto, se pela quadragésima-sétima vez você ler que "hoje você pode ir a uma festa ou evento social com amigos", sugerimos apelar para as seguintes alternativas:
(ver: *Chocolate, Zona de conforto, Videntes*)

Ata-me!

Houve um tempo em que as pessoas consideravam o fetiche da dominação uma coisa muito ousada, mas hoje esse tema é encontrado em toda parte, da propaganda de sorvete à do carro familiar. Uma coisa é a prática sexual já convencional de amarrar o parceiro na cabeceira da cama com um par de meias de náilon, mas essa prática pode virar um hábito, ir se radicalizando e chegar a extremos, e antes de saber o que está acontecendo, você pode acabar dentro de suas próprias malas. Cruzes!

Athill, Diana [ícone]

"Eu me apaixonei e achava que ia acabar bem casada e com filhos — um desejo simples. Mas isso não aconteceu, e foi mais prejudicial para meu espírito do que eu imaginava. Quando, depois dos 40 anos, me livrei desse desejo escrevendo sobre ele, foi como uma nova vida. Eu me sinto uma nova criatura desde então."

Atividade física

(ver: *Braços, Boxe, Zona de conforto, Ciclismo, Pilates, Sapateado, Cama elástica, Natação ao ar livre, Yoga*)

Atração

O segredo para ser atraente é viver um relacionamento pessoal consigo mesma. A atração é uma qualidade atemporal que combina a sexualidade com elementos como sabedoria milenar, autoconfiança interior, profundidade e capacidade de ficar quieta numa sala cheia. As ideias contemporâneas sobre beleza e a superexposição de modelos e atrizes em jornais e revistas mostram como é raro ver uma pessoa famosa que pareça atraente. É simplesmente excessiva a

quantidade de flashes pipocando ao redor dessas pessoas. Por outro lado, a mulher comum tem toda a chance de ser atraente.
(ver: *Elegância, Maturidade, Autoconfiança interior, Estilo*)

Aumentar o prazer
O adiamento da gratificação é visto como indicador de um comportamento positivamente adulto, mas ele também aumenta o prazer. Portanto, se você está adiando o sexo ou uma xícara de chá, isso lhe dá tempo para pensar na escolha que deseja fazer e saber se ela está correta.
(ver: *Adiamento do prazer, Caridade sexual*)

Autoaceitação
"Não há nada mais aterrorizante do que se aceitar completamente."
— Carl Gustav Jung

(ver: Bien dans sa peau, *Aprender a se amar*)

Autocomiseração
De vez em quando é prazeroso mergulhar de cabeça na autocomiseração, mas se isso se prolongar por mais de um ou dois dias, o efeito pode ser desmoralizante para você e aborrecer os outros. No entanto, é preciso levar um pouco a sério a autopiedade, porque ela pode se transformar em depressão. Portanto, na primeira instância, conte suas bênçãos e faça uma lista de gratidão, ou seja, escreva dez motivos para ser grata em sua vida. Faça um pouco de jardinagem (mesmo que seja apenas substituir as plantas na jardineira de sua janela). Uma conexão com o solo e com a terra parece ser especialmente terapêutica para as mulheres. Seja voluntária para algum trabalho em

benefício de sua comunidade. Porém, acima de tudo, não exija demais de si mesma. Durma cedo, veja televisão, calce meias de lã etc. Ao fim de cada dia, pense em duas ou três conquistas grandes ou pequenas realizadas durante ele, como ter sido carinhosa com o gato da vizinha. Se depois de uma ou duas semanas você ainda acordar chorando e/ou nenhum dos seus amigos estiver respondendo a seus telefonemas, marque uma consulta médica.
(ver: *Jardins de vasos, Depressão, Jardins, (O) poder de chorar na cama, Terapia*)

Autoconfiança

"A autoconfiança não tem mistério, é apenas autoconhecimento. É a sabedoria de localizar quais de nossos defeitos podem ser mudados e quais precisamos aceitar e esquecer. E então, aproveitar ao máximo as próprias qualidades."
— IMMODESTY BLAIZE [ÍCONE]

Este é o cerne da questão: quem é genuinamente autoconfiante não se deixa perturbar pelas opiniões alheias a seu respeito, tem interesse pelo mundo exterior, pode ser franco sobre os próprios sentimentos, mas não corteja a aprovação dos outros.
(ver: Bien dans sa peau, *Vaidade necessária, Autoconfiança interior*)

Autoconfiança interior

Algumas pessoas são naturalmente mais seguras de si que outras, mas todo mundo precisa se esforçar para construir a autoconfiança. O acúmulo constante ou discreto de elogios, o sentimento de satisfação com a família e/ou com o trabalho, a idade e a experiência, tudo isso ajuda.
(ver: *Como receber um elogio, Macaquinhos, Vaidade necessária, (O) prazer de trabalhar*)

Autodepreciação

Não se deprecie. Não faz sentido e pode tornar-se constrangedor e irritante para todos ao seu redor. Quando você se desvaloriza, os outros serão obrigados a levantar sua bola por uma questão de educação e, francamente, isso não é responsabilidade deles.
(ver: *Como receber um elogio, Você arrasa!*)

Autoimolação

Não deve ser confundida com generosidade. A autoimolação tem conotações reminiscentes da desnecessária vitimização feminina do século XIX. O martírio diário da mulher é um aborrecimento para a família e os amigos e acaba por ser totalmente sem sentido — um insulto para quem corre esse risco. Um dia, a vida pode perfeitamente colocar diante de você um chamado extraordinário, como aconteceu com Joana d'Arc ou com os cinquenta funcionários que permaneceram na usina de Fukushima depois do acidente nuclear. Contudo, até que isso ocorra, procure equilibrar bem suas necessidades com as necessidades dos outros.

Autonomia

Muita gente vai trabalhar até o fim da vida porque não pode se permitir deixar o emprego. Ou isso, ou nós somos simplesmente idiotas no uso do dinheiro, preferindo desfrutar hoje e todo dia! O lado bom da questão: continuaremos participantes e ativos e a sociedade será beneficiada por nossa experiência. O lado ruim: nada de curtir o sol do Mediterrâneo. Por essa razão, é importante começar agora a acumular os tijolos para construir no futuro uma carreira tolerável (não necessariamente com vínculo empregatício). Talvez dois ou três dias por semana prestando consultoria, ou uma combinação de relações-públicas com vendas, redação, entretenimento etc. Pense no que lhe dá prazer e depois veja como convencer alguém a lhe pagar por aquela atividade. Por definição, estaremos concorrendo com gente jovem e competitiva, mas na verdade todo mundo gosta de colegas confiáveis que não querem tomar-lhes o emprego!

(ver: *Encarar o problema, Pensão, (O) prazer de trabalhar*)

Aventuras

"A aventura vale pela própria aventura."

— Amelia Earhart

O que você quer fazer? Aonde você quer ir? Antes do século XXI, a aventura era considerada privilégio de homens com chapéus de explorador, a não ser por raras e notáveis exceções como as descritas no livro de Lesley Blanch, *The Wilder Shores of Love*. Contudo, o direito de voto, as saias curtas, duas guerras mundiais, o controle de natalidade, inspiradoras atletas do sexo feminino, o advento da televisão e as roupas fantasticamente eficazes para temperaturas extremas abriram para todas nós horizontes infinitos. Portanto, sem virar a mesa doméstica, chegou a hora de nos entregarmos às aventuras. Atividades esportivas enérgicas perto de casa podem ajudar a concentração da mente, desafiar o corpo e remover as teias de aranha. O número de empresas na Internet que oferecem caminhadas, canoagem, arco e flecha, esgrima, escaladas, falcoaria, tiro ou equitação parece virtualmente infinito. Se você prefere um desafio maior para a mente, o corpo e o espírito, considere a possibilidade de acampar no deserto de Kalahari, fazer uma viagem a cavalo pela Argentina, cruzar de bicicleta o Camboja e o Vietnã ou fazer trabalho humanitário em Malawi.

(ver: *Zona de conforto, Viagens longas, Segurança*)

Avião

Avião é o nome que se dá a uma mulher arrasante, malhada, ousada e com gingado. A referência é Marilyn Monroe no filme *Quanto mais quente melhor*. A expressão também remete ao onipresente vestido de noite capaz de cobrir uma infinidade de pecados e nos vestir como se fôssemos uma taça de sundae. Depois disso só é preciso um casaquinho e um par de sapatos de salto com uma pulseira de tornozelo e você está pronta para arrasar. Com um vestido justo e plissado na horizontal e uma superestrutura capaz de deixar verde de inveja o magnata Howard Hughes que, entre outras coisas, projetou o sutiã definitivo para Jane Russel, toda Mulher Poderosa da cidade precisa ter pelo menos uma ou até duas dessas maravilhas no guarda-roupa.

(ver: *Administração do corpo, Vestidos*)

Avós

Seja extremamente gentil com os avós de seus filhos, dê a eles a chave de sua casa e peça que eles ajudem com as crianças. Nunca se deve abusar da boa vontade deles.

(ver: *Bebês, Terapia de família, Família estendida, Sogros*)

B

Bad Boys

"Quero um guitarrista selvagem ou um garoto criado nas ruas por lobos. O amante dos meus sonhos é Átila, o huno."

— *Story of my life*, Jay McInerney

(ver: *Momentos de homem das cavernas*)

Bagunça

(ver: *Para sair do atoleiro*)

Bananas

Não podem faltar na bolsa. Elas são uma injeção instantânea de energia, ricas em triptofano — um dos vinte aminoácidos que compõem as proteínas —, que o corpo converte em serotonina, o neurotransmissor que nos deixa mais relaxadas e felizes. E que tal aplaudir também a embalagem biodegradável?

(ver: *Comer verduras, Frutas*)

Banho frio

O famoso segredo escandinavo é o banho de chuveiro poderoso que dá partida rápida no sistema e nos faz correr como coelhi-

nhos da propaganda da pilha Duracell. Pode e deve tornar-se um hábito.
(ver: *Pele*)

(O) barraco-escritório

Se você trabalha em casa, é extremamente útil ter um barraco-escritório, um barracão no jardim da casa com direito a Internet, telefone e material para fazer café. Ele elimina uma viagem de duas horas até o local de trabalho, além de o traje funcional ser um pijama, a menos que você esteja esperando o contador.
(ver: *Autonomia*)

Batom

"O emblema vermelho da coragem."
— MAN RAY

Na virada do século XIX para o século XX, os cosméticos frequentemente eram vendidos no mercado negro. Na Grã-Bretanha, a Selfridges foi a primeira loja de departamento a vender abertamente pó e ruge, mudando a aceitabilidade social da maquiagem. Durante a década de 1910, muitas mulheres do movimento pelo voto feminino usavam batom vermelho como símbolo de sua luta. As líderes sufragistas, como Elizabeth Cady Stanton e Charlotte Perkins Gilman, defendiam o conceito de que o uso do batom era um emblema da emancipação feminina. Os economistas acreditam que nos tempos difíceis as pessoas evitam gastos extravagantes, como comprar carros e tirar férias, mas gastam dinheiro em pequenos luxos. Durante a Segunda Guerra Mundial, o uso do batom era considerado um dever patriótico da mulher. Hoje, talvez você não precise mais se acorrentar a uma cerca para defender

seu ponto de vista, mas, por favor, use com orgulho seu batom vermelho.
(ver: *A arte da maquiagem, Rímel*)

Bebedeiras

Há momentos na vida em que simplesmente precisamos "deixar para lá". Tomar um porre é tradicionalmente visto como prerrogativa masculina, mas o número de mulheres dadas a essa prática está aumentando. Às vezes, a bebedeira nos pega de surpresa. Você sabe, a promessa de tomar um chopinho com uma amiga no final do dia de trabalho vira uma noite inteira "na noite" ou um happy-hour com os colegas se transforma num fim de semana movido a álcool (cujo ponto alto pode ser comer dobradinha num "pé sujo", descalça, às 5 horas da manhã de domingo).

Uma grande bebedeira é como tirar férias da vida real: uma maneira espontânea de marcar um divórcio ou o fim de um relacionamento ou de celebrar um aniversário especial. Em geral é um rito de passagem para amigos e amigas: trocam-se segredos, relacionamentos são consolidados e a regra informal é que, como sinal do profundo respeito e amor uns pelos outros, não importa quais tenham sido seus estados de dissipação, depois ninguém vai lembrá-la de seu show de dança erótica. Bem, talvez só um pouquinho...

Na verdade, a questão chave de um porre é que você provavelmente não vai se lembrar de nada quando acordar. Talvez tenha perdido alguns pertences e pode acordar em um quarto de hotel que não necessariamente seja o que você reservou na noite anterior. Contudo, fragmentos de lembranças VOLTARÃO durante a manhã e isso será como olhar pelos portões do inferno. Você pode descobrir que fez uma ligação perigosa, conheceu um solteirão venenoso ou as duas coisas. É nessa hora que o arrependimento, a dúvida e a

paranoia começam a surgir. Há duas soluções: afogar-se no trabalho ou voltar para a cama. Aí, pelas 7 horas da noite, quando os miasmas começarem a se dissipar, finalmente virá o alívio. É claro que você pode tentar evitar essas coisas — coma carboidratos antes de sair; beba um copo d'água depois de cada taça de champanhe; nomeie alguém para monitorar o consumo de bebida; leve só um cartão de crédito, e assim por diante. Mas faça um exame de consciência e diga honestamente: uma noite tão controlada pode contar como uma bebedeira?
(ver: *Álcool, Pegação, Bebidas, Coquetéis, Dipsomania, Ligações perigosas, Parecia ser uma boa ideia, Aproveite ao máximo, Arrependimentos*)

Beber demais

Certo, o álcool é o sintoma, mas o que acaba com nossa vida no dia seguinte é a raiva que sentimos de nós mesmos. Acordamos com ressaca e o corpo cheio de hormônios do estresse, que afetam nosso metabolismo e outras coisas mais.

Procure ter pelo menos um dia de abstenção de álcool por semana. Evite os amigos que estão só procurando um parceiro para beber. Conseguimos resistir à pressão do grupo se usarmos pequenas mentiras sem importância como "estou tomando antibióticos" ou "ainda estou de ressaca da noite passada".

Em vez de encher o copo, gratifique-se de outras maneiras: tomando um longo banho perfumado, fazendo uma massagem ou assistindo àquele filme que você tanto queria ver.
(ver: *Álcool, Pegação, Coquetéis, Dipsomania, Ligações perigosas, Vinho*)

Bebês (seus e dos outros)

"Alô, bebês! Bem-vindos à Terra. No verão faz calor e no inverno faz frio. O planeta é redondo, molhado e cheio de gente. Na melhor

das hipóteses, vocês vão passar mais ou menos cem anos aqui. Bebês, que eu saiba, só existe uma regra: 'Você tem que ser gentil, droga!'"
— *God bless you, Mr. Rosewater*, Kurt Vonnegut

Os bebês são um dos tipos de pessoa que mais dão alegria e que mais enriquecem a vida. Se você não tiver um, experimente passar algum tempo com os de outras pessoas. Se você acabou de virar madrinha, aproveite ao máximo esse vínculo. Se uma amiga exausta precisar de ajuda, de apoio e de alguém para cuidar da criança, ofereça seus serviços! É verdade que os bebês não são capazes de falar, mas reconhecem rostos familiares. Tanto eles quanto as crianças pequenas sabem muito bem quem se interessa de verdade por eles.

(O) bebezão

"Ah, dá um tempo!" — essa é a frase de ordem de quem tem a tarefa ingrata de lidar regularmente com um "bebezão". Nessa categoria podem estar seu namorado, seu filho querido, sua melhor amiga ou algum colega de trabalho. Essa condição não respeita idade ou gênero. O primeiro indício é o hábito de gemer constantemente. O bebezão reclama tanto de ter que ajudar qualquer pessoa (e esse é seu aspecto mais irritante!) que ele acaba por não ajudar em nada e você simplesmente deseja não tê-lo convidado. Esse tipo também está eternamente mal-humorado e é delicado demais para a vida moderna. Será que nós lutamos tanto para quebrar as cadeias de uma sociedade patriarcal somente para ficarmos sujeitas a um absurdo desses? A resposta é: NÃO. A solução é: NÃO ACEITE ISSO. Portanto, para todos os bebezões a seu redor, diga: "Me poupe e, francamente, cresça e apareça!"

Bebidas

(ver: *Álcool, Peso explosivo, Pegação, Champanhe, Coquetéis, Dieta, Dipsomania, Ligações perigosas, Martíni, Buscas*)

Beleza

"Durmo cedo. Faço meditação. Minha alimentação é saudável. Não fumo, não bebo e acredito absolutamente em mim mesma. Você só consegue derrotar a natureza quando mostra àquela vaca quem é que manda."
— Mae West

Dizem que antes dos 40 você tem o rosto que Deus lhe deu e depois dos 40 você tem o rosto que merece. O fato é que não há dinheiro e cirurgia que lhe dê aquele brilho interior que vem da combinação de autoaceitação com autoconfiança interior e mais uma conexão com a malha nacional de distribuição de amor e felicidade. Uma pitada de espiritualidade também não faz nenhum mal.
(ver: *(A) indústria da beleza,* Bien dans sa peau, *Comer verduras, Autoconfiança interior*)

Bem-produzida

Essa é uma expressão fabulosa, mesmo que um tanto contrária à lógica, usada para descrever mulheres que sempre têm uma aparência perfeita. E significa que roupas e acessórios são bons, combinados de forma inspirada e parecem "seguir a tendência" ou ser espertamente boêmios. Também significa que a mulher sabe juntar determinada bolsa com certo sapato de salto ou uma estampa especial com uma estola de pele na medida certa. Você não pensaria naquele conjunto, mas aquela mulher tem uma originalidade inata

que lhe permite fazer exatamente isso. Ela parece tão fantástica que você fica feliz em manifestar sua total admiração pela maravilhosa aparência dela com aquela produção.
(ver: *Estampa animal, Elegância, Peles, Estilo,* Tweed, *Vintage*)

Bibliotecas
Vale a pena brigar por elas. Bibliotecas oferecem conhecimentos atemporais, cultivam nossas oportunidades de refletir sobre a vida e são gratuitas, oferecendo livros para todo mundo. Elas também são um espaço neutro, um refúgio numa sociedade apressada. No "mercado global" furiosamente aquisitivo em que vivemos, são um símbolo de orgulho cívico e uma representação da crença antiquada, porém vital, no conhecimento e na educação pelo bem do conhecimento e da educação.
(ver: *Ser bem-informada, Coisas boas que são gratuitas*)

Bien dans sa peau
Essa encantadora expressão francesa é verdadeira, elegante e significa apenas "estar feliz na própria pele". Quando você está *bien dans sa peau*, não se sente desconfortável, não se olha no espelho a todo momento e não precisa de elogios constantes.
(ver: *Fluir*)

Blogs
Eles dão um meio de nos expressarmos e marcarmos presença num mundo agitado. Começando por Julie Powell, que preparou todas as receitas de Julia Child (ambas imortalizadas no filme *Julie e Julia*), e chegando à especialista em sexo Brooke Magnanti, do blog Belle de Jour, um microblog pode se tornar um sucesso global. Você pode

até mesmo conseguir anunciantes que paguem pelo espaço em seu blog. Mas lembre-se de que a blogosfera masculina pode ser cruel. Não dê atenção aos *trolls*!

Boas maneiras
(ver: *Como receber um elogio*)

Boêmios
Muita gente tem medo dos boêmios porque acha que eles são como os hippies: cheiram mal e geralmente não lavam os cabelos. A maioria dos boêmios é gente incrivelmente sofisticada, inspiradora, com uma abordagem pouco convencional da vida, seja na aparência ou no comportamento. Eles tendem a ser indivíduos independentes que raramente se queixam. Basta ver o exemplo do jornalista britânico Jeffrey Bernard, que não deu a menor importância à opinião alheia quando começaram a remover cada vez mais pedaços de seu corpo. Os boêmios tendem a se tornar um tanto repetitivos quando bebem demais, mas quem somos nós para atirar a primeira pedra? Cerque-se do maior número de boêmios que puder.
(ver: *Excêntricos ingleses*)

Bolo de noiva
O fantástico da maneira como vivemos hoje é que ainda podemos respeitar a tradição, mas também estamos autorizadas a reinterpretá-la e modificá-la de acordo com nossa vontade. Temos ouvido falar de bolos de noiva modernos feitos de queijo, gelatina, profiteroles, sanduíches e biscoitos, mas, na verdade, o conceito se mantém. Um bolo de noiva representa abundância, fertilidade e

hospitalidade. Seja cortado com uma faca, um sabre ou uma plaina de queijo, o momento simbólico em que marido e mulher cortam o "bolo" marca o instante em que eles abrem para a família e os amigos seu recém-formado casamento. O bolo de noiva de nossos dias mantém seu lado icônico, mas reflete a diversidade da vida moderna. É tão legal ver em cima de um bolo noivos do mesmo gênero! Nem todos os casamentos são eternos, mas, em 99% dos casos, o casamento é formado das melhores intenções. Cumpra seu papel.
(ver: *Pegar o buquê, Usar branco, Casa comigo?*)

Bolsas

"Eu tenho essa bolsa Ferragamo rosa-shocking que adoro... Quero dizer, como alguém pode ficar infeliz quando carrega uma grande bolsa cor-de-rosa?"
— Hillary Clinton

"Clinton está absolutamente correta. A bolsa de uma mulher é uma extensão da própria, o único lugar para onde todas as diferentes partes de sua vida convergem — e é por essa razão que é tão interessante examinar o conteúdo da bolsa alheia... Por fora, você vê uma mulher num terninho, com o cabelo 'feito' e uma maquiagem discreta. No interior da bolsa dela está seu verdadeiro ser: um iPhone, um Blackberry, um batom de uma cor que ela jamais usaria no trabalho, uma cartela de comprimidos de paracetamol, um pacote de lenços umedecidos, o cigarro que ela nega fumar, os comprimidos para enxaqueca tensional que ninguém jamais imagina que ela tenha porque ela parece tão saudável, uma velha carta de amor, um ursinho de pelúcia... Uma conhecida minha, eternamente solteira, costumava manter o passaporte na bolsa para o caso de encontrar um homem maravilhoso que impetuosamente a levasse a Paris.

Não consigo pensar numa manifestação mais comovente de eterna esperança."
— *The Sunday Times*, 20 de fevereiro de 2011, India Knight

Meu Deus! Nós não adoramos bolsas? Elas são como doces para meninas crescidas ou pênis para mulheres. Para ter uma coleção maravilhosa de bolsas você só precisa de um bom olho e uma natureza um pouco impulsiva. Nós compramos bolsas em todos os lugares do mundo: a melhor da coleção é uma Louis Vuitton muito brilhante comprada por dez dólares em um brechó na Flórida. Naturalmente, precisamos de bolsas de todos os tipos para as diferentes ocasiões. Elas não precisam ser de luxo. Só precisam atrair seu olhar, deixá-la animada e caber pelo menos as chaves, os cigarros e um batom. Faça uma lista de objetos necessários para quando for transferir o conteúdo de uma bolsa para outra.
(ver: *Elegância*)

Bom comportamento
É um dos melhores mecanismos de proteção na vida.
(ver: *Cortesia, Dignidade, Graça, Pontualidade*)

Bom humor
É uma maneira de tornar a vida mais sexy.
(ver: *Velas, Bondade*)

Bom material conjugal
"Correntes não amarram um casamento. O que une as pessoas são fios, centenas de fios imperceptíveis."
— Simone Signoret

"Basta escolher como marido um homem que você ia querer como amiga se ele fosse mulher."
— Joseph Joubert

Como observa ironicamente Gloria Steinem, estamos nos transformando nos homens com quem gostaríamos de nos casar: seguros de si, confiantes, economicamente independentes, sexualmente desinibidos, donos de um cartão de crédito e (com sorte) de um belo apartamento.

Esse fato vem sendo usado como bordão para punir as mulheres solteiras, como lembrete da afirmativa hilária de que "uma mulher que ainda está solteira depois dos 35 anos tem mais chance de ser assassinada por um terrorista do que de se casar". Mas, quer saber? Isso é uma coisa boa. Nós não precisamos de um marido para fazer pequenos consertos/dar um jeito no carro/resolver problemas bancários. Ou somos capazes de fazer tudo isso ou podemos pagar a alguém. Tal como os homens não precisam de uma mulherzinha para cozinhar, fazer faxina e cuidar da casa. Você encontra no mercado quem faça tudo isso.

O que queremos em um bom material conjugal é gentileza, respeito, espírito de aventura, curiosidade — e muita energia na cama. Basicamente, alguém para manter.
(ver: *Um bom homem é um artigo raro, Encontros, David Attenborough, Eu? Jamais!, Mesa de honra*)

Bondade
"A bondade é a maior expressão de sabedoria."
— Talmude

Ela expande a alma. É a melhor dica que podemos dar contra o envelhecimento!
(ver: *Coisas boas que são gratuitas, Carma*)

Bordado

A maioria das mulheres alega ser muito ocupada, ter uma vida muito estressante ou tempo muito limitado para se dedicar a um hobby. Todo mundo já ouviu isso antes. É importante ter alguma coisa em que se concentrar fora do trabalho. A verdade é que ter um novo interesse é gratificante e melhora a qualidade de vida. Pode ser qualquer coisa: criar abelhas, colecionar carros antigos ou plantar rosas, mas se você quiser alguma coisa que possa ser começada e parada a qualquer momento, dentro de casa, o ideal pode ser fazer tricô, tapeçaria, colchas de retalhos ou bordado e talvez nesse processo você até produza algo para deixar de herança. Se você, como tantas de nós, estiver exposta a um excesso de tecnologia, é extremamente reconfortante reduzir a velocidade do cérebro superativo e se concentrar em criar beleza com as mãos. Além de que, tal como acontece com uma carta manuscrita, não há nada tão agradável quanto receber um presente feito à mão.

(ver: *Fluir*)

Botox

Usar ou não usar botox, eis a questão. A maioria das mulheres passa 90% do tempo afirmando que não vai usar botox. No entanto, quando encontramos alguém que apelou para esse recurso, passamos por dez minutos de pânico pensando se também não deveríamos apelar.

Uma alternativa é a acupuntura facial, que já era usada como ferramenta de beleza há centenas ou talvez milhares de anos pelas imperatrizes da China. Os praticantes dessa técnica afirmam que ela estimula a produção de colágeno, ajuda a diminuir o aparecimento de rugas, reduz a profundidade das rugas mais fundas e melhora o tônus da pele. Além disso, enquanto o botox paralisa os músculos, a acupuntura facial consegue estimular e revitalizar a musculatura.

Esse processo também avalia e trata as causas internas de problemas de pele e do envelhecimento prematuro ao estimular o funcionamento de órgãos como o coração e o fígado e ajudar a melhorar a digestão. Os pacientes relatam outros benefícios, inclusive o aumento da energia e a melhora da circulação. Vale a pena investigar esse recurso como alternativa à temida cirurgia cosmética.
(ver: *Vaidade necessária*)

Boxe
Tradicionalmente, o boxe era associado ao macho da espécie, mas depois do filme *Menina de ouro*, começou a ser mais comum ver mulheres praticando boxe nas academias. Talvez o esporte não sirva para todas, mas pode ser divertido. É uma maneira concentrada de liberar a agressividade (ou de descobri-la) em um ambiente seguro. Também é muito bom para fortalecer o núcleo do corpo, os braços, o busto e, o mais importante, a cintura. Confira o que a academia perto de sua casa pode oferecer: aulas individuais ou coletivas. Se você descobrir que gosta do esporte, compre um bom par de luvas. Você não precisa "entrar no ringue" para colher os frutos, mas é bom saber que, se necessário, o seu cruzado de direita é satisfatório.
(ver: *Peso explosivo, Helen Mirren, Cintura*)

Braços
Os sinais de acentuação de nosso corpo: para abraçar, segurar, conter, reter, acarinhar. Os braços podem ser todo tipo de coisa para todas as pessoas e constantemente nos expressamos por meio de uma variedade de movimentos. Eles mostram animação, medo e amor. Conduzem cargas e trabalham para nós. Carregam os alimentos e nossos bebês e muitas vezes são estranhamente desprezados. Braços bonitos e bem torneados são muitos sensuais. Um pouco de

musculação com pesos e de natação regular dão bons resultados. Contudo, se você tem tendência à flacidez, uma boa manga três quartos é a solução.

Sem falar, naturalmente, dos elegantes e serenos gestos conhecidos no balé como *port de bras*, literalmente "transporte dos braços", cujo objetivo é mostrar graça, equilíbrio e perfeição em quaisquer circunstâncias. Ame seus braços.
(ver: *Boxe, Vestidos, Pilates, Natação ao ar livre*)

Branco

Inspirada por Elizabeth, a rainha mãe, que ao visitar Paris em 1937 vestia roupas brancas apesar de estar de luto pela morte da mãe, Coco Chanel adorava uma gola branca. Ela sabia que esse detalhe ilumina o rosto, fazendo qualquer mulher parecer que foi retratada por Vermeer.

Lençóis de linho e paredes brancas iluminam a vida. Mas trate de manter tudo tão impecável quanto uma margarida.
(ver: *Camas, Usar branco, Bolo de noiva*)

Brincar

"Nós não paramos de brincar porque envelhecemos; nós envelhecemos porque paramos de brincar."
— George Bernard Shaw

Bullying

Costumamos pensar que essa prática é característica da infância e da adolescência, mas os adultos também podem intimidar e molestar os outros. Os agressores geralmente têm alguma insegurança, são excessivamente competitivos, desajustados, extremamente ciu-

mentos e carentes de amor, por mais sucesso que tenham ou deixem de ter. Eles podem estar apenas copiando o comportamento de outros porque são imaturos ou idiotas demais para terem uma visão independente. Contudo, quando somos vítimas de bullying, só conseguimos ver os aspectos tirânicos, manipuladores e desagradáveis da natureza dos opressores. É extremamente incômodo e às vezes até assustador passar por esse processo. Infelizmente, essa prática é frequente no trabalho e no lar. Mães, tomem nota: se enfrentam e precisam aceitar diariamente uma barragem de críticas da parte de seus filhos, vocês podem estar sofrendo bullying. O primeiro passo é confrontar o opositor e estabelecer limites para o futuro, mas, para se dispor a isso, talvez você precise de apoio profissional.
(ver: *Limites, Codependência, Assédio sexual*)

Busca pelo amor

"Se não recordas qualquer loucura que o amor te fez cometer, então não amaste."
— *As You Like It*, ato II, cena IV, William Shakespeare
(ver: *Casos, Pegação,* Cinq à sept, *Parecia ser uma boa ideia, Recaída*)

Buscas (sem qualquer relação com programas da Internet)

"Ora! Estamos todos numa."
— Joseph Campbell

Não importa se buscamos um homem/mulher/emprego/carro/plano espiritual mais elevado, em geral todos nós temos pelo menos três buscas em andamento. Elas parecem uma mistura de paixão com prece. São algo pessoal e intenso. Talvez sua busca seja por ter filhos — ou, se já os tem, talvez seja por cuidar deles o melhor possível. Também pode tratar-se de realizar alguma coisa como ficar longe da bebida ou manter sua cerca-viva fechada (por assim dizer). Seja qual for seu caso e quantas forem suas buscas, imploramos que não as abandone. As buscas interiores são nosso motor. Elas nos levam para a frente e nos mantêm em movimento. São o sinal de que ainda estamos dispostos a aventuras, e o que pode ser mais transformador do que isso?

(ver: *Aventuras, Paixonites*)

C

Cabelos

"Às vezes penso que a vantagem subjacente do ato de morrer é não precisar mais se preocupar com os cabelos."
— Nora Ephron

(ver: *Escova, Vaidade necessária*)

Caça às bruxas

A perseguição às mulheres fundamentada em acusações de bruxaria tem uma história sombria no mundo ocidental. Embora as mulheres já não sejam mais jogadas em rios caudalosos dentro de barris para se afogarem nem sejam queimadas na fogueira, a caça às bruxas ainda está muito viva. O foco não mudou muito. Geralmente, uma mulher que parece não adotar a rota tradicional em termos de carreira, casamento ou filhos começa a ser observada e acaba por ser alvo de um nível obsceno de crítica. Portanto, da próxima vez que você vir uma mulher acossada pela imprensa, não tire conclusões precipitadas; analise os fatos e, melhor ainda, a maneira pela qual os fatos são apresentados, e pense novamente. Se necessário, preste a ela seu apoio por meio da Internet ou de outro recurso de que disponha.
(ver: *Violência contra a mulher*)

Cachorras e periguetes

Pelo amor de Deus! De onde vieram essas expressões ridículas? Um dedo acusador pode ser apontado para os Estados Unidos e, em especial, para o universo do rap. Porém, toneladas de homens e, infelizmente, algumas mulheres adotaram esse linguajar pernicioso — independentemente da própria situação econômica ou cor da pele. Parem já com isso!

(ver: *Momentos de homem das cavernas, Rap*)

Cachorros

"Os cachorros pertencem aos homens e os homens são espancados pelo destino."

— *Lassie Come-Home*, Eric Knight

Se você acabou de ficar solteira e seus filhos saíram de casa recentemente, talvez tenha chegado a hora de pensar em ter um cachorro. Isso envolve um compromisso. Tal como crianças pequenas, os animais de estimação precisam de cuidados rotineiros, mas, em troca, são uma companhia carinhosa. Eles também nos obrigam a fazer exercícios por um mínimo de meia hora todos os dias, e aonde você for, encontrará novos amigos. O melhor é conseguir um vira-lata (que não sofre dos problemas congênitos de saúde que afligem os puros-sangues). Investigue a origem do cão e a sociabilidade dos pais dele antes de decidir, mas esteja certa de que vai contar com uma amizade duradoura.

(ver: *Peso explosivo, Gatos, Dietas, Atividade física, Cintura*)

Cadê a droga do meu pônei?

Todo mundo de vez em quando tem um sentimento exacerbado de direitos espoliados.

(ver: *Equitação*)

Caixas de recordações

As caixas de sapatos são excelentes para essa função. Guarde nelas todos os seus tesouros, cartas de amor, passaportes expirados e as fitas de áudio horrorosas que seu primeiro namorado gravou para você. Guarde também uma quantidade de outras coisas importantes apenas para você. Se seu prognóstico de longo prazo não for bom, comece a compor essas caixas para seus filhos.

(ver: *Amiga com câncer, Saída de emergência, Queda de cabelo, Abandonar a festa, Testamento*)

Calças com estilo

(ver: *Aventuras, Macaquinhos*)

Cama elástica

Já se cansou da academia? Detesta corrida? Estamos aqui para lhe dizer que pular é muito mais divertido. A cama elástica ajuda a manter a forma e reduz os níveis de colesterol. É o exercício aeróbico e cardiovascular mais eficaz para todo o corpo — uma sessão de dez minutos proporciona benefícios equivalentes aos de meia hora de corrida.

Uma advertência: cuidado para não praticar se tiver bebido. A cama elástica é para dias de sobriedade. A maioria dos acidentes acontece quando adultos excessivamente entusiasmados chegam do bar e pensam: "Oba, vou dar uns pulinhos!" A consequência pode ser horas, ou mesmo dias, em atendimento de traumatologia.

(ver: *Fluir, Plantar bananeira, Assoalho pélvico*)

Camas

O que queremos é ter a melhor cama que possamos comprar, principalmente se tivermos filhos. De preferência com o colchão fabricado por fadas com um material de maciez absoluta e uma pitada de pó de pirlimpimpim, embora seja preciso ter cuidado com alguma ervilha estrategicamente perdida. Contudo, se você não tiver marido ou filhos, poderá aproveitar ao máximo a cama para se espalhar — e dormir maravilhosamente.

O ideal é trocar os lençóis toda semana e arejá-los todo dia. Nós também gostamos muito da moda retrô do "almofadão", excelente para ler na cama. Se o dinheiro estiver curto é possível encontrar muitas opções baratas. Procure nos classificados camas de segunda mão, mas compre um colchão novo para evitar percevejos. Uma cabeceira de madeira pode ser pintada; também é possível fazer uma maravilhosa saia para a cama usando tecidos antigos ou cortinas velhas. Os brechós geralmente estão cheios de lençóis, fronhas e cortinas usados por um preço acessível. Não faz mal se nem tudo for "coordenado". Também vá para a Internet e procure por linho cru. Se encontrar, não deixe de comprar. A França é ótima para isso, mas os estoques estão desaparecendo, portanto não perca tempo: corra para um mercado das pulgas com um punhado de dinheiro (todos os reais que você deixou de gastar comprando uma cama de grife). O protetor de colchão de matelassê provavelmente é o mais fantástico dos acessórios e é relativamente recente. Trata-se de uma camada alta de material macio que é colocada sobre o colchão antes de se estender os lençóis. Tudo muito maravilhoso, confortável e fofinho. Tanto que talvez você decida passar o dia na cama — e quem poderá censurá-la?
(ver: *Insônia*)

Caminhada urbana

Não é preciso equipamento ou traje especial — basta usar um par de sapatos confortáveis que você pode levar na bolsa. Incluir na rotina um "passeio ativo" é muito mais fácil do que ir à academia ou à piscina. Ele pode ser feito em uma galeria de arte, em um parque

ou no shopping. Ou então, como reza a tradicional cançoneta infantil sobre o duque de York e seus 10 mil soldados, você pode marchar até o topo da montanha e marchar de volta até a base.
(ver: *Peso explosivo, Zona de conforto, Exercícios verdes*)

Camisinha

Você sabe quais são suas opções. Nesses dias de dispositivos anticoncepcionais dos mais sofisticados (implantes sob a pele do braço, imagine!), é fácil perder de vista a simplicidade, a conveniência e a elegância da camisinha. É segura, barata e fácil de obter.

Estar preparada não faz de você uma piranha. Levar camisinhas na bolsa mostra uma disposição para o sexo seguro e também revela o respeito por sua saúde sexual e pela de seu parceiro. Leve uma caixinha na bolsa e simplesmente esqueça que ela está ali até que seja necessária. De vez em quando, confira para ver se ainda está no prazo de validade.

Os contraceptivos de barreira são fundamentais em qualquer idade porque não protegem apenas contra a gravidez indesejada, mas também contra diversas DSTs ainda mais indesejáveis. É importante que você se proteja e sobreviva, principalmente se faz sexo sem compromisso. Seja firme: você sabe o que é melhor para seu corpo, portanto diga exatamente o que sente.

Não deixe ninguém convencê-la a transar sem camisinha porque "é mais gostoso". Seja franca: sem ela, não rola. E dê adeus àquele homem se ele tentar dificultar sua vida.
(ver: *Controle de natalidade, É só um presente, DSTs*)

Cancelar o Natal

Não faz mal, a não ser que você tenha filhos muito pequenos. Para muita gente, essa época do ano pode ser difícil e estressante, além de solitária. Uma forma de superar o problema é se apresentar para

trabalhar como voluntária em uma obra social e estimular seus pais preguiçosos a fazer o mesmo: ajudar moradores de rua, crianças pobres, crianças com problemas físicos ou mentais ou ainda idosos incapacitados a ter algum tipo de Natal. Com isso você estará fazendo uma ação meritória, poderá se divertir e ainda evitará o materialismo horroroso que caracteriza essa época do ano. No entanto, prestar trabalho voluntário está na moda, então você pode não encontrar quem precise de sua ajuda. Não fique triste, porque isso significa que você poderá pegar um avião e passar algum tempo no país mais próximo que não comemore o Natal. Mas não deixe de pensar na possibilidade de no ano seguinte oferecer seus serviços para alguma instituição de caridade em caráter mais permanente.
(ver: *Natal, Cumprir pena, Inferno, Trabalho voluntário*)

Carboidratos

Hoje em dia já é quase aceitável tomar uma taça de vinho ou bater uma fileira de cocaína, mas se um pedaço de pão entrar na sua boca você com certeza estará condenada para o resto da eternidade.

Por mais chato que seja admitir isso e embora em tese nós não acreditemos em dietas, reduzir os carboidratos ajuda de fato a perder peso. Basicamente, isso quer dizer seguir a dieta do Dr. Atkins, mas sem segui-la exatamente. Ou seja, adotar a dieta de Atkins, mas comer um pouquinho de carboidratos. Isso ainda funciona.

Os carboidratos também causam dependência, portanto, quanto menos você comer, menos irá querer. E isso ajuda a manter o peso depois de ter perdido o excesso. Portanto, vamos reformular a ideia de "fazer dieta", pensar em "mudar um pouco os hábitos alimentares" e acrescentar também alguns superalimentos como bônus. Por que não?
(ver: *Peso explosivo, Mirtilos, Dieta, Comer verduras, Cumprir pena, Cintura*)

Caridade sexual

O termo foi criado em um episódio de *Sex and the City* e agora é de uso corrente. Pedir a alguém uma caridade sexual não é a ação de uma mulher trágica, mas de alguém que reconhece a atração sexual e pensa no outro como igual. Peça, e será recompensada. Mas lembre-se de que em algum momento talvez seja preciso retribuir o favor.
(ver: *Solteirões, Pegação*)

Carma

Tudo o que vai, volta. O carma é o realinhamento cósmico do bem e do mal no universo.
(ver: *Hospitalidade*)

Carros

"Um carro, um carro, meu reino por um carro."
— "My Kingdom for a Car", Phil Ochs

O carro é menos importante para quem vive em cidade grande, mas se você for solteira e quiser ter um, vai precisar de um homem que entenda de carburador e cabeça de biela e para quem você possa pedir, torcendo as mãos: "Por favor, você pode resolver esse problema, porque eu preciso ir embora e, a propósito, também estou sem dinheiro." É o feminismo às avessas. A atitude de "donzela em perigo" costuma dar muito certo quando se tem um carro decrépito, simplesmente porque os homens adoram ser machões, caras práticos, e também gostam de ajudar. Essa é a perfeita saída para as frustrações deles. Dito isso, não se esqueça de se associar a um clube de automobilistas. Se você descobrir que o macho supracitado não sabe a diferença entre um carburador e um calibrador, o clube vai se revelar de valor inestimável.

Muitas mulheres insistem que não é necessário ter um carro, mas esse recurso é vital quando queremos visitar uma amiga no interior, e/ou quando temos filhos e costumamos correr para cima e para baixo sem carregar um guarda-chuva.
(ver: *Feminismo às avessas, Segurança nos táxis*)

Cartas de amor

"Para onde irão todas as cartas de amor
quando forem tragadas pelo espaço cibernético?
Como ter orgulho do e-mail arriscado
quando ele é reduzido a nada?
Dê-me notas astuciosas para guardar
na gaveta de calcinhas
Dê-me amor secreto num papel que eu possa conservar.
Deixando marcas de encontros causticantes,
visão que me faz chorar."
— Sarah-Jane Lovett

(ver: *Cartas manuscritas, Abusar da internet, Tecnologia*)

Cartas manuscritas

No passado, as cartas eram o meio pelo qual eram mantidos os relacionamentos à distância. Esperava-se semanas pela chegada de uma carta do namorado ou do correspondente que tirou um ano sabático e foi para a Índia. As cartas eram guardadas na gaveta das calcinhas (certamente inventada para isso), perfumadas e amarradas com um laço de fita. Em resposta, despejávamos o coração em folhas de papel fino e praticávamos a melhor caligrafia com lindas canetas-tinteiro.

Infelizmente, nessa nova era de comunicação em massa, as cartas perderam parte de sua importância, mas, como todo mundo adora receber mensagens instantâneas, será que alguém guarda seriamente e-mails e *tweets* para a posteridade, a não ser aquelas assustadoras corporações do Vale do Silício? Será que temos certeza de que a expressão de nossos corações e almas não será reduzida a cartões de memória? Costumamos fazer fantasias sobre longas cartas discursivas. Elas fazem parte de nossa história emocional. Portanto, vá atrás daquele empoeirado tinteiro e comece a escrever.

As cartas são fantásticas para transmitir uma mensagem verdadeira. Um agradecimento, um bilhete de amor ou um pedido de desculpas difícil de ignorar — para enviar o que é complicado, difícil, particular ou cheio de amor. Ainda não acredita? Leia a penúltima cena em *Persuasão*, de Jane Austen, e você vai mudar de ideia.
(ver: *Casos, Como responder a um convite*)

Cartões de crédito

Todas nós temos uma relação de amor e ódio com os cartões de crédito. Por um lado, graças a eles podemos comprar sapatos bonitos e caros, mas, por outro lado, eles ressaltam o aspecto negativo do relacionamento entre os bancos e os "consumidores" (a propósito, desde quando deixamos de ser pessoas?). Se você tiver problemas com cartão de crédito, o que é muito comum, não tem desculpa: você precisa enfrentar o problema e reagir depressa, elaborar um plano de pagamento, colocar o pagamento da dívida no débito automático e não estourar o orçamento. E não se esqueça de picotar o cartão.
(ver: *Mulheres de poder, Encarar o problema, Questões financeiras, Receber as contas*)

Casa comigo?

Estamos no século XXI. É permitido perguntar.
(ver: *Noivado, Usar branco, Bolo de noiva*)

Casas de praia

Quem não quer ter uma casa de praia? Elas são a casinha de boneca dos sonhos de toda garota. Essas casas ficaram relativamente esquecidas por muitos anos, principalmente porque era moda viajar "para fora", mas quando de repente os aeroportos viraram lugares horríveis e todo mundo passou a querer passear à beira-mar e nadar sem roupa, o preço dessas casinhas foi para a estratosfera. Se sua família tem uma casa de praia, vale a pena conservá-la e arrumá-la. Hoje em dia, elas são tão procuradas que é difícil comprar uma. No entanto, uma vez compradas, podem facilmente ser compartilhadas com outras pessoas que dividam com você os custos de manutenção, em geral muito baixos. Elas são uma excelente desculpa para sair da cidade e passar muitos dias de verão olhando o mar sem o incômodo de areia no sanduíche ou de moscas na bebida. Elas não têm defeitos.
(ver: *Refúgio*)

Caso antigo

Não entre nessa. Se você ainda se refere a ele como um antigo amor, no fundo seu caso ainda é uma paixão ativa. Por mais que você ache que deu a volta por cima, uma parte sua ainda espera que as chamas voltem a brilhar. Nós costumamos revisitar as velhas paixões por tédio, por despeito, para deixar alguém com ciúme ou para provar que tudo está "acabado". (Se isso fosse verdade, ele já teria se tornado nosso amigo há mais de vinte anos.) Não há nada pior do que se sentar num cinema com uma antiga paixão e pensar: "Nunca mais estaremos no escuro, só nós dois." Ou notar um novo item do guarda-roupa dele que a nova amante escolheu. Sim, a vingança pode ser um prato que se come frio: "Nossa, como ele está careca/bissexual/falido." Mas isso só faz você perceber quanto tempo perdeu. Reacender a chama do sexo com um ex é um jogo perigoso, e seus dedos podem acabar queimados.
(ver: (O) *perfeito babaca, (O) ex*)

Casos

Você deve ou não ter um caso? A resposta é: não deve. No entanto, para viver a emoção de um romance é crucial jogar pela janela a experiência, o conhecimento e os conselhos alheios, portanto você provavelmente vai entrar nessa, apesar de tudo.

Um caso de amor pode ser emocionante: tem a excitação do ilícito, a paixão e o sentimento de liberação em muitos níveis! O caso tem tudo o que um relacionamento duradouro não tem. No entanto, esse tipo de relacionamento também pode causar dor, não só para as duas pessoas envolvidas, mas também para seus parceiros, filhos e familiares.

Se você for incapaz de exercer o autocontrole, aqui vão algumas dicas:

1. Não tenha um caso com o melhor amigo do seu marido.
2. Seja discreta.
3. Meias e cinta-liga sempre agradam.
4. Não se descuide de seus filhos.
5. Lembre-se dos amigos, pois você pode vir a precisar deles.
6. Mesmo que tudo esteja maravilhoso, de vez em quando lembre-se de que a maioria dos casos tem um prazo de validade de seis meses a dois anos.
7. Não fale mal da parceira de seu amante, nem dê força se ele falar mal dela. É injusto e pega mal.
8. Se seu amante for comprometido e você for solteira, quem dita as regras é você.
9. Se seu amante afirmar que quer fazer uma tentativa de salvar o casamento, tenha a gentileza de deixá-lo tentar.
10. De vez em quando, faça uma revisão dos cenários de desastre, ou seja, quais são suas opções a longo prazo, boas ou ruins. Seja honesta nessa avaliação.

11. Se a parceira do seu amante ficar muito doente, seu papel é apoiá-la. Será preciso dar um tempo no seu relacionamento.
12. Proteja seu coração.

(ver: *Macaquinhos, Controle de natalidade, Lingerie criativa, Terapia de família, Tristezas, Eu? Jamais!, Advogados, Perdas, Questões financeiras, Rejeição, Adolescentes*)

Casos de amor imaginários com amigos gays

É incrivelmente fácil se apaixonar pelo melhor amigo gay sem saber que isso está acontecendo (porque ele é tão perfeito) e nutrir a fantasia de que o amor pode muito bem ser retribuído. A origem desse sentimento costuma ser boa — é uma forma de evitar a masculinidade agressiva ou de superar as feridas paternas. Por uma boa razão, todas nos apaixonamos pelo estilista Tom Ford. Sonhamos com alguém que entenda nosso gosto em matéria de cinema/livros/roupas. Que tenha um cheiro delicioso. Que compreenda nossas forças e fraquezas. Mas na verdade existe alguma coisa autodestrutiva no desejo por um homem que não quer nem precisa dormir com mulheres. E, naturalmente, isso é fatal se você for solteira. Os coitados dos homens heterossexuais, cheios de defeitos, jamais poderão competir com os gays quando se trata de sensibilidade e solicitude, carinhos e elogios. Os gays definem uma meta alta demais para a heterossexualidade. Essa fantasia é adorável, mas os amigos gays são exatamente isso: amigos.
(ver: *Amigos gays, Mesa de honra*)

Castidade

Está na moda optar pela castidade como forma de se proteger de possíveis abusos e da dor de cotovelo subsequente nas mãos das hordas de homens emocionalmente incompetentes que assolam nossas ruas e frequentam nossas festas. Mas a opção é sua, portanto exerça seu direito de escolha.

Não vá para a cama com um homem que você sabe que não vai tratá-la bem na manhã seguinte.

(ver: *Ir para o convento, Não transar antes do casamento*)

Chá de bebê

Essa moda importada dos Estados Unidos apareceu há mais ou menos dez ou 15 anos. No passado, os britânicos eram um pouco supersticiosos sobre dar um presente a uma criança ainda por nascer e depois acontecer alguma coisa horrível durante a gravidez. No entanto, graças aos cuidados pré-natais especializados e às novas técnicas de parto, esse tipo de preocupação praticamente desapareceu.

A regra para um "chá de bebê" é chegar com um lindo presente para a criança que vai nascer e, quem sabe, trazer também uma vela perfumada para a "futura mamãe". Em troca, você vai ter um lanche delicioso e, se tiver sorte, também um drinque, mas não conte com isso. Esse tipo de evento talvez seja desagradável para quem não pode ter filhos, principalmente se todas as convidadas estiverem quase dando à luz, mas essa pode ser sua última chance de conviver com sua amiga (ou com suas amigas) antes que ela se torne mãe e passe a ser festejada nesse papel. Como tanta gente está tendo filhos sem se casar, podemos dizer que o chá de bebê é a nova despedida de solteira.

(ver: *Bebês, Madrinhas, Despedida de solteira*)

Champanhe

"Bebo champanhe quando estou feliz
e quando estou triste.
Às vezes bebo quando estou sozinha.

Quando estou acompanhada, champanhe é de lei.
Brinco com ela quando estou sem fome
E bebo-a quando estou faminta.
De resto, nem olho para ela, a menos que esteja com sede."
— Madame Lily Bollinger

Vamos erguer nossa taça também para a heroica Madame Clicquot Ponsardin, que, em 1805, aos 27 anos, assumiu a empresa da família quando o marido morreu e criou a hoje onipresente Veuve Clicquot. Que atitude tão inteligente e avançada usar a condição de viúva para criar o nome e a marca de sua champanhe, restaurar a fortuna da família e dar tanto prazer a tanta gente durante tantos anos!
(ver: *Bebidas, Coquetéis, Dipsomania, Ligações perigosas*)

Charme

É uma faca de dois gumes.
(ver: *Solteirões*)

Chatice

Existe alguma desculpa para a chatice? Com certeza não há nenhuma razão pela qual as pessoas não possam se esforçar para serem agradáveis e divertirem os circunstantes. Algumas piadas na manga, algumas brincadeiras interessantes e um pouco de fofoca apimentada sempre ajudam. Esteja pronta para estar "por dentro".
(ver: *Chatos, Conversação*)

Chatos

"Bendito o homem que, quando não tem nada a dizer, evita provar esse fato com palavras."
— George Eliot

"Só os chatos são brilhantes na mesa do café da manhã."
— Oscar Wilde

Todos nós conhecemos um ou dois chatos. Se você estiver entrando nessa categoria, sugiro que saia dela rapidamente, mas é claro que uma das principais características do chato é não saber que ele próprio se enquadra nessa condição.

Um chato atípico é alguém que te cerca e faz algo infinitamente grosseiro, como interrogá-la sobre quantos pontos você fez no ENEM quando você está em um lugar cheio de gente tentando se divertir e tomar um martíni. Um chato é alguém que não percebe que uma festa é lugar para um papo sem compromisso, onde o dever de todos é ser animados, leves e engraçados. Se for cercada por um chato, a boa educação manda que você converse com ele durante cinco minutos e depois peça licença rapidamente e vá para o banheiro ou finja que precisa sair para dar um telefonema. É possível que lá fora você encontre fumantes, que costumam ser muito mais divertidos.
(ver: *Convidados, Sair de fininho*)

Chocolate

Chocolates artesanais são o novo Chatêauneuf-du-Pape. Novas gerações de chocolateiros estão criando em seus laboratórios sabores extraordinários — de chocolate com pimenta a bombom de abacaxi com ylang-ylang. Esses chocolates sofisticados já se tornaram o melhor presente para a anfitriã do jantar.

Todas nós merecemos um chocolate de qualidade, mas para aquelas que se preocupam com a explosão do peso, o mantra é: comer menos, porém melhor. Uma simples e sofisticada trufa com sabor de jasmim vale mais do que uma caixa de bombons populares. Quanto mais alto for o percentual de cacau (a partir de 70% já é bom), menor será a quantidade de açúcar e gordura saturada.

O chocolate costuma ser alvo de propaganda adversa, principalmente da parte dos homens, mas é sempre uma recompensa que nos damos quando a vida vai mal. É a melhor maneira de compensar um encontro desagradável, de melhorar uma dor de cabeça ou simplesmente de fazer um lanche rápido quando se tem pressa. O chocolate tem um sabor e uma complexidade maravilhosos e é a única fonte de nutrição que derrete à temperatura do corpo. Investe-se mais emoção nesse alimento do que em qualquer outro: a interação dele com a memória, a percepção e a fantasia é definitivamente proustiana. Ele atrai amigos e nos leva à transcendência.

O chocolate também pode ser imensamente sensual.

(ver: *Peso explosivo, Dietas*)

Chuva

"Milhões de pessoas aspiram à imortalidade, apesar de não saberem o que fazer de si mesmas numa tarde de chuva."

— *Anger in the Sky*, Susan Ertz

Não tenha medo de sair na chuva. Ela não vai envenená-la, nem fazer você encolher (infelizmente!). Dizem que a suavidade da clássica pele inglesa é enriquecida pela chuva. Não há necessidade de compor uma música sobre a chuva e dançar. Basta sair para o ar livre. Se você tem filhos, ainda vale correr até a escola. Se tem um cachorro, ele precisa sair para passear. Portanto, lenço no pescoço, luvas no bolso e um guarda-chuva de plantão! A vida continua!

(ver: *Melancolia, Depressão, Autocomiseração*)

Ciclismo

É uma coisa fantástica e muito prática, apesar de ainda poder ser um desafio se você estiver circulando por uma cidade grande, cercada por homens enlouquecidos que dirigem caminhões de mudança. Use adesivos refletores e, mesmo que não seja elegante, use também capacete e um colete refletor que você pode enrolar e fazer desaparecer no bagageiro da bicicleta. É vital praticar a sinalização manual.

Por outro lado, pedalar no campo é uma maneira deliciosa de passear, principalmente no verão.

(ver: *Aventuras, Peso explosivo, Fluir*)

Cílios postiços

Foram inventados em 1916 por D. W. Griffith para a heroína do épico *Intolerância*. Estrelas como Marlene Dietrich, Rita Hayworth e Hedy Lamarr sabiam que um close-up lânguido podia valer mais que mil imagens. Depois dos anos 1960, os cílios postiços entraram em declínio e viraram a praia principalmente dos travestis, mas nos últimos anos vimos o retorno dos "postiços". Agora todo mundo está experimentando as novas técnicas de alongamento dos cílios, rímel regenerador e fórmulas mágicas para crescimento que são usadas todas as noites.

Michelle Obama usa cílios postiços. Lady Gaga usa cílios com plumas. A marca japonesa de cosméticos Shu Uemura criou para Madonna cílios de mink com diamantes. Os cílios longos estão associados com juventude, pois nossos cílios ficam mais curtos com a idade e com a mudança dos hormônios. Cílios brilhantes são sinal de boa saúde e fertilidade, tendo forte apelo sexual.

Usar postiços é uma boa maneira de mudar a aparência sem precisar fazer alguma coisa invasiva. Você pode usar cílios ralos nos bordos dos olhos para deixar a piscada mais sexy ou partir para o radical efeito de lagarta.

As extensões de cílios são mais caras (custam de 85 a 140 libras), mas duram até três meses se você optar por qualidade. Só é preciso penteá-las pela manhã.

(ver: *Vaidade necessária*)

Cineclube (como começar um)

Você está tendo dificuldade para arrastar alguém para ver com você o último filme do Almodóvar? Gosta mais de documentários do que de filmes de ação? Então funde um cineclube. Essa modalidade de apreciação de cinema surgiu em Paris na década de 1920 com o objetivo de reunir cinéfilos em uma situação informal para desfrutarem de películas raramente exibidas pelos cinemas comerciais. Normalmente, também havia bebidas e degustação de gastronomia.

Você pode manter um cineclube fazendo revezamento. Só precisa de um aparelho de DVD de boa qualidade ou de um projetor e uma parede branca. Outra possibilidade é procurar hotéis ou cinemas independentes que tenham os próprios cineclubes. Muitas vezes esses lugares incluem como parte do evento um almoço ou um jantar. Não é preciso ter uma sala cheia de cineastas zelosos vestidos em camisas polo pretas. É possível encontrar cineclubes voltados para ficção científica ou chanchadas, para pequenos festivais de filmes estrangeiros, ou para noites de nostalgia dos anos 1980.

A apreciação de filmes é uma maneira maravilhosa de entrar em contato com pessoas novas. Em vez de manter uma conversação tediosa em uma festa ou um vernissage, no cineclube há um rápido bate-papo inicial acompanhado de uma taça de vinho e depois todos se sentam no escuro por duas longas horas — e descansam. Depois da projeção, todo mundo está tão animado que a noite flui livremente. Você vai acabar conhecendo gente que pensa como você. Pode descobrir um amante ou uma nova melhor amiga, mas sabe que ali todos compartilham a mesma paixão.

Cinq à sept

Como diz a expressão, este é o período mágico entre as 5 horas de tarde e as 7 horas da noite quando os amantes se encontram. O termo foi inventado pelos parisienses. Deixando de lado os aspectos morais, se saírem do trabalho um pouco mais cedo, vocês terão tempo suficiente para se encontrar e ainda chegar em casa em boa hora

para tomar banho, mudar de roupa e se sentar para jantar com seus respectivos parceiros. Você também vai descobrir que sexo à tarde tem seus próprios prazeres e recompensas.
(ver: *Casos, Amizade colorida, Lingerie criativa, Vale repetir*)

Cintura (em expansão)
Se você tem uma silhueta fina e elegante, não perca tempo lendo este verbete. Contudo, se você é como a maioria e tem curvas, cuidar da cintura é fundamental. Esqueça as dietas e não se pese: concentre-se em afinar sua cintura. Uma cintura dá forma ao corpo, uma linha graciosa que, para a maioria dos homens, é irresistivelmente sexy. Você só precisa encontrar as roupas adequadas: nada é mais maravilhoso que um corpete bem modelado em uma mulher com uma cintura adequada. Cuidar dela também traz benefícios inesperados para a saúde. Com uma cintura fina você poderá evitar problemas de saúde associados à idade, como doenças cardíacas e diabetes, mais tarde.
(ver: *Peso explosivo, Boxe, Helen Mirren, Vaidade necessária, Anágua, Autoconfiança interior, Vintage, Uso prudente do preto*)

Cirurgia com laser
Funciona de fato em caso de miopia, pele marcada e varizes doloridas.
(ver: *Pele, Veias*)

Cirurgia cosmética
(ver: *Menopausa, Dietas, Lipo*)

Citar celebridades
"David Bowie me aconselhou a jamais citar celebridades."
— Kate Morris

Ciúme

Essa é uma emoção realmente insidiosa e destrutiva. Nada de bom pode resultar dela. Se o ciúme mostrar a feia cabeça de cobra venenosa, proceda imediatamente à desconstrução do sentimento com algum grau de paixão e de compaixão, procurando descobrir por que você começou a senti-lo.
(ver: *Animigas, Schadenfreude*)

Clubes fechados

No passado, os clubes eram território reservado aos homens. Se você tiver um dinheiro sobrando, é uma boa ideia tornar-se sócia de um deles. Para começar, um clube exclusivo é um ótimo lugar para encontrar amigos, entreter convidados americanos, hospedar-se ocasionalmente quando estiver na cidade, sentar-se sozinha e escrever aquele romance. Leve sua mãe, seu amante ou, se precisar causar boa impressão, um novo contato de negócios ou colega de trabalho. Esses clubes são lugares ótimos para reuniões de negócios à moda antiga para pessoas adultas. Lá você poderá causar uma boa impressão.
(ver: *Mentoras*)

Codependência

Esse termo vem sendo usado livremente, às vezes em tom de brincadeira. No entanto, vale a pena entender o que ele significa e como pode estar afetando sua vida. A dependência é uma doença de família e são codependentes aqueles que têm um relacionamento com dependentes de drogas ou álcool. Existem mais de cinquenta tipos de dependência. Embora os codependentes talvez não sejam viciados, pode haver um histórico familiar de vício. Às vezes, mas nem sempre, os codependentes podem parecer altamente funcionais, bem-sucedidos e interessantes, mas, no fundo, talvez sofram de

uma falta de autoestima paralisante e sejam extremamente críticos consigo mesmos e com os outros. No esforço para manter o controle da situação familiar deteriorada na qual se encontram, eles podem, na verdade, colaborar com o vício dos dependentes.
(ver: *Dipsomania*)

Código de conduta

Quando nos tornamos adultos, é importante manter um código pessoal de conduta. Não é preciso gabar-se dele ou utilizá-lo para constranger os outros. Só é preciso ser fiel a ele.
(ver: *Cortesia, Bom comportamento, Graça, Amantes, Filosofia*)

Coisas boas que são gratuitas

(ver: *Igrejas, Galerias de arte, Bibliotecas, Parques, Litoral*)

Coisas que facilitam a vida

(ver: *Sutiãs, Carros, Controle de natalidade, Terapia de família, Lava-louças, Amigos, Vestidos, Faz-tudo, Batom, Amantes, Questões financeiras*)

Comentaristas esportivas

O mais irritante é que os homens gostam das comentaristas esportivas, principalmente se elas forem bonitas. No entanto, elas não são tão necessárias. Existem homens de sobra capazes de falar de futebol com a maior competência. Nós, mulheres, ficamos extremamente ressentidas quando vemos e ouvimos uma comentarista de esportes fazendo crítica e entrevistas depois de uma final de campeonato de rúgbi ou futebol. Como diria Al Murray na figura de seu personagem, o dono de bar xenofóbico e misógino: "Não! Uma caneca de

chope para o cavalheiro e uma taça de vinho branco para a senhora." É realmente desagradável ver essas mulheres envolvidas com esses esportes de machão. Tudo bem se estivermos falando de tênis, basquete feminino ou natação. Mas, convenhamos, não há lugar para as mulheres no rúgbi, no futebol e no críquete. Deixemos isso para os homens. A vida continua. Já estamos no intervalo?
(ver: *Mulheres chatas que gostam de futebol*)

Comer verduras

Sua mãe estava certa: você deve comer verduras. Para falar sem rodeios, a importância dos vegetais de folhas verde-escuras em sua dieta não pode ser subestimada. Após décadas de pesquisas criteriosas realizadas por homens e mulheres de jaleco branco, temos os fatos inegáveis: as folhas verde-escuras contêm ácido fólico e antioxidantes e fazem de tudo, desde melhorar o aspecto da pele até reduzir de forma expressiva o risco de câncer e problemas congênitos. Sabemos que três xícaras de verduras frescas por semana podem fazer milagres pela saúde. Se você achar que é bom demais para ser verdade, da próxima vez que comer uma salada, pense que está comendo luz solar. Parece ridículo, mas qualquer aluno de 7 anos sabe que as plantas são verdes por causa da clorofila — uma estrutura molecular inigualável que lhes permite capturar e armazenar a energia da luz do sol.

Mas não faz diferença o que você pensa enquanto mastiga, a principal razão para comer verduras naturalmente é o sabor elegante, complexo e sofisticado desse alimento. Elas também são bonitas. Portanto, misture as folhas em uma tigela com um pouco de vinagre balsâmico, suco de limão e azeite de oliva extra-virgem. Se gostar, acrescente também todos os tipos de sementes e nozes. Fica divino.
(ver: *Peso explosivo, Menopausa, Dietas*)

Comida

(ver: *Del Conte, Anna, Carboidratos, Cozinhar, Sorvete italiano, Restaurantes italianos tradicionais*)

Como apresentar pessoas

"Você já conhece fulana?" O ato de apresentar amigos uns aos outros quando achamos que eles vão se entender bem é uma atitude muito generosa e todo mundo sabe disso. Apresentar pessoas em festas deveria ser mais do que natural, embora possa ser desagradável quando estamos à caça, acabamos de começar a conversar com alguém e somos interrompidas e forçadas a sorrir com educação para outra pessoa. Portanto, se você é uma "apresentadora" fanática, fique atenta ao contexto social. No entanto, essa é uma habilidade bastante fácil de adquirir: "Você conhece fulana? Vocês já se conhecem?" A conversação começa facilmente e o mundo acaba sendo um lugar melhor, graças a você.
(ver: *Hospitalidade, Grupos de leitura*)

Como invocar um homem

"Preparei uma lista muito completa de qualidades que incluía gentileza, generosidade, independência financeira, nobreza de caráter, força, bom humor e pouca predisposição para a raiva. Um homem que respeite as mulheres e ame a própria mãe. Alguém que aceite a pessoa que sou e o que sou.

Usei a lua nova como símbolo de um novo começo.

Enchi a banheira e adicionei rosa, jasmim e alecrim. Coloquei na banheira um grande cristal de quartzo rosa e comecei a visualizar meu marido.

Também assumi diante do universo o compromisso de me tornar mais flexível; a flexibilidade dobra a rigidez. Passei mais ou menos uma hora de molho nesse banho, saí e fui dormir com um ramo de alecrim embaixo do travesseiro. No dia seguınte, conheci meu marido."

— Johnnie Fiori

(ver: *Bom material conjugal, Simpatias, Mesa de honra*)

Como receber um elogio

O ato de receber um elogio pode ser muito difícil, principalmente se você foi criada com pessoas muito críticas. Na verdade, a aquisição da capacidade de receber bem um elogio pode levar a vida toda, mas é extremamente importante conquistá-la.

Os elogios mais agradáveis costumam acontecer fora de contexto, nos lugares mais insólitos, e muitas vezes podem deixar sem palavras quem recebe o cumprimento. Mostramos falta de polidez quando "desautorizamos" o autor do cumprimento, ou seja, quando damos a entender que aquele elogio não tem fundamento. Com isso, o interlocutor é obrigado a redobrar os esforços, o que transforma um gesto de encantador, engrandecedor e generoso numa afirmação um tanto importuna e terapêutica.

O pior é que com isso, de certa forma, você também insulta quem o elogiou, pois ao rejeitar o elogio você de forma subjacente insinua que aquela pessoa não é bastante inteligente ou perceptiva e que não a conhece bem.

Portanto, receba os elogios com graça. Um "muito obrigada" simples, porém sincero, será suficiente. Assimile como verdade o que é dito a seu respeito. Gradualmente, você desenvolverá uma aceitação de si mesma e uma autoconfiança interior, sem se tornar vaidosa.

(ver: *Autoconfiança interior, Autodepreciação*)

Como responder a um convite

Mesmo que se trate apenas de aceitar ou recusar um convite para degustar um pacote de biscoitos, é extremamente importante responder aos convites com educação e pontualidade. Nosso método favorito naturalmente é uma carta, mas se isso estiver totalmente fora de sua realidade, uma mensagem de texto ou um e-mail para o autor do convite será suficiente. Quando receber um convite para um evento fechado como um jantar, uma festa, um teatro ou algo similar, não se esqueça de escrever uma carta de agradecimento adequada.
(ver: *Dívidas, Questões financeiras*)

Companheirismo

"Os amigos que valem a pena são aqueles para quem você pode ligar às 4 horas da manhã."
— Marlene Dietrich

Os bons companheiros estão entre as alegrias de nossas vidas. Eles viajam a nosso lado e sabem o que é importante para nós e o que nos faz rir.

O amor romântico pode ser egoísta ("Eu quero você só para mim"), mas companheirismo significa que duas pessoas tiram o maior proveito do tempo em que estão juntas, não só por estarem juntas, mas por fazerem companhia uma à outra.

Na verdade, o companheirismo é tão importante quanto o sexo. Pergunte à maioria dos casais por que eles escolheram aquele parceiro e eles provavelmente responderão que "gostam da companhia um do outro". É impossível prever quais serão nossos interesses e preferências dentro de vinte anos — as pessoas amadurecem de formas diferentes —, mas a verdadeira medida do companheirismo é a capacidade de aceitar o crescimento e as transformações de um amigo ou parceiro sem ver isso como uma ameaça.

Não há nada pior do que nos sentirmos "maus companheiros". Isso é provavelmente mais perturbador do que brigar com a pessoa amada. Temos orgulho dos amigos, ficamos felizes por eles nos terem escolhido e por nós termos escolhido a eles. Eles nos entendem e fortalecem nosso senso de identidade.
(ver: *Melhor amiga, Bom material conjugal*)

Comportamento de velha

Viver presa a uma rotina inflexível e fazer programas especialmente pedantes que envolvam chá são comportamentos de velha que devem ser evitados. Da mesma forma, devemos evitar exagerar no batom sem usar um delineador e ter que botar os óculos para tomar os remédios. Procurar alguma coisa durante horas no fundo de uma bolsa enorme (buscando os óculos, o telefone celular ou as chaves) e não ser capaz de usar o controle remoto também são comportamentos de velha que devemos evitar. A solução? Bolsas menores, paraquedismo e uma viagem de carro pela Itália.
(ver: *Aventuras, Menopausa, Bolsas, Perder coisas*)

Comprimento das saias

Supostamente, este é o indicador econômico mais importante. Quando o valor das ações está no topo, as saias ficam mais curtas. Quando os índices da bolsa descem, as bainhas também descem. Contudo, cada mulher é árbitro do comprimento da própria saia. Não deixe que a obriguem a usar qualquer coisa desagradável. Muitas mulheres preferem saias acima do joelho no inverno e mais longas no verão, quando todo mundo começa a mostrar a pele. Como regra, você provavelmente poderia usar saias mais curtas do que imagina (graças às meias opacas, o presente de Deus para mulheres gordinhas) ou experimentar um vestido coquetel com um

blazer longo. Contudo, antes de uma entrevista ou de um encontro, confira o comprimento ideal sentando-se em frente ao espelho. Não há nada pior do que o tipo errado de saia.
(ver: *Elegância, Vestidos*)

Conchinha

O termo descreve o ato de dormir com alguém que você talvez goste, mas tendo decidido em comum acordo que não vai rolar sexo. Vocês podem se abraçar, beijar e conversar um pouco, mas depois se acomodam juntinhos e vão dormir. Não se iluda, você pode acabar derrapando na pista.
(ver: *Solteirões*)

Confie em si mesma

(ver: *Instinto*)

Conhecer os sogros

Adivinhe quem vem para o jantar?
(ver: *Cortesia, Ouvir bem, Graça, Sogros*)

Conjugado com mezanino

Ponto médio entre o apartamento e a casa, o conjugado com mezanino é a solução para uma mulher com um orçamento "realista". Você não perde o prazer de subir e descer escadas (sem contar a escadaria da entrada do edifício) e ainda por cima não enfrenta o estigma terrível do quarto e sala. Basicamente, é uma "microcasa" chique onde os gatos podem andar de cabeça erguida.
(ver: *Gatos*)

Conselhos (dar e receber)
Se alguém lhe pedir um conselho, faça o máximo para dá-lo com graça e ponderação, na certeza de que naturalmente ele será ignorado. Vale o mesmo se você estiver pedindo o conselho. Aceite-o total e graciosamente antes de desprezá-lo. Se receber um conselho que não pediu, limite-se a ignorá-lo. Contudo, uma filha se deu muito bem com a sugestão que recebeu do pai quando fez 21 anos: "Por mais que você beba, é preciso se lembrar na manhã seguinte de tudo que disse e fez. Nunca interfira em um grande caso de amor e não vá para a cama com seu secretário."
(ver: *Casos, Insônia, Eu? Jamais!*)

Conselhos de uma ruiva invocada
Todo mundo precisa desse tipo de conselho de vez em quando. Pode ser por causa de um amante incompetente, de alguma coisa que não vai bem no trabalho ou mesmo de uma simples depressão, mas a ruiva invocada sabe que a única maneira de fazer você ir em frente é dar-lhe cinco minutos de aconselhamento do tipo certo. Talvez doa um pouco no início, mas as feridas cicatrizarão rapidamente e no dia seguinte você estará louca para voltar a cair na balada com a dita ruiva.
(ver: *Solteirões, Coquetéis*)

Consumismo antidepressivo
Quem diria? A teoria econômica de Keynes mostra que podemos comprar o alívio para uma depressão. Agora você tem uma desculpa para gastar até acabar com a melancolia. No momento, enquanto estamos tentando cortar alguns trilhões da dívida do país, isso está um pouco fora de moda, mas como todas as boas ideias, essa não vai ficar esquecida por muito tempo. Caso seu marido encontre a

sua imensa fatura do cartão de crédito, explique com calma e firmeza que você só está tentando ajudar a recuperar a economia do país. (ver: *Questões financeiras*)

Controladores

Eles adoram impor aos outros suas crenças e excentricidades, portanto são uma companhia cansativa. A ética de "viver e deixar viver" passa por eles sem deixar marca e eles vão em frente, policiando autoritariamente a vida alheia, revistando as lixeiras (metafóricas ou literais) dos outros e dando grande quantidade de conselhos não solicitados. Em todas nós existe uma tendência controladora pronta para entrar em ação, e quando ela assume a dianteira, torna-se um hábito difícil de vencer. Saia dessa enquanto pode e comece a ouvir mais.

(ver: *Conselhos, Bullying, Codependência, Riscos de planejar demais, Ouvir bem*)

Controle de natalidade

(ver: *Camisinha, É só um presente, DSTs*)

Conversação (a arte da)

Ai, meu Deus! A arte de conversar. Aquele *je ne sais quoi*. Infelizmente, somos diferentes dos políticos e chefes de Estado e não recebemos furtivamente uma informação precisa como: "Esse é o Mateus. Ele é espião e gosta de entrar e sair de trens e escapar rapidamente de hotéis", o que, naturalmente, é instigante. Não. Meros mortais como nós precisam ter coragem e fingir que estão totalmente à vontade no cenário social no qual vivem, por menos confiança que possam estar sentindo. Se alguém sofre de timidez extrema, uma boa

maneira de proteger seu interior é sendo muito sedutor, fazendo perguntas e mostrando maior interesse pelos outros. Acontece que, no fundo, todo mundo adora falar de si e fica extremamente lisonjeado com nosso interesse. É bom que isso aconteça. Faça perguntas e piadas, seja irônica sobre si mesma. Você vai parecer gentil e relaxada. Se ocorrer uma temida pausa na conversação, sempre funciona muito bem perguntar "posso pegar uma bebida para você?"
(ver: *Ser bem-informada, Chatos, Autoconfiança, Papo furado*)

Convidados (como ser bons)

Os chineses costumam dizer que os hóspedes, como o peixe, ficam deteriorados depois de três dias. Certamente essa ideia tem valor. Um bom convidado não pode ser cansativo e acabar com a diversão. O bom convidado traz uma garrafa de vinho/flores/chocolates/alguma coisa de fabricação caseira para o jantar. Você já deve ter procurado ouvir alguma dica, portanto sabe do que os anfitriões mais gostam. Os bons hóspedes se oferecem para levar o cachorro para passear ou colocar a louça na lavadora e participam de qualquer passeio sugerido pelos anfitriões, mesmo que não queiram ir. Não discutem a saúde pessoal nem falam de alguém que está morrendo. Se alguém ficar vermelho quando você emitir sua opinião sobre o Talibã, pare de falar no assunto e volte a discutir o último fenômeno em matéria de chef ou a mais nova usina eólica.

Deixe o banheiro limpo depois de usá-lo e areje o quarto. Espalhe elogios por toda a casa, inclusive "nossa, como você consegue fazer tanta coisa?". Vá embora às 16h30 do domingo, sempre mande uma carta de agradecimentos depois e tudo ficará bem.

Um "toque de mestre" aconteceu num piquenique de última hora em Devon. A proeza envolveu uma caixa de isopor retirada inesperadamente do porta-malas de um carro. Ela continha vodca, suco de tomate, vinho xerez, raiz forte, molho inglês, tabasco, sal de aipo e dois sacos de gelo para completar. Como se costuma dizer, o diabo está nos detalhes.

Coquetéis

Os coquetéis são o paraíso das meninas, uma alternativa ao que Kingsley Amis considera as duas palavras mais deprimentes em qualquer idioma: "tinto ou branco." Os coquetéis dão autoconfiança e classe — e amenizam a negatividade de um dia cansativo ou de qualquer dificuldade. Sempre é possível encontrar uma desculpa para tomar um daiquiri de morango com uma amiga. Você talvez se sinta como uma estrela, a protagonista do próprio filme e com um pouquinho de risco envolvido. Os coquetéis foram inventados nos Estados Unidos durante a Lei Seca dos anos 1920 e eram bebidos secretamente em "inferninhos".

Mesmo nos dias de hoje, os melhores bares são discretos e a série de TV americana *Mad Men* trouxe os coquetéis novamente à moda. Estão de volta as bebidas destiladas de sabor forte — bourbons, uísques de centeio e gin —, usadas para fazer as receitas clássicas com uma levada moderna. Contudo, não se sinta culpada se você preferir bebidas cremosas enfeitadas com um guarda-chuva de papel ou drinques no estilo Carmen Miranda, decorados com frutas. Os *long drinks* podem ser mais suaves para o bolso e para a cabeça.

O ambiente é crucial. O ideal é a sofisticação dos velhos tempos. As adegas em estações ferroviárias inspiram um entusiasmo infantil, mas não vá a uma delas no dia em que realmente precisa pegar um trem.

Algumas regras básicas para um coquetel de última hora: produza-se; lembre-se de comer, caso contrário os garçons vão se arrepender de ter deixado você entrar; também tenha cuidado com bebidas oferecidas por terceiros. A beleza tem um preço. Você pode estar sentada em um ambiente art decô maravilhoso, mas nesse caso a maioria dos coquetéis custa no mínimo 10 libras. Por mais tentador

que seja, nós realmente não recomendamos tomar mais do que um ou dois, no máximo três coquetéis — a não ser, naturalmente, que você tenha decidido tomar um porre.
(ver: *Álcool, Maus hábitos, Bebedeiras, Avião, Bebidas, Champanhe, Dipsomania, Ligações perigosas*)

Cor

Nós ridicularizamos muito os consultores de imagem da empresa Color Me Beautiful quando eles surgiram, mas olhando em retrospecto, a consultoria de imagem é uma ferramenta extremamente útil. Ver multidões de estudantes, secretárias e consumidores sempre vestidos de preto, com cara de funeral, é de uma monotonia absoluta. Portanto, vamos trazer de volta os anos 1960 e as flores psicodélicas.

Cores vibrantes podem nos deixar cheias de energia e alterar completamente o humor, tanto nosso quanto dos outros. Roupas estampadas ou alaranjadas são bonitas de se ver; ponto final. Todo mundo tem uma cor que se harmoniza muito bem com o tom do cabelo e da pele, portanto vale a pena descobrir se sua cor ideal é turquesa, vermelho, violeta, amarelo-canário ou verde-limão. A cor é um tônico para todo mundo. Não é à toa que o rosa-shocking é considerado o azul-marinho da Índia. Se você não consegue deixar de lado as cores escuras, alivie o cardigã cinza usando uma echarpe brilhante ou um par de sapatos vermelhos. Aceite nosso desafio.
(ver: *Avião*, Tweed)

(O) coração

"Só conseguimos ver direito com o coração. O essencial é invisível para os olhos."
— Antoine de Saint-Exupéry

Corais

Não se deixe iludir pelas casas noturnas e pelos coquetéis. Os corais são uma das melhores maneiras de conhecer pessoas. No final da noite todos os coralistas podem se reunir em um café ou bar; vocês podem viajar para as apresentações e encontros de corais, e você vai amar fazer parte de um coletivo, de algo maior do que você mesma. E ainda há a pura satisfação física de cantar.

Os corais são democráticos. Cada pessoa traz uma dinâmica diferente para o grupo, e a interação pessoal e social entre os membros é diferente da de qualquer outro tipo de banda. Cantar num coral é o oposto exato de fazer um teste para um reality show de cantores. Talvez as lembranças do coro da escola possam fazê-la hesitar, principalmente se você não sabia ler partitura e tinha que mexer os lábios sem produzir som, mas com os novos corais "de amadores" ou "de principiantes", não faz diferença se você recebeu ou não uma educação musical.

O canto coletivo é uma maneira poderosa de criar ligações afetivas. Nos corais de amadores não é preciso comparecer a um milhão de ensaios. Em geral, a convocação é feita pelo Facebook, e o que pode ser mais humano e divertido do que um grupo de pessoas que deixam suas vidas triviais para se reunir uma vez por semana e fazer música?

(ver: *Igrejas, Fluir, Sair da toca e se envolver*)

Cortar laços

"A verdade liberta. Mas antes, ela nos deixa putas."

— Gloria Steinem [feminista e jornalista]

Seu tempo é precioso demais para ser desperdiçado com gente que a decepciona, com um emprego que sufoca seu potencial ou com um passatempo que já não lhe agrada. Porém, por favor, primeiro

analise a situação com cuidado. Seria horrível não dar a um amigo ou amante uma chance de mudar. Talvez você possa fazer concessões, portanto, haja o que houver, não queime as pontes. Contudo, se depois de pensar bem sobre a questão você ainda quiser cortar os laços, faça isso depressa e corretamente. Quanto mais rápido você começar o processo, mais rápido ele será encerrado. Não é preciso ser mesquinha. Você pode agradecer à pessoa pela amizade e dar adeus. Não olhe para trás. É melhor para todos e principalmente para você.
(ver: *Saída de emergência*)

Cortesia

Um pouco de cortesia pode nos levar muito longe. Existem atitudes fundamentais que até mesmo um homem pós-feminista pode adotar. Se a cortesia fosse espalhada pelo mundo, que lugar maravilhoso ele seria!

É delicioso ver alguém abrir a porta e dizer "não, você primeiro". A frase "deixe-me ajudar" quando uma mulher está tentando equilibrar as sacolas de compras e chegar ao ônibus ou ao carro é música para os ouvidos. Um homem pode ganhar cinco estrelas douradas se perguntar "como você vai chegar em casa?" ou "posso chamar um táxi para você?" e depois caminhar com você até o táxi e abrir a porta.

Talvez isso pareça coisa de escola de etiqueta, mas costumava ser o padrão de comportamento masculino na sociedade. Em particular, é desesperador ver que os homens não se levantam mais para dar lugar a uma mulher grávida no metrô ou em um ônibus lotado. Sendo assim, como podemos trazer de volta a cortesia? Por favor, mandem-nos um cartão postal com as respostas.
(ver: *Boas maneiras*, *Vale repetir*)

Cozinhar

Preparar, apontar, já! É o que as mulheres de todo o mundo fazem várias vezes por dia.
(ver: *Del Conte, Anna*)

Criar meninos sozinha

Esse é um desafio, mas acima de tudo você precisa não dar continuidade à guerra dos sexos iniciada com o pai por causa deles. Experimente sentir empatia, por mais difícil que isso pareça. Não procure suprimir a masculinidade inata dos seus filhos, mesmo que ela às vezes deixe você confusa; estimule a conversação, mesmo que só receba de volta uma série de grunhidos. Incentive a prática de esportes tanto quanto possível; se a escola deles não mostrar muita iniciativa nesse sentido, procure clubes de futebol e críquete. Os garotos precisam ficar cansados para terem menos tempo de criar problemas.

Confira regularmente os bolsos deles. Se encontrar alguma coisa indevida — como drogas ou facas —, discuta a questão francamente, de preferência com o apoio de alguém. Por fim, se o pai for definitivamente ausente, peça ajuda a um padrinho (ou a um homem que seja relevante para você). Essa é a hora em que esses homens podem realmente ajudar. Estimule seus filhos a cozinhar e fazer tarefas domésticas, pois existem muitos modelos de comportamento masculino nesse departamento e isso vai garantir que eles sejam capazes de cuidar de si quando ficarem mais velhos, não se tornando um fardo para as namoradas. A regra básica é: se eles já têm idade suficiente para serem sexualmente ativos, são perfeitamente capazes de colocar os jeans na máquina de lavar roupas. Não se aborreça se o quarto deles for absurdamente bagunçado. Quem vai viver no meio da desordem são eles, basta você fechar a porta. Encha o apartamento ou a casa com jornais e material de leitura inspirador — se conseguirem manter o hábito de leitura durante a adolescência, os garotos serão leitores por toda a vida. Quando eles já forem adolescentes, promova discussões e debates sobre limites, pontualidade, presença nas refeições, gentileza com as mulheres e o hábito de acordar cedo para ir à escola. Afinal, eles vivem numa democracia, portanto devem ser preparados para isso. O mais importante é se preparar para reagir se eles mostrarem um comportamento machista em relação a qualquer pessoa e principalmente a você. Boa sorte!

(ver: *Irmãos, Terapia de família*)

Crise

Quando você está tendo um ataque de nervos, é muito chato ouvir o sabe-tudo do escritório informar que em chinês a palavra "crise" também significa "oportunidade". Mas esse velho ditado tem um fundo de verdade, portanto, em vez de chutar a porta ou se sentar para escrever um bilhete suicida, pense nas alternativas drásticas e muitas vezes positivas que uma crise pode estar lhe oferecendo. Pode ser o fim abrupto de um relacionamento cada vez mais insatisfatório, a perda de um emprego de que você não gosta muito ou ainda a possibilidade de falência. Apesar disso, você finalmente estará sendo obrigada a enfrentar os problemas que provavelmente vem cozinhando em fogo brando há algum tempo. E isso pode representar uma libertação.

(ver: *Oportunidades, Suicídio*)

Crise da meia-idade

A expressão geralmente é usada se referindo ao macho da espécie, mas as mulheres estão cada dia mais sujeitas à crise da meia-idade. Os filhos estão saindo de casa, o parceiro que antigamente era espontâneo não vai para a rua sem um guarda-chuva, ou você acabou de se presentear com uma moto Harley-Davidson: é possível que você esteja encarando um desafio no meio da viagem existencial. A depressão, a falta de objetivo, o peso explosivo ou uma intensa paixão pelo barista do café de seu bairro são sintomas comuns da crise da meia-idade. Ela vai passar, mas é preciso viver um dia de cada vez.

Culpa

A culpa fica progressivamente mais feia à medida que envelhecemos. Uma mulher adulta que ainda culpa os pais é totalmente lastimável. Estacione esse sentimento no pátio do ferro-velho e jogue fora as chaves. Se você ainda se sente arrasada por ressentimentos agudos causados pelas experiências da infância, chegou a hora de assumir a própria responsabilidade sobre essas situações e procurar um terapeuta. Não devemos permitir que antigas injustiças infeccionem dentro de nós. Além disso, a não ser que abusos grotescos tenham acontecido, o papel do filho adulto é aplainar o caminho para os pais que estão envelhecendo. Ramos de oliveira podem crescer em qualquer lugar, principalmente com o aquecimento global. Comece a cultivar suas oliveiras desde já. A capacidade de perdoar é uma das qualidades humanas mais grandiosas.

(ver: *Bebezão*)

Cumprir pena

Provavelmente é o melhor período de repouso que você pode conseguir sem gastar dinheiro. Uma oportunidade de colocar em dia a leitura, aprender jardinagem, diminuir a conta de telefone, além de outra pessoa preparar o jantar de Natal. Você também pode contar com uma festa quando for libertada.

(ver: *Refúgio*)

Cunt

De acordo com a Wikipédia, os etimologistas não conseguem chegar a um acordo sobre a origem da palavra inglesa cunt*, embora se pense que ela tenha origem escandinava/alemã e também possa guardar alguma relação com a palavra latina *cunnus*. Esta palavra era muito usada no século XII, mas a partir do século XVI passou a ser considerada grosseira, não se sabe bem por que razões, mas provavelmente como reflexo de uma atitude misógina. Ela aparece diversas vezes em um contexto sugestivo em *Os contos de Cantuária*, de Geoffrey Chaucer, mas naquele ponto de sua carreira etimológica, não é considerada obscena. No conto *A mulher de Bath*, a principal personagem incorpora à sua maneira a ideia de uma Mulher Poderosa da Idade Média na seguinte fala:

"You would have my quente alone?/ Wy, taak it al! Lo, have it every deel!/ Peter! I shrewe yow, but you love it weel;/ For I wold sell my belle chose,/ I kould walke as fresshe as is a rose;/ But I wool kepe it for yor owene tooth", o que pode ser traduzido por:

"É por que você quer meu corpo só para seu uso?/ Ora, pode levá-lo todo, cada pedacinho;/ Por São Pedro! Garanto que você gosta muito dele./ Se eu o vendesse,/ poderia sair por aí fresca com uma rosa,/ mas vou guardá-lo para o seu desfrute."

Depois de uma criteriosa análise do texto, o que parece ser uma conversa um tanto audaciosa se revela uma exploração muito mais sutil da relação cheia de significados entre o sexo e o amor, o dinheiro e o poder.

Trezentos anos depois, o tributo sub-reptício, porém carinhoso, de John Donne à genitália feminina — "mas como infantes servíamos os prazeres campestres" — no magnífico e sensual soneto *The Good Morrow* marca a época em que uma sombra começou a cair sobre o uso indiscriminado dessa palavra. No entanto, seja qual for sua ori-

---

* Palavra que define a genitália feminina. [*N. da T.*]

gem, segundo Germaine Greer: "[Esta] é uma das poucas palavras na língua inglesa que ainda têm a genuína capacidade de chocar."

Curvas

(ver: *Peso explosivo, Avião, Seios, Lingerie criativa, Anágua*)

Cuspir

Por favor, parem já com isso! Espalhe essa ideia, não espalhe germes.

D

Dança de salão

Você morre de vontade de dançar tango, mas não encontra um parceiro disposto? Muitos hotéis promovem "tardes dançantes", onde além de tomar chá e comer sanduíches de pepino, você vai encontrar parceiros de dança atraentes para aprender a dançar ou para dançar socialmente. Sim, você paga o tíquete do cavalheiro e o chá. Não, eles não vão azarar/transar com você (são estritamente profissionais), mas você terá uma tarde fabulosa flutuando pelo salão nos braços do charmoso cavalheiro, ao som do cha-cha-cha. Nós conhecemos alguns "casais" que até mesmo participaram de competições profissionais de dança. Isso é bom principalmente para quem tem um parceiro muito tímido ou que prefere passar a tarde no futebol. Todas as faixas etárias e sociais estão representadas, desde velhinhos amáveis até jovens gatos cosmopolitas. E não se sinta mal por estar pagando por um parceiro. Pense como um homem: eles fazem esse tipo de coisa o tempo todo.

(ver: *Peso explosivo, Fluir, Pensar como homem*)

Dançando com o diabo

Vamos, caia na pista! Você vai precisar ter o que contar quando for para uma casa de repouso.

(ver: *Codependência, Controladores*)

Dançar

"Eu fiz tudo o que ele fez, mas de costas e em cima de um salto alto."

— Ginger Rogers sobre Fred Astaire

(ver: *Dança de salão, Dançando com o diabo, Fluir, Raves, Tango, Sapateado*)

Dar a volta por cima

A meta que devemos buscar é a capacidade de passar uma borracha por cima de um acontecimento infeliz e seguir adiante.
(ver: *Pesar, Depressão, Tristezas, Eu? Jamais!*)

David Attenborough

Será David o homem mais sedutor da Grã-Bretanha? Sim, provavelmente. Certamente é o naturalista mais poderoso e influente do mundo. Ele mudou a nossa maneira de enxergar nós mesmos e as espécies com as quais compartilhamos o planeta, além de ser apreciado por todas as faixas etárias. Sem discussão, é intelectualmente brilhante, mas continua a ser modesto, caloroso, humano, divertido e simpático. Ele é o principal convidado para nossa mesa de honra.
(ver: *Bom material conjugal, Mesa de honra, Casa comigo?, Zoologia*)

Decote

Ulalá! Essa é a parte mais reservada e mais sedutora do seu corpo e você deve saber como operá-la e explorá-la, se assim desejar. As francesas são especialistas em proteger e projetar essa área, mas ela precisa de atenção diária. Uma combinação de cremes com massagens e exercícios funciona bem, mas não se esqueça do ele-

mento mais importante: a postura. O objetivo final é mostrar um colo sem rugas, que seja exposto com uma pitada de sedução. Se o olhar masculino for importante para você, descuidar-se do colo é um risco.
(ver: *Seios*)

Del Conte, Anna [ícone]
"Nada torna uma família tão unida quanto uma refeição deliciosa desfrutada ao redor de uma mesa. Enquanto todos comem, a conversa floresce, as risadas explodem, surgem debates e discussões. Em poucas palavras: a vida fica viva. Nada expressa tão bem o amor quanto uma comida preparada com cuidado e carinho, ou pelo menos isso é o que espero depois de ter passado a maior parte de minha vida cozinhando e desfrutando de cada momento."
(ver: *Cozinhar*)

Demonstrações públicas de afeto
Pode ser muito irritante ser obrigada a ver pessoas inconscientes do mundo exterior e dedicadas a trocar fluidos corporais a 15 centímetros do seu nariz. É provável que você queira gritar: "Vão procurar um quarto!" A regra básica é: vale dar as mãos, abraçar e ficar amorosamente próximos; qualquer coisa a mais é demais, mas é preciso perdoar os Romeus e as Julietas de primeira viagem.
(ver: *Casos*)

Dentes
Está na hora de investir em sua boca: nunca é tarde demais para tentar salvar os dentes. E não estamos falando apenas de obtura-

ções e problemas gengivais. Um sorriso estimula o sistema imune, baixa a pressão e libera serotonina e endorfinas (analgésicos naturais). É de conhecimento universal o fato de que pessoas com sorrisos maravilhosos são consideradas mais atraentes, inteligentes, ricas e jovens.

Dicas principais:

1. Use uma escova elétrica. É como limpar o chão com um aspirador em vez de usar uma escova e uma pá.
2. Usar fio dental é fundamental. As bactérias são criaturas inteligentes e podem se esconder nos espaços entre os dentes e multiplicar-se.
3. Use um canudinho. Bebidas gasosas prejudicam os dentes porque atacam o esmalte que os protege.
4. Se for beber durante a refeição, prefira um queijo como sobremesa — ele neutraliza a acidez do álcool.
5. Se você souber que vai beber vinho, escove os dentes antes de começar, para remover a placa bacteriana que atrai a bebida.
6. Coma os doces todos de uma vez. A boca precisa de uma hora para neutralizar o ataque por açúcares.
7. Comer bobagens de vez em quando arruína os dentes.

(ver: *Vaidade necessária, Autoconfiança interior*)

Depilação íntima

"[Os pelos] são as folhas que emolduram a flor, o gramado que rodeia a casa. Para amar a vagina, você precisa amar os pelos."
— *Monólogos da vagina*, Eve Ensler

(ver: *Pelos, Pornificação*)

Depressão

"Se quiser um arco-íris, você vai ter que aceitar a chuva."
— Dolly Parton

"Em pleno inverno encontrei dentro de mim um verão invencível..."
— Albert Camus

"Boas ações e banho quente são os melhores remédios para depressão."
— *I capture the castle*, Dodie Smith

Depressão é um termo genérico que cobre uma multidão de significados. Para algumas pessoas, é uma fase, para outras, um acontecimento espiritual, mas para a maioria menos afortunada a depressão é uma doença permanente que precisa ser administrada como qualquer outra doença crônica. Os psicoterapeutas e psiquiatras costumam se desentender quanto ao tratamento para a depressão, mas não tenha medo de tomar remédios, apesar dos alarmistas. Os medicamentos podem ajudar muito, nem que seja para dar um alívio temporário.
(ver: *Melancolia, Freud, Jung, Autocomiseração*)

Depressão pós-parto

Você talvez tenha tido um parto muito fácil e pode amar apaixonadamente seu filhinho ou filhinha, mas ainda assim sofrer de depressão pós-parto. Muitas vezes, depois do nascimento de uma criança, a mãe sofre de sintomas como exaustão, vontade de chorar e perda da autoconfiança. Esses sintomas podem evoluir para uma depressão pós-parto, que é um problema químico exacerbado pelas alterações hormonais e pelo cansaço. O sistema de assistência médica é de grande valia para ajudar as mães recentes. Procure ajuda.
(ver: *Melancolia, Parto, Depressão, Remédios*)

Depressão sazonal

Apesar de receber o nome pouco atraente de transtorno afetivo sazonal (TAS), essa forma de sofrimento causado por longos invernos com pouca luz pode ser afastada com o uso de um estimulante e revigorante aparelho para fototerapia. O tratamento com luz acaba com as dores nas articulações e também com o excesso de gula, a letargia e a carência de carboidratos. Com um toque no interruptor surgem indivíduos animados, cheios de vigor, com níveis mais altos de serotonina e melatonina, que são estimuladas pela radiação luminosa. Logo, toda casa terá um desses aparelhos.

(ver: *Carboidratos, Dietas*)

Desapegar-se com amor

Essa ideia entrou no imaginário público graças à proliferação de instituições como os Alcoólicos Anônimos e outros grupos de autoajuda. No fundo, ela significa que podemos "amar a pessoa sem amar a doença"; que nós não devemos tentar nem devemos nos envolver com o massacre emocional ou funcional que costuma cercar o dependente. Também é uma ferramenta comportamental útil na vida diária, pois podemos desapegar-nos com amor de qualquer pessoa que esteja nos criando problemas. Se essa expressão lhe parecer muito severa, não se preocupe. A frase "estou me desapegando com amor" também pode ser usada com efeito cômico em diversas situações sociais, como: você precisa sair sem demora de uma festa, retirar-se de uma bebedeira coletiva ou evitar ir para a cama com um homem com quem esteve dando uns amassos.

(ver: *Bad boys, Bebedeiras, Codependência, Dipsomania, Saída de emergência*)

Desculpas

Se você se comportou mal, precisa pedir desculpas. Quer tenha sido grosseira com alguém no trabalho, quer tenha manifestado uma

reação explosiva diante de alguma coisa dita por uma amiga ou pelo parceiro ou ainda tenha gritado com uma criança só por gritar, é preciso pedir desculpas, por mais difícil que isso seja e por mais que você se ressinta (porque é claro que é sempre mais agradável estar com a razão). Eles vão se sentir melhor. Você vai se sentir melhor, mesmo que isso pareça contrariar a lógica, porque algumas pessoas só respeitam a vontade férrea (por exemplo, Barack Obama/Osama bin Laden), mas com certeza no fim das contas as pessoas vão amá-la e respeitá-la se você se desculpar. É especialmente importante que seus filhos aprendam isso com seu exemplo. Como disse uma terapeuta de família: "Todo mundo briga de vez em quando. O que revela nossa capacidade de funcionar como indivíduos é a habilidade de fazer as pazes."
(ver: *Panos mornos, Terapia de família, Parecia ser uma boa ideia*)

Despedida de solteira

Essa é a hora ideal para fazer uma oposição cerrada às orelhas de coelhinha e aos pirulitos em forma de pênis. Você realmente quer gastar uma fortuna numa boate com pessoas com quem não tem nada em comum a não ser o fato de serem todas amigas de alguém que vai se casar? Pergunte a qualquer mulher e ela terá pelo menos uma história humilhante de despedida de solteira. Contudo, é importante marcar a ocasião com um rito de passagem. Existem maneiras muito mais adultas de celebrar — principalmente se for um caso de amor tardio. Uma amiga organizou uma projeção do filme favorito dela no Instituto de Cinema, seguida por drinques e jantar num bom restaurante. Outra desenhou um broche que foi usado por todas as amigas num fim de semana fora e depois guardado como lembrança. Parte do prazer da despedida de solteira moderna é transformar uma tradição antiga em algo divertido, pessoal e adulto.
(ver: *Pegar o buquê*)

Dez mil horas

"Os pesquisadores chegaram a um consenso sobre o que eles acreditam ser o número mágico para se dominar um assunto: dez mil horas."
— *Fora de série*, Malcolm Gladwell

Diamantes (os melhores amigos da mulher)

A tradição manda que o homem gaste três meses de salário com o anel de noivado: nada menos que meio quilate* é suficiente.

Se você tem um homem adorável nos bastidores, esse é o momento de atender ao desejo do seu coração. No entanto, todas nós sabemos que o caminho do amor verdadeiro nem sempre é fácil. Hoje em dia, muitas mulheres solteiras compram o próprio anel. Grandes garotas!

Não deixe de comprar o melhor diamante que puder. Essas pedras preciosas aceitam todos os tipos de lapidação e são de todas as cores. São resistentes demais, portanto não os guarde para ocasiões especiais. Rosa, para animar a prosa, é um diamante especialmente bonito. Essas gotas de luz combinam com qualquer peça do seu guarda-roupa e, não se esqueça, são um ótimo investimento. Por fim, você pode escolher a pedra e pedir ao joalheiro para fazer um anel que você mesma desenhou. É muita classe!

(ver: *Noivado*)

Dietas

"Jamais coma mais do que aquilo que consegue carregar."
— Miss Piggy

Entrar e sair de dietas é uma constante na vida de muitas mulheres, mas pode prejudicar a saúde e, por ironia do destino, alterar o meta-

---

* Um quilate equivale a 0 20 gramas.

bolismo natural, dificultando ainda mais a perda de peso. O importante é entender e aceitar a forma natural do corpo, mas ninguém quer ganhar peso. Jill Shaw Ruddock tem razão quando diz que precisamos manter o foco no substantivo "peso" e não no verbo "perder".
(ver: *Peso explosivo, Carboidratos, Vinagre de maçã, Comer verduras, Cama elástica*)

Dignidade

Esse atributo pode parecer absurdo e fora de moda, mas cai na mesma categoria da vaidade necessária e da autoconfiança interior. É uma qualidade que define o caráter e pode melhorar a vida. Se for capaz de não perder a calma, sejam quais forem as pedradas e flechadas do destino feroz, você será mais respeitada. Contudo, se ainda estiver de cabeça erguida quando todos a seu redor já piraram, não se considere melhor do que os outros. Isso só revelará seu grau de arrogância.
(ver: *Bom comportamento, Graça*)

Dilatação

Cervical

Durante o parto, é preciso que o colo do útero alcance dez centímetros de dilatação. É uma das regras. Se isso não acontecer, é provável que você precise fazer uma cesariana. A cirurgia usa a anestesia peridural, o que nessas circunstâncias pode trazer muito alívio.

Da pupila

Se suas pupilas estiverem dilatadas, talvez você esteja em estado de choque, sentindo dor, tenha tido uma relação sexual fantástica ou consumido um excesso de drogas recreativas. Nesse último caso, essa é uma bandeira facilmente identificada por adolescentes e che-

fes curiosos. Nessas circunstâncias, ajuda usar óculos de sol de boa qualidade ou simplesmente pegar leve nos alucinógenos.
(ver: *Bebês, Parto, Drogas*)

Dipsomania

Uma palavra arcaica para descrever o alcoolismo. São muitas as definições do que é um alcoólico, algumas mais amplas e outras mais restritas. No entanto, o edito governamental que restringe o número de unidades consumidas por semana é uma ferramenta muito grosseira, considerada ridícula e geralmente desprezada pela maioria dos consumidores regulares de bebidas alcoólicas. Nós não somos desmancha-prazeres por natureza, mas as mulheres estão bebendo cada vez mais e pelas mais diversas razões. Isso sem dúvida prejudica nosso bem-estar. Se você está preocupada com seu consumo de álcool, dê um tempo. Um pouco de autocontrole de vez em quando é um bom hábito a ser adquirido, e uma boa forma de sedimentar esse hábito é se abstendo de bebida um dia por semana, uma semana por mês e um mês por ano. Sua saúde vai colher os mais diversos benefícios.
(ver: *Álcool, Bebedeiras, Pegação, Bebidas, Champanhe, Coquetéis, Ligações perigosas, Beber demais*)

Disciplina

Não está na moda, mas vale a pena.
(ver: *Dietas, Buscas*)

Dívidas

"Renda anual: 20 libras; despesas anuais: 19 libras 19 shillings e 6 pence; resultado: felicidade. Renda anual: 20 libras, despesas anuais, 20 libras e seis pence; resultado: miséria."
— Mr. Micawber, *David Copperfield*, Charles Dickens

"Só peço uma chance de provar que o dinheiro não pode me fazer feliz."
— SPIKE MILLIGAN

Nada justifica ficar endividado, embora provavelmente a maioria de nós tenha algum tipo, maneira ou forma de dívida. Assuma o controle. Compre um livro-caixa e identifique suas receitas e despesas. A seguir, faça os cortes necessários à maneira da Coalizão. Eu sei que dói, mas você vai ter a imensa satisfação de administrar seu dinheiro com mais eficiência. Quando cortar os hábitos e gastos desnecessários, vai começar a valorizar o que compra e ter prazer em planejar o futuro.
(ver: *Cartões de crédito, Encarar o problema, Não posso comprar um artigo barato, Questões financeiras, Receber as contas, Pensão*)

Dizer o que pensa

Em vez de ficar furiosa e ressentida, por que não dizer o que pensa? Depois, seja adulta e deixe o problema passar.

Dois remédios para curar o amor

1. Não ver a pessoa em questão. Não telefonar nem escrever para ela.
2. A maneira mais simples: conhecê-la melhor.

— *TWO CURES FOR LOVE*, WENDY COPE

(ver: *Ligações perigosas*)

Donos de casa

Soa bem, não é verdade? Algumas altas executivas podem dar conta da vida profissional porque os maridos ficam em casa (às vezes ajudados

por uma babá) e respondem pelas atividades domésticas. Contudo, um homem precisa ser muito especial para ter a capacidade de apaziguar o ego dessa maneira sem sofrer efeitos colaterais, dos quais o mais relevante é a perda da libido. Nessa situação, Jung diria que o *animus/anima* presente em todo relacionamento arquetípico entre parceiros perdeu o equilíbrio. Se você e seu parceiro estão pensando em organizar a vida dessa forma, façam um profundo exame de consciência e elaborem um plano de contingência antes de tomar a decisão final.
(ver: *Jung, Possibilidade de desastre*)

Dor

"Dor é vida — quanto mais intensa a dor, maior a prova de vida."
— Charles Lamb

(ver: *Idade do pesar, Tormento*)

Drogas

São tão antigas quanto o mundo. Pelo planeta afora os indivíduos vêm cheirando, fumando e sorvendo fraternalmente desde os tempos imemoriais, porque é óbvio que esses procedimentos são muito prazerosos. Os artistas sempre sentiram atração por substâncias que expandem os sentimentos e produzem estados alterados de consciência. O mesmo acontece com os xamãs e visionários religiosos. No século XXI, um gim-tônica ou um ocasional baseado não são da conta de ninguém e podem ser uma boa maneira de relaxar depois de um dia cansativo. Pelo que sabemos, o corpo pode muito bem ser um templo ou uma tenda de beduíno, mas você já tem idade suficiente para tomar uma decisão fundamentada. Contudo, todos os tipos de droga, inclusive os medicamentos farmacêuticos e, sim, a velha aspirina, também podem causar dependência, e seu uso precisa ser monitorado para que você não fique viciada.

Se tiver filhos adolescentes e encontrar alguma "substância", terá que conversar com eles calmamente e o mais cedo possível. A alternativa é o território dos vícios. Ameaçar com o fogo do inferno ou com a condenação eterna só vai fazer a garotada entrar na clandestinidade. Você precisa manter o debate em andamento e em aberto. Para dar uma visão mais ampla da questão, o fato é que a indústria de drogas ilegais movimenta hoje em dia trilhões de dólares e semeia a criminalidade, a destruição e a morte. Contudo, de qualquer ângulo que se examine o problema, o gênio saiu da garrafa. Nunca foi tão evidente a necessidade de uma educação adequada, assim como de taxação e descriminalização das drogas.
(ver: *Dilatação, Ligações perigosas, Insônia, Remédios*)

DSTs
Se você não consegue engravidar e/ou já passou dos 50 anos, isso não significa que possa deixar de lado os contraceptivos. A incidência de doenças sexualmente transmissíveis não está apenas aumentando, está numa corrida furiosa para chegar à festa, principalmente entre as pessoas de mais idade.
(ver: *Camisinha, Controle de natalidade, Segurança, Sexo*)

Duas e meia
Reserve o horário das 14h30 para fazer todas as suas ligações telefônicas complicadas ou difíceis. Quer se trate de convidar alguém para sair, quer seja pedir desculpas ou pedir ao gerente do banco para aumentar o limite do cheque especial, essa é a hora em que não há recusas. O almoço já aconteceu, portanto o outro já completou as piores tarefas da manhã e está com o nível de açúcar no sangue razoavelmente alto. É claro que você ainda vai ficar imensamente aliviada se a ligação cair diretamente na caixa postal.
(ver: *Desculpas, Encarar o problema, Receber as contas, Casa comigo?*)

E

E agora, coração partido?

A menos que você tenha muito azar, conseguirá superar.

(ver: *(A) idade do pesar, Tormento*)

É como eu sempre faço

Então, por que não mudar? Não há nada mais cansativo do que fazer sempre a mesma coisa, da mesma maneira, repetidamente.

(ver: *Chatos, Comportamento de velha*)

"E" de engraçado

"Ninguém é realmente forte até ser capaz de ver o lado engraçado das coisas."

— *Um estranho no ninho*, Ken Kelsey

E o "engraçado" é o que põe vento nos velames, o creme no café e a comicidade na comédia maluca. Se você conviver com pessoas engraçadas e animadas, sua vida será transformada para sempre. A poltrona pode estar afundada, a confusão pode reinar há muito na frente de batalha doméstica, mas se alguém ou alguma coisa puder colocar um sorriso no seu rosto, então todo mundo vai querer fazer o máximo por você.

É só um presente

Apesar de estarmos vivendo em tempos modernos, principalmente quando ficamos mais velhas existe uma turma extremamente reacionária segundo a qual o sexo sem compromisso é ruim para o moral. Talvez isso seja verdade e ninguém respeite um homem que só quer tirar vantagem, mas muito raramente, se uma oferta surgir, pense em aceitá-la. Se você acabou de sair de um relacionamento prolongado e isso pode ajudá-la a quebrar a rotina, ou se você só quer se divertir e ter um pouco de companhia, qual é o problema? Portanto, não dê atenção à maioria moralista, tome o cuidado de usar um método anticoncepcional eficaz e não crie uma expectativa de longo prazo porque, no fim das contas, aquilo é só um presente.
(ver: *Solteirões, Orgasmos, Pensar como homem, Vale repetir*)

É uma menina

"Algum dia... a menina e a mulher existirão sem que seus nomes sejam contrastados com o masculino; o nome delas terá um significado próprio. Não trará à mente as ideias de complemento ou limitação — só de vida e de ser: o ser humano feminino."
— *Cartas a um jovem poeta*, Rainer Maria Rilke

As meninas talvez sejam os novos meninos. A decepção com o gênero da criança não é formalmente reconhecida como um fenômeno em si e é tratada principalmente como um aspecto da depressão pós-parto. A maioria dos afetados por essa condição deseja filhas e busca ardentemente métodos naturais para condicionar o gênero da criança. Esses métodos incluem dormir usando um tampão embebido em carbonato de cálcio (para aumentar a acidez vaginal); comer grande quantidade de laticínios (popularmente acredita-se que ingerir muito cálcio é uma maneira de ter filhas) e controlar cuidadosamente a atividade sexual para transar imediatamente antes ou

depois da ovulação (ou seja, fora do período de máxima fertilidade para favorecer o espermatozoide feminino, mais resistente, em detrimento do espermatozoide masculino, que morre mais cedo). O aspecto divertido disso tudo é fazer muito sexo na semana anterior e nos dias seguintes à ovulação. Um grande avanço é o fato de que o mundo ocidental é um lugar fabuloso para se nascer mulher. Vamos procurar fazer um mundo igualmente bom para a outra metade da população mundial.
(ver: *Bebês, Fertilidade, Madrinhas*)

Economia feminina

Só por ser mulher você não tem desculpa para estar endividada. Preste atenção em como suas emoções influenciam seu comportamento financeiro. Se você insistir em afirmar para si mesma e para os outros que não sabe lidar com dinheiro, provavelmente nunca saberá. Se achar que merece ter uma vida confortável, terá vencido metade da guerra. Uma vez tendo entendido quais são seus obstáculos, você pode começar a mudar de comportamento e atitude em relação ao dinheiro. É muito importante assimilar o fato de que o gerente do banco não é seu pai.
(ver: *Encarar o problema, Questões financeiras, Receber as contas, Pensão, Para um dia chuvoso*)

Elegância

"A única e verdadeira elegância é mental; se você tiver isso, o resto é consequência."
— Diana Vreeland

(ver: *Macaquinhos, Lingerie criativa, Atividade física, Anágua, Vaidade necessária, Autoconfiança interior*)

Em viagem

Está circulando um novo tipo de esnobismo: "Veja como eu viajo com pouca bagagem, não sou maravilhosa?" Nas viagens aéreas, essa questão de bagagem de mão pode ser interessante e válida, até você se encontrar congelando o traseiro em Dublin e vendo sua amiga tentar enfiar os anti-sapatos MBT dentro de sua bagagem restrita. Em nossa opinião, vale a pena pagar mais para levar a bagagem nas férias. Se você estiver viajando para outro país, vai querer levar os produtos de beleza, o filtro solar e um hidratante, e também vai querer comprar coisas e trazê-las de volta. É verdade, você *vai* querer!

(ver: *Aventuras, Férias em casa, Sapatos ortopédicos*)

Empregados

Por trás de cada mulher profissional de sucesso provavelmente existem alguns empregados. Não os explore. Pague um salário adequado e reconheça o valor deles.

(ver: *Fêmeas alfa*)

Encarar o problema

A verdade é que encarar problemas dói. A maioria prefere ficar na cama durante três dias e ver todas as temporadas de *Mad Men* ou promover uma maratona de um jogo de perguntas e respostas, mas a expectativa é pior do que a própria dor, que dura um tempo limitado. Portanto, quer se trate de telefonar para sua "animiga" e se desculpar pelo comportamento do dia anterior, quer seja enfrentar um colega de trabalho que está praticando assédio moral contra você, faça o que precisa ser feito! Pode ser difícil, mas quanto mais preparada você estiver para encarar o problema, mais simples ele se tornará.

(ver: *Questões financeiras, Receber as contas, Pensão*)

Encontro amoroso

Todos nós temos experiência naquela fase adorável na qual um relacionamento ainda não se tornou carnal e o namoro se faz em locais públicos. Em nossa época, é importante ter uma lista de locais para esse tipo de encontro. Lugares chiques, seguros, discretos, onde você não vá assustar os adolescentes se ficar de mãos dadas (e de preferência com assentos confortáveis e abrigados para o caso de chover em cima de sua escova progressiva).

A razão de ser desses encontros é o frisson do risco. Você pode decidir usar um chapéu espetacular, mas não deixe que as coisas fiquem muito góticas ou embaraçosas. Nunca leve um novo admirador para um lugar que desperte lembranças de um amante do passado. Isso é procurar sarna para se coçar.

(ver: *Casos*)

Encontros

Mantenha sempre a porta aberta. As histórias de amor começam a qualquer hora. Nunca se sabe o que está à nossa espera na próxima esquina. Continue a agitar, quebrar regras e mudar seus hábitos. Um estudo científico recente indica que, quando mudamos a rotina, mudamos a sorte.

(ver: *Zona de conforto, (O) perfeito babaca, Segurança*)

Enigma

É difícil ser um enigma quando vivemos em um mundo onde todos estão decididos a revelar os menores detalhes da própria vida nas festas e depois revelar tudo de novo nas redes sociais. Mas nós tentamos. Se tiver dúvida, tome como referência o filme *Desencanto* e imagine como a vaca teria ido para o brejo se Celia Johnson tivesse

recebido uma mensagem de texto na hora errada. Ser enigmática é uma qualidade verdadeiramente sexy.
(ver: *Instinto, Poder, Sentido de ser*)

Enteados

É incrivelmente difícil criar enteados, mas por pior que eles a tratem, procure entender o lado deles.
(ver: *Terapia de família, Famílias modernas, Adolescentes*)

Entregar

"Não tem jeito, então vamos lá."
— *Under the Greenwood Tree*, Thomas Hardy

"O coração é que dá, os dedos só entregam."
— Provérbio nigeriano

Envelhecer

"Envelhecer é se iluminar à força."
— Anna Halpin

"Nenhuma mulher deve revelar sua idade. Isso parece muito calculista."
— Oscar Wilde

"O tempo não consegue envelhecê-la, nem o hábito exaure sua infinita variedade."
— *Antonio e Cleópatra*, Ato II, cena II, William Shakespeare

"O envelhecimento é o resultado do acúmulo de danos moleculares aleatórios."
— Lewis Wolpert

Equitação

Os ingleses costumam gostar mais de cães do que de cavalos, o que os árabes achariam difícil de entender, mas quem já não se apaixonou secretamente — ou nem tão secretamente assim — por um cavalo? Os gregos entendiam essa questão, e sua mitologia mostra bem isso. Nós estamos apenas começando a entender nossa relação evolutiva e pessoal com os cavalos.
(ver: *Exercícios ao ar livre, Assoalho pélvico, Cadê a droga do meu pônei?*)

Erotismo

"A seara da pornografia é a dominação e muitas vezes a dor. Já o erotismo trata de experiências compartilhadas e sempre do prazer."
— Gloria Steinem

Para muita gente, o desejo começa na cabeça, e as mulheres têm tanto direito quanto os homens a estímulos visuais. Pode ser olhar fotografias sensuais, comprar roupas íntimas de estrela do rock ou visitar uma boate de strip-tease, mas o erotismo tem mais a ver com apaixonar-se um pouquinho por si mesma: permitir-se realizar as fantasias pessoais, sozinha ou com a pessoa amada. O erotismo conforma a vida de uma maneira muito importante: adicionando-lhe textura e tempero. Não abra mão disso só porque não gosta de pornografia.
(ver: *Lingerie criativa*)

Escova

Fazer uma escova talvez não substitua um bom corte, mas pode levantar o moral mais depressa que uma taça cheia de vinho. É uma boa ideia ter em seu celular os telefones de diversos salões, para marcar um atendimento de última hora. Uma escova pode ter pre-

ços variados, mas tenha visão prospectiva: talvez não valha a pena pagar uma fortuna por um cabeleireiro de primeira linha se amanhã você for nadar ao ar livre.
(ver: *Vaidade necessária*, *Autoconfiança interior*, *Natação ao ar livre*)

Espelhos generosos
Seu ego tem a qualidade do último espelho em que você se olhou. Descubra qual é o seu espelho favorito e seja fiel a ele.
(ver: *Vaidade necessária*)

Esperança
"A esperança começa no escuro."
— Anne Lamott

Esperança talvez seja a palavra mais bonita do idioma. A esperança é o que nos mantém em movimento. Ela é o futuro. A cada dia nos dizem com mais segurança que devemos visualizar nossas esperanças para que elas se tornem realidade. Nas horas mais escuras, a esperança nos dá a possibilidade de uma saída. Precisamos de esperança tanto quanto precisamos de ar para respirar.
(ver: *Amiga com câncer*, *Buscas*, *Visualização*)

Esperma
(ver: *Bebês*, *Controle de natalidade*, *Pele*, *Aborto*)

(A) esposa do escritório
É uma situação muito lisonjeira: aquele colega maravilhoso do escritório que é casado e feliz começa a lhe dar atenção. Logo vocês estão contando tudo um para o outro, almoçando juntos quase todo

dia e fazendo fofocas sobre os outros colegas. Tudo bom e tudo bem, mas não se iluda: ele não fala sobre você em casa. Tome o cuidado de continuar disponível.
(ver: Cinq à sept)

Estampa animal

A regra manda: estampa de onça para os dias em que nos sentimos gordas; zebra para as bolsas, cintos e sapatos; cobra nos punhos e nas golas... Poderíamos escrever um soneto em louvor à pura alegria que é uma estampa animal. Nunca sai de moda, provavelmente porque nunca está realmente na moda. As estampas animais sempre parecem chiques, mesmo quando têm um ar retrô.

Sem dúvida o fascínio que sentimos vem de nosso lado primitivo. Talvez até artisticamente nós associemos as estampas animais com as características dos próprios animais. Nas sociedades tribais africanas, o caçador usa uma pele de leão para adquirir as características fabulosas daquele animal.

Naturalmente, existem regras de estilo, principalmente se você não quiser parecer uma cópia do Rod Stewart. Limite-se a usar esse tipo de estampa em uma única peça-chave (casaco, sapatos ou echarpe). Lembre-se de que a única tonalidade que fica realmente bem com estampas animais é o preto, embora ocasionalmente possamos abrir uma exceção e usar estampa de onça com vermelho ou rosa.

E, nos dias de hoje — a menos que se viva no interior da Sibéria —, nada justifica comprar a pele autêntica. As novas peles falsas são tão fabulosas que gritam: alta costura!
(ver: *Lençologia*)

Estatísticas

Dizem tudo e não dizem nada. O interessante sobre as estatísticas é que elas se apresentam como fato, mas em geral são governadas

pela motivação humana, mas sem muito *insight*. Desconfie das estatísticas tanto quanto possível.
(ver: *Consumismo antidepressivo*)

Estilo
(ver: *Elegância, Instinto, Ternos*)

Estupro
Não tem qualquer relação com sexo. É uma questão de poder e geralmente é perpetrado por homens que se sentem impotentes ou que desejam exercer poder sobre as mulheres sem levar em consideração os sentimentos, desejos ou necessidades delas.

Etiqueta hospitalar
Respeite os horários de visita a menos que receba instruções diferentes. Leve revistas, frutas frescas e água mineral. Não é permitido levar flores. Seja alegre, bem-humorada e simpática. Fique enquanto o paciente quiser e não mais do que isso. Se a família do paciente chegar, despeça-se alegremente e vá embora sem fazer uma cena. Não é você quem conta nessa situação.
(ver: *Parto, Moda hospitalar*)

Etiqueta telefônica
O telefone celular tem um botão chamado "desligar". Se você não quiser ser confundida com um adolescente viciado em jogos, sugerimos que utilize esse botão. Não há nada pior do que sair para tomar uma bebida com uma amiga e vê-la conferir mensagens no celular enquanto você tenta ter uma conversa educada. Sempre desligue o telefone antes de entrar em igrejas, teatros, cinemas e salas de concer-

tos. Sempre faça backup do cartão de memória, ou peça a alguém para fazê-lo (provavelmente um adolescente ou talvez um afilhado), caso contrário você pode sofrer uma perda irreparável e ver todos os seus contatos acidentalmente apagados quando for nadar ao ar livre.
(ver: *Cortesia, Madrinhas, Tecnologia, Natação ao ar livre*)

Eu? Jamais!
O divórcio está perto do topo da lista dos maiores traumas, mas as pessoas que se recuperam mais rápido são aquelas capazes de administrar a própria expectativa. Todo mundo tem muito medo de mudanças e do desconhecido. É assustador precisar reavaliar quem somos e em quem poderemos nos transformar. Contudo, uma das coisas mais excitantes e libertadoras que podem acontecer a uma mulher é estar a caminho da recuperação após um divórcio. Muitas mulheres acima dos 40 anos vivem a melhor época de suas vidas depois de passarem por um divórcio.

Como diz a advogada de divórcios Vanessa Lloyd Platt: "Penso que o avanço é o 'casamento light'. Ele envolve respeito e companheirismo, porém sem os cônjuges acharem que o parceiro está garantido. Não estou falando de recolher as meias, dividir as despesas ou pagar contas assustadoras. Estou falando de uma escolha inteligente para a mulher emancipada, uma opção que pode até mesmo se tornar 'o casamento contemporâneo'."
(ver: *Casos, Companheirismo, Depressão, Terapia de família, Tristezas, Advogados, Questões financeiras, Adolescentes*)

Eva
"Disse ele e ele mesmo acreditava
Que os pássaros em torno do jardim
ouvindo o dia todo a voz de Eva

ao próprio canto somaram por fim
o sentimento mudo da voz dela.
Certamente tão doce eloquência
Ao vibrar num riso ou num chamado
Só podia exercer uma influência.
O canto deles por Eva foi marcado.
A voz dela na voz deles tecida
ressoa há tanto tempo pelas matas
que certamente não será perdida.
Para sempre mudado é o cantar
das aves que Eva veio transformar."
— "Never Again Would Bird's Song Be the Same", Robert Frost

(O) ex (plural)

Ah, o ex! Ele (ou ela) só se torna de fato ex quando você simplesmente não tem mais interesse nele. Naturalmente, ele nunca vai acreditar que isso aconteceu e vai imaginar carinhosamente (ou não) que você vai ficar o resto da vida com dor de cotovelo. Mas agora que ele se mandou com a faxineira, outra pessoa pode limpar sua casa e gradualmente o amor e o sofrimento que você sentia vão se transformar em raiva e ódio que provavelmente acabarão por virar ambivalência. No entanto, se até o som doce da voz dele faz você correr para a garrafa de vodca, fique firme e faça uma lista de todos os assuntos relacionados às crianças que você quer repassar para ele; use palavras no máximo dissílabas e frases com até dez palavras. Depois disso, tome uma dose dupla.

(ver: *Tormento*)

Excêntricos ingleses

Eles nos fascinam e divertem por suas diferenças malucas e por se sobressaírem dentro de uma sociedade tão homogênea como a atual. Que venham! Em geral são gênios ou aristocratas boêmios, quase sempre preocupados ou obcecados com uma maneira idiossincrática de viver, e mostram uma tendência a se vestir de forma estranha e ter hábitos incomuns. Contudo, eles operam maravilhas e devem ser valorizados. Eles tornam a vida muito mais chique.

Exercícios ao ar livre
(ver: *Aventuras, Zona de conforto, Plantar bananeira, Cama elástica, Natação ao ar livre*)

Exercícios verdes
Cinco minutos de atividade física numa área verde podem melhorar muito a saúde mental. Você pode caminhar, fazer jardinagem, pedalar, remar ou andar a cavalo em um lugar como um parque, jardim ou trilha natural. Está cada vez mais comprovado que praticar uma atividade como patinar ou andar de bicicleta em meio à natureza aumenta o bem-estar. Um efeito ainda mais intenso pode ser conseguido com exercícios no espaço verde e azul — uma área que também tenha uma extensão de água, como um lago ou um rio. A vida fica desequilibrada quando é passada somente num ambiente urbano. Como animais humanos, precisamos da natureza: sentir o chão embaixo dos pés, tocar a grama. Em uma cidade de edifícios altos, é preciso ver o horizonte. E todo mundo precisa de mais vitamina D. Exercícios na natureza quebram a tirania das academias. O melhor de tudo é que eles são ecologicamente corretos e não custam dinheiro. Os japoneses usam para essas práticas a bela expressão "banho-verde".
(ver: *Peso explosivo, Zona de conforto, Fluir, Coisas boas que são gratuitas*)

Exigir demais de si mesma

A onipresença da tecnologia digital nos transformou em escravos. Tenho pena da pobre senhora que, quando não está de um lado para outro no local da reunião tentando garantir a todos a própria eficiência, está de prontidão para pegar os filhos de todo mundo na escola, fazer uma teleconferência emergencial com o conselho de administração enquanto usa a Internet para levantar recursos para salvar da extinção uma espécie ameaçada de sapos da Micronésia ou procurar no Google uma happy-hour/despedida de solteira "yóguica" para a noiva e suas 25 amigas íntimas. Uma ferramenta que foi criada para nos dar mais liberdade agora parece deixar menos tempo para nos cobrirmos de massa de bolo ou para enlamearmos as botas. Desligue a tecnologia ou saia de vez da rede (o que foi realizado com algum grau de sucesso por algumas criaturas raras e invejáveis): por enquanto isso não é crime.

(ver: *Soneca*)

F

Faça você mesma

As meninas também fazem sexo solitário. A série de TV *Sex and the City* meteu o pé nessa porta no episódio estrelado por um vibrador com estimulador do clitóris que lembra orelhas de coelho. Ninguém precisa tolerar o mau comportamento de um amante quando dispõe de todos os recursos para a própria satisfação. Além disso, existem kits muito promissores no mercado. Nunca deixe alguém fazer você se sentir solitária ou inferior por fazer sexo consigo mesma. Há séculos os homens se sentem muito bem com essa prática.

(ver: Le gadget)

Facilidade

"E se nós agíssemos como se tudo fosse fácil?"

— Mary Anne Radmacher

Família

"As famílias felizes são todas iguais, mas cada família infeliz é infeliz à sua maneira."

— *Anna Karenina*, Leon Tolstoi

Eles nos deixam loucas, disparam nossas piores reações: ninguém sabe nos provocar tanto quanto os membros de nossa família. Mas família é só uma. Todo mundo tem uma visão da família que gostaria de ter, mas precisamos esquecer essas fantasias. Um passado em comum pode ser um elemento de ligação, mas também sabemos coisas demais uns sobre os outros.

A ordem do nascimento, as diferenças de idade e de gênero também podem nos dar percepções diferentes das mesmas experiências da infância — diferenças que às vezes são difíceis de conciliar.

Nenhuma família é homogênea. Para alguns, um grito pode ser traumático; para outros, essa pode ser a forma normal de comunicação. Se todos estiverem dispostos a insistir na relação familiar e mudar de direção quando em erro, o relacionamento pode ser salvo.

Se você estiver lidando com uma bobagem que pode ser resolvida informalmente, parta para a ação e telefone. É melhor resolver o problema antes que ele se torne uma hemorragia de grande porte.

Trate seus familiares com cortesia e respeito, como trataria amigos e colegas. Se necessário, minta com educação. Então vá para casa e tome uma boa dose de gim.

(ver: *Irmãos, Feridas paternas, Filhas, Terapia de família, Mães, Irmãs, Irmãos, Filhos, Adolescentes*)

Família estendida

Nas famílias fluidas e/ou "confusas", a sensação geral é de que quanto mais gente, mais alegria. Portanto, não dê atenção às coisas irritantes que a incomodam nos parentes "emprestados", no namorado infantil de sua filha ou na nova mulher de seu ex-marido. Opte rapidamente pela política de "cobrir de atenções". No que se refere a crianças ou pais idosos, esqueça as diferenças de opinião. Não faz sentido tornar a vida dos outros infeliz porque você não consegue resolver a sua. Como diz o ditado, a vida é curta demais e essa ati-

tude também vai fazer você se sentir praticamente angelical. As crianças vão adorar ver todo mundo se entendendo, e você, na qualidade de adulto de verdade, deve isso a elas.
(ver: *(O) ex (plural), Eu? Jamais!, Sogros, Adolescentes, Enteados*)

Famílias modernas
(ver: *Eu? Jamais!, No castelo do Barba-azul, Adolescentes, Enteados*)

Farisaísmo
Essa é uma qualidade realmente desagradável. "Atire a primeira pedra...", etc. O farisaísmo cheira a moralismo, presunção e narcisismo irritantes. Se continuar nessa trilha, você vai perder amigos e alienar pessoas.
(ver: *Chatos*)

Faxina
"Por trás de uma casa imaculada existe uma pessoa muito chata."
— Anônimo

A limpeza é sub e também superestimada. Um pouco de bagunça aqui e ali ou algumas teias de aranha nunca prejudicaram ninguém. No entanto, se você quiser criar um pouco de espaço mental, não há nada melhor que uma casa tranquila e organizada.
(ver: *Alergias, Fluir, Tarefas domésticas*)

Fazer contatos
(ver: *Encontros, Sair da toca e se envolver, Instinto, Clubes fechados, Mentoras*)

(O) faz-tudo

Em sua agenda, você precisa ter o endereço de um faz-tudo porque, por mais que tente, a batalha com a furadeira e com um nível pode ser um pouco demais para seu talento. Dê a ele uma lista e comece pela tarefa mais importante, principalmente se ela envolver o telhado. Depois passe para o item seguinte da lista até chegar aos ajustes mais cosméticos. Não deixe que ele passe vários dias trabalhando nos efeitos de pintura decorativa quando pode instalar prateleiras. Como ele sabe usar um martelo, naturalmente você vai pensar que ele caminha sobre as águas, portanto tenha cuidado para não ter um momento de mulher das cavernas. Tome providências para que ele recolha o entulho antes de passar para a próxima tarefa e, haja o que houver, não transe com ele porque ele vai acabar perdendo a utilidade.

(ver: *Momentos de homem das cavernas*)

Fêmeas alfa

(ver: *Ambição, Mulheres de ponta*)

Feminismo às avessas

Essencialmente, é o comportamento feminino que pode parecer atávico, mas que mascara uma vontade férrea de garantir que a própria maneira de pensar prevaleça no final.

(ver: *Carros*)

Férias em casa

Você fica em casa, não atende ao telefone e faz só o que quer durante duas semanas. As vantagens são economizar muito dinheiro e

não ter que passar pela segurança do aeroporto. As desvantagens são ter que ficar em ambiente fechado o tempo todo e não poder sair sequer para comprar cigarros.
(ver: *Questões financeiras*)

Férias entre amigas (prazeres e armadilhas)
O que pode ser mais agradável do que umas férias com sua melhor amiga? Nenhum parente irritante, nenhum homem mal-humorado — só coquetéis e diversão. No entanto, o problema é que o relacionamento com amigas algumas vezes pode chegar perto do limite por conta de traços de caráter que você só começa a perceber depois que vai para a estrada.

Vocês têm a mesma atitude com relação a dinheiro? As duas bebem? E se uma das duas gostar de dormir às 9 horas da noite? Vai haver conflito de interesse entre a praia e a galeria de arte? Vocês vão ficar decepcionadas se não conhecerem homens carismáticos? Afinal, ela come alguma coisa? Mesmo as melhores amigas podem esconder esses detalhes uma da outra.

Sempre é melhor fazer previamente uma viagem curta ou passar um fim de semana fora, a título de experiência. Muitas pessoas solteiras simplesmente não estão habituadas a passar 24 horas por dia com outra pessoa, portanto a tolerância das amigas pode ser levada ao limite. Seu hábito adorável de pegar táxi pode ser exatamente o que faz sua amiga suar frio. O mesmo vale para a atitude esnobe dela sobre arte contemporânea. Mesmo as pessoas mais simpáticas podem acabar por discutir por causa das maneiras à mesa ou da decisão sobre quando abrir a janela do carro.
Entrem num acordo sobre:

1. Quanto tempo por dia vocês vão passar juntas?
2. Até que ponto é importante para vocês chegar ao destino?

3. Vocês querem compartilhar um quarto (pensem no calor, nos roncos e na possibilidade de sedução)?
4. Vocês querem uma excursão com tudo incluído e puro relaxamento ou preferem alugar um apartamento ou uma casa e cuidar de tudo?
5. É importante tomar sol?
6. Vocês querem dirigir durante a viagem?
7. Vocês querem visitar muitos locais ou ficar num só destino? Algumas pessoas ficam com taquicardia só de pensar em fazer as malas a cada dois dias!

(ver: *Raiva, Passeios curtos*)

Feridas paternas

"Toda mulher adora um fascista,
a bota na cara, o bruto
coração brutal de um bruto como você."
— "PAPAI", SYLVIA PLATH

Se pelo menos tivéssemos tempo e palavras suficientes para fazer justiça ao complexo relacionamento entre pais e filhas! Na melhor das hipóteses, a relação pode ser um paradigma fundamental para a saúde de nossos futuros relacionamentos com os homens. Na pior, ela pode ser realmente muito ruim, como atestam as montanhas de recordações infelizes, e pode destruir a vida de uma mulher. Se você sentir que seu presente é mais sombrio em função de um passado infeliz ou se descobrir que repete padrões no relacionamento com os homens, é possível que, para se libertar, você precise rever numa terapia os acontecimentos do passado no contexto de seu relacionamento com seu pai — compreender o que aconteceu, reviver a dor e passar adiante.
(ver: *Filhas, Terapia de família*)

Fertilidade

Diz a sabedoria popular que na adolescência e na casa dos 20 anos somos absurdamente férteis, mas a fertilidade diminui quando chegamos aos 30 e poucos e se você não tiver um filho até os 40, poderá ter problemas para ficar grávida. No entanto, todo mundo conhece um caso que prova exatamente o contrário e também é claro que alguns casais têm mais facilidade para gerar um filho do que outros. Infelizmente, apesar de todos os avanços na ciência da saúde e do bem-estar, a infertilidade se tornou uma espécie de epidemia no mundo ocidental. Par a par com essa epidemia, surgiu uma importante indústria médica. Os ginecologistas mais tradicionais dizem que só estamos deixando a gravidez para muito tarde porque somos egoístas e tipicamente nos dedicamos a construir uma carreira e a culpa é somente nossa se não conseguimos engravidar. Os obstetras mais iluminados recomendam alguma forma de tratamento médico se não ficarmos grávidas dentro de certo prazo. A má alimentação, o estresse, o sedentarismo e as embalagens de PVC são todos citados como motivos a mais para a infertilidade. Sendo assim, os casais que estão tentando ter um filho podem se encontrar em um ciclo muito estressante de mudanças no estilo de vida, quase sempre baseadas em conselhos conflitantes, enquanto tentam criar o ambiente físico ideal para a concepção. Nossa sugestão é a acupuntura dos cinco elementos, mas se seu relógio biológico já disparou, procure ajuda médica.

(ver: *Controle de natalidade, Primípara idosa, Acupuntura dos cinco elementos, Simpatias, Gravidez*)

Festa de divórcio

É possível que ter chegado a um acordo sobre a divisão dos bens seja motivo suficiente para abrir uma garrafa de champanhe. No entanto, esse não deve ser um gesto de triunfo, mas o reconhecimento de que um processo longo e geralmente doloroso felizmente terminou.

Quanto a fazer uma festa de divórcio, será que isso não é o mesmo que se vestir toda de preto para a cerimônia de casamento?
(ver: *Eu? Jamais!*, *Advogados*)

Festivais (A etiqueta dos)
Nos últimos dez anos brotaram como cogumelos por toda a Grã-Bretanha todos os tipos de festivais — musicais, literários e outros. Além das tradicionais corridas de cavalos de Ascot, da regata real de Henley, do torneio de tênis de Wimbledon e das festas de jardim da nobreza e da rainha, você definitivamente não tem vida social se não for vista em pelo menos um dos seguintes eventos: o festival de música Bestival, a feira Great Dorset Steam Fair, o festival literário Hay, o Glastonbury e os festivais Latitude, Port Eliot, Hard Rock Calling e Voewood. Contudo, não faz diferença se você tem um passe VIP (que dá acesso a todas as áreas) ou se está acampada na velha barraca do exército que foi do seu avô. O bom comportamento e a cortesia são uma necessidade absoluta. Como todos sabem, nesses festivais são consumidas grandes quantidades de álcool e uma variedade de drogas. Se você vai levar ou encontrar seus filhos em algum desses locais, precisa aceitar que o que acontece por lá fica por lá.
(ver: *Lenços umedecidos*)

(Uma) ficada
(ver: *É só um presente*, *Parecia ser uma boa ideia*, *Caridade sexual*, *Recaída*, *Vale repetir*)

Ficar para dormir
É fácil ser conservadora nessa questão. Falando sério, todo mundo gosta da própria cama. Mas também é bom misturar as coisas um pouco. Certamente, andar preparada — com escova de dentes, len-

tes de contato — torna a espontaneidade muito mais fácil. Os amigos podem fornecer o resto. Naturalmente, se você está ficando para dormir pela primeira vez, é preciso definir algumas questões. Onde fica o banheiro? Existem colegas de apartamento? Todo mundo precisa acordar cedo no dia seguinte? Você pode testar previamente sua roupa íntima. Vale o mesmo para as camisinhas. Mas procure relaxar, você não está planejando invadir um país.
(ver: *Controle de natalidade, Elegância, É só um presente*)

Ficar só (e não sentir-se só)

"Eu só fiz o que bem quis, ganhei dinheiro suficiente para me manter e não tenho medo de ficar só."
— Katharine Hepburn

"Hoje, liberdade é poder ficar só. O preço a pagar é a possibilidade de também sentir solidão."
— Alain de Botton [filósofo]

"Nunca sinto tão pouca solidão quanto quando estou totalmente só."
— Cícero

Quando estamos ocupadas, não nos sentimos sós. A solidão não se dá bem com a imagem ativa que gostamos de projetar para o mundo exterior. As pessoas talvez admitam que estão deprimidas (interessantes e melancólicas) ou que bebem demais (espontâneas e divertidas), mas não admitem sentir solidão porque isso nos dá uma sensação de fracasso.

Nos tempos modernos é cada vez maior a pressão para que as mulheres pareçam "autossuficientes". Qualquer tipo de carência é motivo de desprezo, mas a verdade é que a solidão pode ter um efeito radical sobre nossas vidas. Pesquisas recentes mostraram que ela pode prejudicar em nosso sistema imunológico as reações químicas e elétricas que atuam na prevenção de doenças. Alguns estudos propõem que a solidão mata mais do que o câncer e as cardiopatias.

Nossos ancestrais, os macacos, viviam em grupos sociais, e nós evoluímos para nos tornarmos seres humanos sociáveis. A palavra "solitário" não foi usada na acepção contemporânea até o século XVIII, em parte porque todos viviam tão próximos que não havia muita chance de ficar só. Os poetas românticos mudaram o conceito de solidão com uma intensidade vívida. O poema de Wordsworth *"I wandered lonely as a cloud"*, mostra nosso esforço para exprimir uma nova tensão entre o indivíduo e a sociedade.

Se você estiver sentindo solidão, deve começar por identificar se isso é algo que deva ser "curado" ou algo que precise ser "administrado". Também é importante saber a diferença entre estar mergulhada na solidão massacrante que pode nos dar a sensação de inferno e estar só, ou seja, ter a capacidade adquirida de desfrutar de um período de solidão, seja ele opcional ou imposto. O mais importante de tudo é não se punir por sentir solidão.

(ver: *Fluir, Manter a agenda cheia*)

Fila

É preciso passar por isso. Nunca deixa de ser desagradável, mas a nossa capacidade permanente de fazer filas é o que alimenta o orgulho nacional dos britânicos. Tenha sempre com você um livrinho de poemas ou um romance curto, mas perfeito (*A volta do parafuso, O grande Gatsby, Ao farol*). Isso vai diminuir o sofrimento e tirar sua atenção do caos.

(ver: *Poesia*)

Filhas

As filhas são uma das melhores delícias da vida. É maravilhoso ter um bonsai de si mesma. No entanto, em algum momento da adoles-

cência, sua filha precisará se separar de você, e esse pode ser um processo bastante doloroso, embora a batalha costume ser mais verbal do que física. Aceite o fato de que essa separação precisa acontecer: dê o batom para ela, preste apoio e mostre compreensão, mas não se oponha à independência incipiente de sua filha.
(ver: *É uma menina, Mães, Irmãs, Filhos*)

Filosofia
A questão central da filosofia — como viver bem — diz respeito a todos nós. O estudo da filosofia ensina a lidar com problemas, analisar argumentos a partir de diversas perspectivas e pensar nas situações. A filosofia refina a capacidade de se comunicar com clareza e articular o pensamento, dando-lhe significado. Ela pode até mesmo tornar mais compreensíveis os episódios de *Os Simpsons*. Nunca é tarde demais para saber a diferença entre Descartes e Wittgenstein.
(ver: *Mente aberta, Código de conduta*)

Fim de semana no campo (refúgios de fim de semana)
Mesmo que você não tenha nascido em uma família com serviçais e um lema, ainda conseguirá superar a barreira de classes e promover seu próprio fim de semana no campo, no melhor estilo *Assassinato em Gosford Park*. Basta que o local escolhido tenha uma grande sala de estar para os drinques antes do jantar, camas com dossel e um campo de croquet. (Na Grã-Bretanha, organizações como a National Trust e The Landmark Trust alugam mansões senhoriais com esse exato propósito.) Os citadinos muitas vezes subestimam o poder rejuvenescedor de um fim de semana no campo. No momento em que você cai na estrada, seu humor começa a melhorar diante da perspectiva da paisagem campestre, de longas caminhadas e de lareiras acesas. No entanto, é preciso fazer uma advertência sobre o campo:

ele é muito ecológico. Não tem lojas e, para conseguir o sinal do telefone celular, talvez você precise subir no teto de um celeiro. Além disso, se você estiver passando o fim de semana na casa de campo de alguém, existe um etiqueta desconcertante a aprender. De manhã, devemos nos servir na mesa do café? Como ligar o maldito aquecedor? Como se dirigir à governanta da casa? Para ficar em bons termos com os anfitriões, é fundamental trazer pelo menos algumas garrafas de um vinho razoável e um presente adicional, como um sabonete fino ou um livro de poemas e sempre, sempre mesmo, escrever uma carta de agradecimento. Teoricamente, quanto mais "natural" e à vontade você estiver, mais gratificante será sua experiência bucólica. Até mesmo os cosmopolitas selvagens acabam por relaxar. Salte uma cerca, fique enlameada, nade no rio: você vai voltar cheia de saúde tendo passado um fim de semana em uma quimera elegante, e apenas com um leve cheiro de cachorro molhado.
(ver: *Refúgio, Zona de conforto, Cortesia, Convidados, Litoral, Natação ao ar livre)*

Finanças

(ver: *Gerentes de banco assustadores, Questões financeiras, Pensão, Para um dia chuvoso*)

Firmeza

Não entregue os pontos com muita facilidade.

Flerte

Concentra-se totalmente nos olhos, portanto tire os óculos de sol. Pareça muito interessada, mesmo que não esteja.
(ver: *Óculos de sol*)

Flores

Uma mulher carregando flores é sempre uma visão maravilhosa. Sugere que um admirador mandou-lhe um buquê ou que ela está levando flores para uma amiga, demonstrando ser uma pessoa fantástica e generosa. No entanto, quer as flores sejam para você, quer sejam para outra pessoa, elas vão torná-la feliz. Uma vez por semana, compre algumas flores para si mesma e coloque-as ao lado da cama. Se seu orçamento é apertado e a chegada do outono lhe causa tristeza, faça um investimento em alguns vasos básicos de barro e em bulbos de flores: íris, jacintos ou narcisos. Plante-os no começo do outono e guarde-os num lugar fresco e escuro. Quando chegar o inverno, essas plantas estarão floridas e permanecerão assim até a primavera. Um vaso de flores mortas também pode parecer espetacular à sua maneira, mas não entre no clima da Miss Havisham, de *Grandes esperanças*.
(ver: *Pegar o buquê, Jardins de vasos*)

Florescer

"Veio um dia em que o desejo de continuar fechada em botão se tornou mais doloroso do que o risco de desabrochar."
— Anaïs Nin

(ver: *Chuva*)

Fluir

Todo mundo já teve a sensação maravilhosa de se envolver a tal ponto com alguma coisa que deixou de prestar atenção ao relógio. Na vida agitada que levamos, essa experiência é muito importante. A psicologia positiva chama isso de "fluxo". Praticamente qualquer ocupação pode ser uma atividade de fluxo — ler, contar uma história, esquiar no gelo, pintar, cantar num coral e até mesmo socializar.

Você saberá que teve uma experiência de fluxo quando começar a concentrar-se no que faz e mais tarde lembrar-se de que aquilo foi muito gratificante e trouxe grande satisfação. Os cientistas dizem que essas experiências aumentam o nível de felicidade porque somos mais "nós mesmos" quando estamos envolvidos no momento e somos capazes de esquecer temporariamente a pedreira diária: o cabelo que não se ajeita, os sogros irritantes, os impostos...

O segredo é identificar nossa principal atividade de fluxo — aquilo que nos dá mais prazer — e aumentar a presença dela em nossas vidas.

(ver: *Corais, Grupos de leitura, Yoga*)

Fofocas

(ver: *Papo furado*)

Fogo

Se você tem a sorte de ter uma lareira, acender um fogo no aconchego do lar é um dos maiores prazeres da vida e um dos poucos aspectos positivos da chegada do inverno e do início de uma longa temporada de frio. O fogo traz para dentro de casa calor e o elemento natural da madeira. No auge de um inverno inclemente, ele pode alimentar a alma, o bem-estar e o bom humor. A lareira acesa em uma noite de verão com as janelas abertas diante de um céu azul-escuro tem uma beleza característica; as fogueiras e churrasqueiras podem trazer para qualquer ocasião uma grandeza pagã. Se você mora perto do mar e puder coletar gravetos trazidos pela maré, verá que as chamas terão tonalidades de azul e verde.

Algumas pessoas têm um instinto natural para acender fogueiras, embora para isso não exista rima ou razão, mas, na dúvida,

providencie uma pilha de gravetos (eles não são caros) e use-os generosamente.
(ver: *Velas, Simpatias*)

(O) fora perfeito
"Nunca esqueço um rosto, mas no seu caso vou abrir uma exceção."
— Groucho Marx

Nancy Astor declarou: "Se você fosse meu marido, eu colocaria veneno no seu café." Churchill respondeu: "Se eu fosse seu marido, beberia o café." Não dá para colecionar foras perfeitos. Eles são espontâneos.

Formas
Se você tem forma de maçã, acumula o excesso de gordura principalmente na cintura e no peito. Infelizmente, esse tipo de localização de gordura é conhecido como "obesidade androide". Com isso, a forma de maçã se torna a mais perigosa das formas corporais, deixando o indivíduo com um risco mais elevado de hipertensão, diabetes tipo 2, doenças cardiovasculares e morte prematura (em comparação com os indivíduos em forma de pera, cuja "obesidade ginecóide" se caracteriza pelo acúmulo de gordura na região dos quadris).

Um fato interessante, mas assustador, é que, para uma mulher, uma medida da cintura superior a 85cm também revela um risco de todas as doenças acima, portanto, pegue a fita métrica! É provável que você também queira conferir a situação dos homens em sua vida; a medida da cintura masculina deve ser inferior a 100cm. A boa notícia é que as pessoas com forma de maçã costumam ter bons resultados com atividade física e dieta e conseguem mudanças rápidas.
(ver: *Pera, Cintura*)

Franqueza

A prática da correção política turvou um pouco as águas para as meninas que querem apenas dizer o que pensam. Ser politicamente correta é tão incômodo quanto pisar em ovos. Desde que você não esteja planejando fazer um escândalo, estar segura de seus sentimentos e dizer o que pensa é uma forma de honestidade, embora seja melhor segurar a onda quando o chefe ou a sogra estiverem envolvidos.
(ver: *Raiva*)

Freud

Quando em dúvida, leia Freud. Ao discutir os sonhos, os erros, as brincadeiras ou os sintomas, o pai da psicanálise nunca é cansativo, embora em muitas áreas já esteja desacreditado. Na qualidade de cavalheiro vitoriano, ele acreditava que as mulheres deveriam ser amáveis criaturas domésticas, mas foi um dos primeiros a reconhecer o desejo sexual feminino e a admitir que a repressão desse desejo pudesse nos tornar extremamente solitárias ou histéricas (tal como ocorre com os homens). Ele também deixou as mulheres muito interessantes com a declaração: "A grande dúvida que nunca foi respondida, e que depois de trinta anos de pesquisas sobre a alma feminina eu ainda não sou capaz de responder, é: 'O que as mulheres querem?'" Para ser honesta, nós também não temos resposta para essa questão. Contudo, é muito bom quando alguém pergunta. Só essa proposta já nos dá motivo suficiente para perdoar a inveja do pênis.
(ver: *Depressão, Sonhos, Jung*)

Frutas

Para muitas de nós, é difícil conseguir comer as cinco porções diárias, mas um lanche de frutas pode dar uma energia incrível. O me-

lhor são as silvestres que, acompanhadas por creme, são a sobremesa mais deliciosa e fácil de fazer que já foi inventada.
(ver: *Mirtilos, Cozinhar, Dietas, Comer verduras, Hospitalidade*)

Funerais
Sempre comece escrevendo uma mensagem de pêsames. Tente não chorar tanto que chegue a chamar atenção, pois pode ser muito constrangedor; a não ser, é claro, que você seja uma carpideira profissional e esteja sendo paga para isso. Além disso, se sentir que aquilo vai ser difícil demais, nenhuma lei a proíbe de tomar um drinque com uma amiga antes da cerimônia. Tome o cuidado de levar também um bom lenço, vestir uma roupa elegante, sair com antecedência suficiente para chegar ao destino na hora certa e ter certeza de que sabe exatamente onde será o funeral. Seja atenciosa com a família e acompanhe o movimento geral para sentar-se na igreja, ou seja, não se enfie no banco da frente. Pense no assunto: lembrar alguma coisa engraçada, bonita ou significativa sobre o falecido ou falecida para contar à família e aos amigos durante o velório pode ser interessante e consolador. Leve um sapato baixo para a eventualidade de o velório virar festa.
(ver: *Tristezas, Abandonar a festa*)

G

Galerias de arte

Procure se expor a um alto nível de estímulos visuais. Para isso, não é preciso passar três horas em uma exposição badalada. Crie o hábito de visitar as galerias e museus menos importantes. Visite uma pintura favorita no seu horário de almoço, passeie pelo museu com um áudio-guia da exposição, peça ao atendente da galeria para responder a pelo menos uma pergunta que revele um novo ângulo de seu artista favorito. Ou então, tire um dia de folga e embarque em uma "maratona artística". Ler a biografia dos artistas pode lhe dar uma compreensão mais rica dos objetivos e também da vida amorosa deles. Não pense que seja preciso entender intelectualmente a arte antes de ser capaz de apreciá-la. Sua primeira reação e sua interpretação do que vê são fundamentais para o desenvolvimento da sensibilidade crítica. Talvez a obra de arte desperte uma lembrança há muito perdida ou um sentimento forte. O que acontecer será bom. Você pode até mesmo ser inspirada a tentar algo novo depois de uma visita à, por exemplo, instalação My Bed, de Tracey Emin. Não se sinta culpada se entrar no museu apenas para tomar um café ou visitar a loja de souvenires. Qualquer coisa que inspire o hábito de visitar galerias de arte é válida!

(ver: *Passeios curtos*)

Garotas que não gostam de matemática

"Os computadores são como os deuses do Velho Testamento: têm um monte de regras e nenhuma piedade."

— Joseph Campbell

Aparentemente, a usuária média utiliza, na melhor das hipóteses, 2% da capacidade do computador, mas esse valor só é válido se você entender alguma coisa de tecnologia da computação. Basicamente, se você sonha em se tornar uma administradora de computador, terá que compreender e adquirir um sistema de lógica. Se na escola você não gostava de matemática — o que acontece com a maioria de nós —, isso é mais fácil de dizer do que de fazer. Naquela época, todas estávamos ocupadas demais criando fantasias sobre Lorde Byron para nos preocuparmos com álgebra básica (ao contrário da filha de Byron, Ada Lovelace, que participou da invenção do computador). Nos últimos tempos, tem sido dito que isso não é necessariamente culpa nossa. Se os complexos problemas matemáticos tivessem algum valor psicológico, talvez nós tivéssemos chegado a algum lugar — por exemplo: "Se a prima de sua irmã tem cinco irmãos, sendo três meninas, quantas filhas sua tia teve?", em vez de "Três homens estão instalando trilhos numa ferrovia...". No estado atual das coisas, precisamos contar com a bondade dos colegas de trabalho, dos adolescentes e dos afilhados.
(ver: *Relatividade, Tecnologia*)

Garotões

"Que coisa absurda e deliciosa é se apaixonar por alguém mais jovem! Todo mundo deveria tentar."

— Barbara Pym

Até certo ponto. Você deve estar consciente de que não há nada mais macabro para gente jovem do que ver uma mulher de certa idade trotar por aí com alguém que parece um sobrinho ou um empregado. Sim, podemos ouvir seus lamentos: os homens podem fazer isso, por que não nós? Verdade! Mas quase sempre os homens que agem dessa forma são velhotes que querem aparecer ou exilados que fogem dos impostos em seu país de origem; esses homens assinam cheques polpudos para mulheres gostosas que precisam fingir um orgasmo. Tenha pena da dondoca que é vista com um cara que parece o melhor amigo do filho dela. É muito provável que de início isso possa dar um empurrão no seu impulso sexual, mas a manutenção é exaustiva e constante só para ficar à tona. A longo prazo, isso acaba sendo apenas uma novela de segunda categoria em vez de um romance como *Suave é a noite*.

Gastar demais

(ver: *Dívidas, Questões financeiras*)

Gatos

Esqueça os clichês sobre solteironas velhas com vestidos que parecem um saco e com pelo de gato na manteiga. As donas de gatos são verdadeiras hedonistas. Elas têm um admirador de quatro patas gracioso, macio e independente. Manter um gato não custa muito: ele não se incomoda quando você sai para trabalhar e opera verdadeiros milagres quanto ao bem-estar físico e mental da dona. O relacionamento com um gato é (quase) isento de jogos psicológicos como os que caracterizam os relacionamentos humanos. Os animais de estimação não têm variações de humor ou colapsos nervosos e nunca nos dão respostas desaforadas. Eles são os grandes promotores da igualdade. Além disso, são elegantes. Os gatos são extremamente limpos e têm o pelo sempre bonito.

É sempre melhor ter dois gatinhos. Eles fazem companhia um ao outro e não custam caro. Se você não tiver tempo para criar filhotes, prefira um gato mais velho e já treinado para viver dentro de casa. Os centros de adoção de animais são uma ótima solução. Nunca dê a seu gato um nome ridículo, pois os bichanos são orgulhosos. Além disso, vale a pena investir num seguro de saúde para eles desde o primeiro dia. Só tenha cuidado para que a conta de dentista dele não seja maior do que a sua!
(ver: *Escova, Esperança*)

Gaveta de presentes

É preciso ter uma gaveta para presentes cheia de vidros de perfume, calcinhas maravilhosas, louça antiga e objetos em geral para dar como prova de afeto aos parentes e amigos ao longo do ano. Você gosta de receber. Todos gostamos de receber, mas presentear é ainda melhor e está muito na moda no século XXI.

Gerentes de banco assustadores

Eles praticamente já não existem mais, porque hoje a maior parte da interação com o banco é feita pela Internet. Quando precisamos de um empréstimo, de entrar no cheque especial, de um financiamento de imóvel, de um plano de pensão ou de conselhos sobre o que fazer com aquele dinheirinho que sobrou, somos encaminhados para o departamento respectivo e devidamente aconselhados. Contudo, se você for convocada ao banco para um interrogatório por parte dos poderes constituídos, sempre use um terninho e carregue um jornal de boa reputação ou um exemplar do livro *Whoops!*, de John Lanchester (um relato impressionante e assustador do que os bancos fazem com seu dinheiro, mesmo que você não tenha nenhum). Você vai ser muito mais respeitada.
(ver: *Dívidas, Questões financeiras, Pensão, Para um dia chuvoso*)

Gigolô

O verdadeiro gigolô não humilha as mulheres. Ele está só de passagem. Sem dúvida vai acabar com alguém mais jovem ou mais velha que você, mas durante um verão ele é seu. E pode valer a pena pagar essa conta. Para as mulheres, esse tipo de relacionamento é mais equânime do que se pode imaginar e tem uma dose saudável de realismo. Mulheres experientes conseguem companhia, apoio emocional e — às vezes — sexo. E um gigolô pode aprender muita coisa com a Sra. Robinson.

Ginástica facial

Está cada vez mais disseminada a percepção de que os tecidos embaixo da pele são tão importantes quanto a própria pele. Exercícios para os músculos do rosto mantêm o tônus da face. Esses músculos são o "cabide" no qual o rosto está pendurado. Eva Fraser é a deusa de 83 anos que refinou as técnicas em que se baseiam esses exercícios, os quais envolvem uma grande quantidade de músculos subcutâneos. Se você estiver parada em um sinal de trânsito e observar alguém fazendo caretas e alongando o rosto, essa pessoa pode estar fazendo o trabalho necessário para manter uma aparência maravilhosa. Esses exercícios incluem alargar a distância entre a pálpebra, a sobrancelha e a testa, suspender os músculos da bochecha e do maxilar e trabalhar a região do pescoço para evitar o queixo duplo. Para quem deseja resultados concretos e naturais, esses passos são fundamentais. Uma vez tendo aprendido a fazer os exercícios, eles serão úteis por toda a vida. Um pouco de tonificação do rosto também não é de se desprezar. (ver: *Sexo oral, Coisas boas que são gratuitas*)

Ginocratas

São os homens que gostam de mulheres fortes e preferem a companhia feminina. Eles não têm problema com uma mulher que assuma a liderança ou dê as melhores opiniões. Esses são os homens que queremos convidar para nossa mesa de honra.

A palavra ginocrata vem do substantivo ginocracia ou ginecocracia: governo ou sociedade dirigida por mulheres. Embora apareçam com mais frequência nos mitos e na ficção científica, as sociedades matriarcais existiram em muitos lugares, inclusive na cultura puramente feminina das amazonas, descrita por Heródoto (484-425 a.C.). Durante muitos anos, "ginocracia" foi um termo pejorativo usado por homens contrários ao feminismo para descrever as "mulheres furiosas" que queriam dominar o mundo, presumivelmente depois que terminassem de lavar e passar a roupa.

No entanto, tudo isso mudou em 2009 quando Martin Adams, romancista, pai de três filhas e autor de *The Rachel Papers*, saiu do armário e se declarou ginocrata. Na verdade, Martin acrescentou informação útil: "Tenho o prazer de mencionar que fui citado por Germaine Greer como a pessoa que declarou que todos os homens deveriam ser trancafiados até completarem 28 anos. Campo de treinamento para eles. Isso poria um pouco de bom senso em suas cabeças. Somos um horror. Não podemos evitar!"

É uma reavaliação animadora da parte de um ex-*enfant terrible*.
(ver: *Homens romancistas de meia-idade, Mesa de honra*)

Graça

"Sois feliz, Vossa Graça,
pela capacidade de ver paz e doçura
naquilo que a má sorte vos trouxe."
— *As You Like It*, II.I., William Shakespeare

Dentro de cada um de nós existe um ser superior. É nele que nossa capacidade para a compaixão, a sabedoria e a cortesia dá as mãos ao

amor pela família; nele, a generosidade para com os amigos e colegas de trabalho transcende todo sentimento negativo ou malévolo que você já teve. Nesse domínio reina a graça, e se nos momentos de luta você conseguir ter acesso a esse ser superior, é muito possível que ele a salve de todos os problemas e traga um sentimento de mais calma e serenidade.
(ver: *Dignidade, Bom comportamento, Restaurantes italianos tradicionais*)

Grampos

Quando nos sentimos no auge da feiura, nunca devemos subestimar o poder transformador de um grampo de cabelos. Ele faz você parecer e se sentir três anos mais jovem e seu estilo levemente retrô é perfeito para combinar com uma roupa vintage.
(ver: *Vintage*)

Grappa

É o digestivo ideal para adultos. Você só precisa de um golinho para experimentar o calor, a força e o elevado teor alcoólico (entre 40 e 60% por volume). Elaborada a partir dos restos de uvas depois da fabricação do vinho, a grappa é servida principalmente como uma bebida após o jantar para ajudar na digestão de carnes pesadas. As versões mais refinadas vêm em lindas garrafas artesanais, mas na Itália eles também usam essa bebida como remédio e como desinfetante para limpar o bar.
(ver: *Álcool, Bebedeiras, Ligações perigosas, Dipsomania*)

Gravidez

(ver: *Amamentação, Controle de natalidade, Parto, Sem filhos por opção, Fertilidade, Mães chatas, Aborto*)

Greer, Germaine [ícone]

"Você só é jovem uma vez, mas pode ser imatura para sempre."

Grupos de leitura

Sempre existe um pouco de competição entre os participantes de um grupo de leitura, embora estudos recentes mostrem que fazer parte de um desses grupos proporciona o mesmo nível de satisfação de obter um aumento de salário. Você pode descobrir que os leitores estão muito ocupados conferindo os outros leitores, seus estofados e sua seleção de vinhos em vez de se envolverem na discussão de *Madame Bovary*. Dito isso, essa é uma excelente forma de incentivar a leitura. Se você for maníaca por livros, também é ótimo compartilhar seu entusiasmo com outras pessoas. Na dúvida, crie seu próprio grupo, mas escolha com cuidado os membros. Proíba qualquer conversa sobre parceiros, filhos, colégios, férias, casa ou dinheiro. Se estiver curta de tempo e dinheiro, basta servir vinho branco e embutidos.

(ver: *Cineclube*)

Guardados x entulho

A palavra entulho pode ser muito pejorativa. Se você for do tipo retentivo, quase sempre poderá descobrir que está sendo acusada de ser sentimental e desorganizada. Nessa questão, não dê atenção aos homens. Eles adoram jogar coisas fora porque isso é mais fácil do que arrumar e limpar. Contudo, o espetáculo horroroso de um monte de entulho pode ser resolvido com a ajuda de uma irmã ou amiga com olhos de águia que galvanize a limpeza e ajude a organizar as pilhas de "lavar", "manter", "estocar", "mandar para um bazar" e "jogar fora".

Grandes sacolas de plástico transparente custam pouco e com elas é possível guardar no sótão (ou em qualquer outra caverna) roupas, sapatos e outras preciosidades que uma filha querida vai adorar herdar quando ficar adulta. Essas sacolas garantem que tudo ficará limpo e seco, além de facilmente identificável.

Compre pastas de plástico com mais ou menos quarenta páginas e arquive recortes de jornal, fotografias antigas, ingressos e flores secas. Não há nada melhor do que conservar diários antigos, cartas de amor, poemas, fichas escolares e "coisas". Desde que tudo esteja limpo e organizado e seja mantido em um local adequado, algum dia seus filhos, netos e/ou afilhados serão beneficiados.
(ver: *Coisas boas que são gratuitas, Vida verde, Caixas de recordações, Passar coisas adiante*)

Guillem, Sylvie [ícone]
"Só descobrimos do que somos capazes quando temos limites a superar."

H

Hadid, Zaha [ícone]
"É realmente necessário ter uma meta. Os marcos da meta podem mudar, mas ela sempre deve existir. Saiba o que você quer descobrir."

Harmonia
Ninguém gosta de uma mulher pedante, confusa e exigente. Nada envelhece mais do que isso. Siga o fluxo. É o que faz o mundo girar. (ver: *Fluir, Comportamento de velha, Satisfazíveis*)

Homens romancistas de meia-idade
"A impressão de que a meia-idade é um período da vida cuja função é extrair do vácuo hostil do tempo alguma prova de realidade, alguma permanência ou prova tangível de ter existido, tornou-se uma generosa fonte de inspiração para romancistas do sexo masculino no século XX e no início do século XXI; de John Updike a Martin Amis, esses escritores percorreram o labirinto da psique masculina e documentaram as maravilhas que encontraram lá."
— *The Stranger in the Mirror*, Jane Shilling

Hormônios
Quem já não foi dormir sendo uma mulher perfeitamente sã e acordou uma fúria ululante? Um desequilíbrio hormonal pode ter um

efeito drástico — causar desde acne na adolescência até TPM, endometriose, infertilidade, problemas de tireoide e depressão. Não é neurose da sua parte, isso é real. Não deixe que o médico a humilhe e a trate como uma colegial mal-educada.

Da adolescência aos 30 e muitos anos lutamos para manter os hormônios equilibrados. De acordo com a doutora Marion Gluck: "Os hormônios funcionam como uma orquestra sinfônica. Quando desafinam, nós desafinamos." Um desequilíbrio pode causar inchaço, irritabilidade e mau humor. Às 40 e muitos ou 50 e poucos, entramos em queda livre. Quando uma mulher se aproxima da menopausa, os níveis de estrogênio diminuem. Podemos optar por uma reposição hormonal padronizada, por uma terapia pessoal de reposição com um hormônio bioidêntico, ou simplesmente podemos passar pelo processo. Contudo, precisamos nos informar bem sobre as opções.

Os hormônios têm uma má fama injusta — eles na verdade são nossos melhores amigos: regulam todas as funções corporais, do intelecto ao metabolismo, da formação óssea à capacidade de lidar com o estresse. Eles nos fazem funcionar e são os mensageiros químicos que circulam constantemente na corrente sanguínea. Eles comandam — e às vezes arruínam — nossas vidas. É emocionante o fato de que não existam duas mulheres com o mesmo sistema endócrino. Tal como as impressões digitais, nosso sistema endócrino é único.
(ver: *Comer verduras, Menopausa, Atividade física, Vitaminas*)

Hospitalidade

"Uma casa pode atrair visitantes, mas só os donos da casa podem fazê-los ficar."
— Charles Caleb Colton

Em geral, a hospitalidade não tem qualquer relação com dinheiro. Pode ser apenas um café fresco depois de uma longa viagem. Pode ser um bolinho ou uma torrada com manteiga e chá. É o braço em torno dos ombros e a sensação boa de calor na barriga. Pode ser a oferta de uma tigela de sopa, um espaguete preparado com o que houver na geladeira, acompanhado por uma garrafa de vinho verde. Ou, para dar uma sensação boa de calor, um gim com um pouco de água tônica. Seja qual for a sua ideia de hospitalidade, providencie comida quando houver fome, bebida quando houver sede e um lugar para passar a noite. A hospitalidade tem uma ressonância bíblica e é um dos instintos humanos mais adoráveis.

(ver: *Coquetéis, Cozinhar*)

I

(A) idade do pesar

Chega um momento na vida em que nos damos conta de que estamos testemunhando mais divórcios e enterros do que casamentos e batizados. Perder um amigo íntimo, um mentor ou um parceiro é terrivelmente doloroso. Com a morte dos pais chegamos à constatação final de que não há volta. Esse marco existencial é difícil e pode nos alienar do parceiro e dos filhos. Afinal, espera-se que você seja adulta, não é mesmo? Pode ser interessante buscar ajuda profissional ou conversar com os amigos. Muitos deles também estarão passando ou terão passado por experiências similares. Permita-se sofrer da forma certa, focalizando nos bons momentos. Nas horas difíceis é muito importante usar as ferramentas do dia a dia como recurso: arrumar o quarto, acender a lareira, plantar gerânios. Também ajuda ser "o poeta da própria vida". Mantenha um diário, componha poemas, escreva cartas. Se não estiver conseguindo se concentrar, veja televisão, ouça música ou escute o rádio. Durma. Veja as amigas. Lembre-se de que a pior hora é o final da madrugada. É essencial ter esperança. Você vai conseguir superar a perda.

(ver: *Melhor amiga, Mentoras, Terapia*)

Igrejas

Não se limite a passar por elas. Os vitrais são magníficos; a arquitetura dos santuários é fascinante; elas são refúgios estranhamente

tranquilizantes onde se pode apenas entrar e dar um tempo. Faça uma prece para seu deus, seja quem for ele ou ela. O capacho de boas-vindas está sempre na porta.
(ver: *Corais, Fluir, Sair da toca e se envolver*)

Impontualidade

"A pontualidade é a cortesia dos reis."
— Luís XVIII

A impontualidade não é uma atitude adulta. Ela desperdiça o tempo e a boa vontade dos outros. Nossos atrasos são basicamente um sinal de arrogância, ou seja, "meu tempo vale mais do que o seu". Para o terapeuta, a impontualidade mostra que você está sub-repticiamente roubando tempo dos outros para testar o amor que eles lhe têm. No entanto, as pessoas pontuais também precisam ser flexíveis — ninguém deve ser forçado a atender a um prazo impossível. Se você for do tipo pontual, use o tempo livre para fazer outras coisas ou talvez apenas para sonhar um pouco.
(ver: *Bondade*)

Incesto e dança folclórica

"Experimente tudo pelo menos uma vez, a não ser o incesto e as danças folclóricas."
— Sir Thomas Beecham

(A) indústria da beleza

A indústria global de cosméticos, artigos de higiene e perfumes movimenta 6,2 bilhões de libras. As mulheres britânicas despendem ao longo da vida uma média de 185.528 libras em produtos de beleza.

Produtos contra o envelhecimento são o Santo Graal dessa indústria. São a promessa sonhada, o elixir da juventude com o qual é possível "reduzir o aparecimento de rugas", mesmo que por um tempo e com um grande investimento financeiro. Como esse costuma ser o território do "papo furado psicológico" e da pseudociência, é preciso separar o joio do trigo. É fundamental hidratar a pele, massagear e exercitar o rosto e fazer uma drenagem linfática controlada. Ironicamente, a maior parte da indústria da beleza é inimiga das mulheres porque se aproveita das inseguranças e da falta de autoestima delas.

Cuide para que seu rosto seja sua riqueza e não a riqueza deles. (ver: *Ginástica facial*)

Inferno

"Se você estiver atravessando um inferno, continue andando."
— Winston Churchill

(ver: *Natal*)

Inimiga

Existe um tipo específico de mulher branca solteira que finge ser sua melhor amiga, mas na verdade quer se apropriar de sua vida. Ela pode começar por copiar suas roupas, depois imitar sua maneira de rir, adotar seus amigos e/ou seus pais e acabar por aparecer no dia de Natal esperando presentes. É provável que ela acabe por roubar seu namorado. No começo, a atitude dela pode parecer lisonjeira, mas nos bastidores ela já está lendo seu diário em segredo e roubando pequenos objetos seus, como meias finas e batons. Isso pode se tornar uma forma de tortura psicológica. Portanto, preste atenção aos indícios, abra imediatamente o jogo com ela e mande-a embora. (ver: *Animiga, Amantes, Bem-produzida*)

Inquilinos

Eles são muito úteis nos momentos de dificuldades financeiras. Contudo, você precisa estabelecer regras. Você não está ali para ser faxineira ou administrar um hotel barato. Proporcione a seus inquilinos espaço nos armários da cozinha e do banheiro. Se quiser, forneça roupas de cama, mas pode ser desagradável lavar juntas as suas roupas e as deles. Três regras de ouro: peça que eles mantenham os ambientes em ordem e exija o pagamento em dia e em dinheiro, e tudo dará certo.

(ver: *Eu? Jamais!*, *Questões financeiras*)

Insegurança

Nós podemos achar que nos sentimos ótimas, mas a insegurança parece ter a capacidade insidiosa de se infiltrar e mudar nossa maneira de ver as coisas. Como um bicho de maçã, ela penetra bem fundo e pode ser muito prejudicial. A insegurança não deve ser erroneamente vista como uma autoavaliação útil ou como uma percepção de si mesma. Defenda-se dela.

(ver: *Como receber um elogio*)

Insônia

Para quem sofre de insônia há muito tempo, não há nada mais irritante do que em uma festa conhecer alguém que se vangloria de toda noite deitar a cabeça no travesseiro e dormir durante oito horas sem interrupção, e em seguida recomendar um terapeuta alternativo que vai lhe vender um remédio caro, mas inútil.

Tal como Perséfone e/ou o conde Drácula, quem tem insônia vive uma parte da vida em um mundo silencioso, escuro, desorientado e quase sempre isolado. Naturalmente, a condição se realimenta: quanto mais você não consegue dormir, mais você não consegue dormir. Já se escreveu resmas e mais resmas de papel sobre a insônia, suas causas e as possíveis soluções. No entanto, não há dúvida de que a preocupação, o estresse, a tristeza, a depressão, uma vida amorosa infeliz e a exposição a adolescentes criadores de caso podem contribuir para o problema, portanto talvez valha a pena pensar sobre esses fatores e tentar resolvê-los, em vez de simplesmente "aceitá-los". As melhores dicas para os insones "em todas as situações" são:

1. Fazer da hora de dormir uma rotina rígida.
2. Usar a cama somente para transar e dormir.
3. Evitar bebidas alcoólicas (embora um colaborador tenha sugerido tomar uma taça gelada de vinho branco do porto às 3 horas da manhã. É claro que aprovamos essa medida).
4. Ver no apêndice as leituras recomendadas.
5. Se estiver realmente desesperada, procurar um médico: existem alguns remédios sutilmente dosados para nos mandar para "a terra dos sonhos".

Para encerrar, dois pensamentos reconfortantes: antes da Revolução Industrial, era muito comum as pessoas se levantarem às 3 ou 4 horas da manhã no verão para comer, trabalhar e se divertir e depois voltarem para a cama para uma soneca antes de enfrentar o dia. Alguns místicos acreditam que 3 horas da manhã seja o momento mais sagrado do dia. Ele é conhecido como "a hora do despertar". (ver: *Soneca, Depressão, Tristezas, Remédios, Perséfone, Óculos de sol*)

Instinto

Às vezes nós simplesmente sabemos que alguém não é de confiança ou, pelo contrário, que determinada casa ou apartamento vai nos trazer felicidade pelos próximos vinte anos.

O instinto feminino é o meio natural de que as mulheres dispõem para adquirir conhecimento. Em um mundo profissional dominado pelos homens, as mulheres muitas vezes são consideradas inferiores ou subjetivas demais. No entanto, nós devíamos dar atenção àquela sensação visceral de que alguma coisa está absolutamente certa — ou errada. Na verdade, pensar demais pode nos levar a tomar a decisão errada. Tal como um computador, o hemisfério racional do cérebro é limitado. Em determinado momento, ele só consegue processar certa quantidade de informação; se receber mais do que isso ficará assoberbado.

Acontece que, no que os cientistas chamam de "nosso supercomputador interno", as emoções que vêm da mente inconsciente tendem a refletir mais informação do que a mente racional.

O melhor momento para confiar no seu processo de pensamento emocional e intuitivo é nas situações com as quais você já teve muita experiência, como a compra de um carro ou o casamento.

Ouvir seu coração não envolve fazer mais, mas fazer menos — portanto, deixe sua mente à vontade.

Intervenção irônica

Tem seu lugar. Escolha como alvo os políticos preguiçosos, pois há vários deles.

(ver: *Manifestações*)

Intimidade

A intimidade nem sempre é algo fácil. Muita gente tem medo de ser engolfada por outra pessoa e perder a individualidade. Não deixe que seus problemas de relacionamento — que são normais — condicionem seu comportamento ou ponham a perder o próprio relacionamento. Dá trabalho conseguir uma disponibilidade emocional consciente.

Inverno

"Brotos invisíveis, infinitos, escondidos
sob a neve e o gelo, sob a treva em cada centímetro plano ou cúbico"
— "Brotos invisíveis", Walt Whitman

"Quando o narciso brota,
Hey! com a amada sobre o vale,
o melhor do ano desponta:
o sangue rubro encobre do inverno o branco xale."
— *Conto de inverno*, ato IV, cena III, William Shakespeare

Quem não adora o primeiro frio do inverno, combinado com um céu muito azul? Ou a alegria de caminhar em um mundo coberto de neve, ou o mistério de fazer um encantamento para celebrar o solstício de inverno? Por outro lado, que coração não se acanha diante da ideia de acordar ainda cansada em meio à escuridão e se sentir deprimida ao ver a iluminação da rua ser acesa às 16h? O inverno consegue literalmente ser percebido como a hora mais escura e às vezes parece não ter fim. Mas não se esqueça de que é só uma questão de tempo para o primeiro crocus brotar sobre a terra. No inverno, o mundo se renova — e você também.
(ver: *Melancolia, Simpatias, Depressão sazonal, Suicídio*)

Ir para o convento

Ao ver Julie Andrews em *A noviça rebelde*, quem por um instante não pensou "com certeza eu ficaria linda com uma touca de freira"?

Antes da emancipação feminina, tornar-se "noiva de Cristo" era uma oportunidade de carreira. Isso significava escapar de um casamento arranjado e dos consequentes riscos da gravidez e do parto e ainda ter a esperança de receber uma educação rudimentar. No passado, mulheres de certa classe poderiam buscar refúgio em um convento, às vezes até por uma necessidade política, como no caso de

Eleanor da Aquitânia, ou simplesmente por quererem deixar para trás a vida secular.

Hoje, para ser freira é preciso ser católica, mulher, solteira e mentalmente sadia. As mulheres que não são virgens podem se tornar freiras (o que é um avanço), mas mulheres católicas divorciadas geralmente não têm essa possibilidade a não ser que consigam uma anulação do casamento deferida pela própria Igreja Católica. Para isso, elas devem provar que o casamento foi inválido de alguma forma ou foi realizado sob falsas alegações.

Uma viúva pode se tornar freira, mas em geral antes de fazer os votos ela precisa ter criado os filhos até os 18 anos, já que esses votos devem ter precedência sobre a atenção aos filhos.

Algumas freiras são especialistas em religião. Às vezes pode ser necessário ter completado o terceiro grau antes de fazer parte de uma ordem. As freiras do século XXI podem trabalhar como enfermeiras, professoras, médicas ou psicólogas e geralmente desempenham um papel ativo, servindo à comunidade em que vivem. Portanto, se você é capaz de transformar instantaneamente o tecido adamascado das cortinas em saias pregueadas, esse pode ser o emprego ideal para você.
(ver: *Castidade*)

Ira

"Não permita que o sol se ponha sobre sua ira."
— Efésios, 4:26

"Você tem direito a muitos pores-de-sol tardios."
— Antonia Fraser

Irmãos

Podemos sentir uma proximidade e uma familiaridade incrível com nossos irmãos do sexo masculino quando estamos com eles, mas ao mesmo tempo nos sentirmos muito distantes. Afinal, eles são homens e, assim que a infância fica para trás, as preocupações e interesses deles podem ser muito diferentes dos nossos. Depois que começarem a namorar a sério ou criarem uma família com uma parceira ou esposa, você vai precisar fazer um grande esforço para aceitar a companheira dele, porque essa pode ser a única maneira de continuar ligada a seu irmão.

Contudo, mesmo que você não fale com seus irmãos todos os dias, eles ainda podem ter um papel muito importante em sua vida e você na deles. Eles podem ajudá-la a pensar como um homem, principalmente nas questões do coração. Eles podem ser francos quando os outros homens não podem (afinal, eles conhecem você muito bem). Podem dar conselhos ponderados, o que um pai controlador ou ansioso não consegue fazer. E eles também podem prestar apoio e esclarecimento se você se encontrar na situação de criar sozinha filhos adolescentes. A longo prazo, um bom relacionamento com os irmãos, e também com as irmãs, será vital se você descobrir que precisa tomar decisões difíceis nos cuidados com os pais idosos. Muita coisa depende de vocês gostarem realmente uns dos outros, além de amar uns aos outros, e até certo ponto isso está nas mãos de Deus.

(ver: *Terapia de família, Adolescentes, Pensar como homem*)

Irmãs

"Não importa o que você faça, elas vão te amar. Mesmo que elas não te amem, vocês estarão ligadas até a morte. Você precisa fazer boa cara para os amigos, mas pode ser chata e cansativa com as irmãs."
— Deborah Moggach

"Porque não há amiga que se compare a uma irmã nos bons e nos maus momentos, para nos animar num dia de tédio, para nos dar a

mão quando perdemos o caminho, para nos erguer quando caímos, para nos fortalecer quando estamos de pé."
— Christina G. Rossetti

Nenhum relacionamento é tão complicado e tão cheio de emoções carregadas. A ligação entre irmãs é sombria e luminosa, simples e perigosamente complexa. Constante, mas sempre em evolução: a relação de irmandade é incompreensível para quem não faz parte dela. Não faz diferença se essa relação é tensa e diária ou relaxada e coberta de poeira por anos de distanciamento; ela sempre é uma ligação permanente.

O relacionamento com sua irmã provavelmente será o mais longo de sua vida e o mais gratificante: ela é a parte de sua infância que nunca será perdida e também é a pessoa mais capaz de permanecer junto de você no futuro. Portanto, mesmo que os tempos sejam difíceis, a menos que ela tenha fugido com seu marido ou matado seu coelho, é melhor perdoá-la e esquecer. Afinal, vocês cantam a mesma música.

(ver: *Irmãos, Terapia de família*)

J

Jardins

(ver: *Jardins de vasos, Passeios curtos*)

Jardins de vasos

Só é preciso ter um espaço aberto — um beiral de janela, uma varanda ou um quintal — onde você possa dispor vasos e calhas. Quanto mais baixo for o custo de manutenção, melhor.

Não vale a pena ter nenhuma espécie de planta que tenha que se regar de mais ou de menos, ou que possa ser quebrada por esbarrões, bolas de futebol e cachorros. Nada de plantas frágeis. Nenhuma suculenta. Procure ter apenas plantas que tolerem bem a sede.

A alegria de ter um jardim de vasos é que, se houver espaço, será como ter mais um cômodo na casa, que pode ser decorado com uma mesa e cadeiras ou uma espreguiçadeira. As plantas podem crescer virtualmente em qualquer recipiente, desde que ele tenha buracos para drenagem. Já vimos ervas daninhas crescerem em sapatos velhos e um pé de feijão crescer num chapéu. Também recicle malas velhas, pias e baús.

Por outro lado, também é uma imensa alegria caminhar por um horto não para apreciar as plantas, mas sim as pessoas. É maravilhoso ver membros de diferentes classes sociais trocarem expressões calorosas sobre as flores de um jardim.

Mas não espere que todos seus amigos "com mão boa" aprovem seu novo esquema de jardim em vasos. Eles vão comentar que a *arália* parece triste ou insistir que teria sido melhor se você tivesse escolhido a grama da Nova Zelândia. Não se esqueça de que a jardinagem pode ser o esporte dos Bórgias.
(ver: *Passeios curtos*)

Jejum

Bíblico em muitos sentidos, o jejum é valioso para fazer o sistema decolar. A maioria das pessoas come demais, portanto de vez em quando passar um ou dois dias a água quente e limão é uma providência interessante. Quando o jejum termina, você se sente cheia de mérito, razão pela qual essa prática é recomendada por tantas religiões. Ela ajuda a limpar o sistema, restaurar o metabolismo e dar uma sensação de leveza que nos deixa suscetíveis a ter visões celestiais. Contudo, não faça jejum se estiver grávida, sofrer de uma doença crônica ou potencialmente fatal, estiver amamentando ou trabalhar muito. Nesses casos, jejuar não faz bem a ninguém, muito menos a você.
(ver: *Vinagre de maçã, Dietas*)

Joelhos

Pedalar, caminhar, ficar em pé no Power Plate, fazer um treinamento multifuncional ou nadar.

É preciso fazer o possível para cuidar dessas crianças porque elas são a pedra angular do esqueleto. "O osso da bacia está conectado com o fêmur, que está conectado com o joelho" e assim por diante. O segredo é manter fortes os músculos de sustentação para que a rótula fique estável e capaz de permanecer solta e ágil. Seus joelhos podem ser sedutores. Na dúvida, comece a praticar sapateado.
(ver: *Ossos, Ciclismo, Exercícios ao ar livre, Equitação, Sapateado, Natação ao ar livre*)

Joias para dias de inchaço

Pode ser um antigo buquê de flores de seda ou uma fabulosa chuva de pedras falsas: os broches são uma forma de simbolismo pessoal. Cada um conta uma história própria — e são um ótimo tema de conversação em festas. Você pode usá-los para levantar uma roupa modesta ou se esconder atrás de um deles em um dia de baixa autoestima. Seja um broche de flores de seda, uma pulseira fabulosa ou os tradicionais dois fios de pérolas à la Chanel, as joias são a melhor armadura. Ninguém vai ligar para o fato de você estar usando outra vez aquele vestido preto sem forma.

(ver: *Peso explosivo, Pérolas*)

Jung

"Nem mesmo uma vida feliz dispensa um pouco de sombra, e a palavra felicidade perderia o sentido se não fosse equilibrada pela tristeza. É muito melhor aceitar o que nos vem com paciência e equanimidade."

— Carl Gustav Jung

Se Freud é para a primeira metade da vida, Jung é para a segunda. As interpretações que ele faz dos arquétipos, mitos e símbolos são ricas, informativas e cheias de uma percepção acrítica da história de nossas vidas.

(ver: *Ser bem-informada, Depressão, Sonhos, Freud*)

L

Lágrimas

Sim, às vezes elas são constrangedoras e criam problemas no departamento de maquiagem. Quando choramos, o corpo libera toxinas como o cortisol — o hormônio do estresse —, portanto a gente sempre se sente melhor depois de chorar. As lágrimas podem abrandar o coração mais empedernido e também podem incitar uma paixão inesperada. É claro que para a maioria é difícil chorar e ainda manter uma aparência fotogênica. Mulheres de sorte podem verter uma única lágrima graciosa e cintilante enquanto a estrutura óssea perfeita de seus rostos é favorecida por um rubor lisonjeiro, mas a maioria de nós faz o tipo caótico, que gasta 33 lenços por dia, como mostrou Juliet Stevenson em sua fabulosa representação de puro sofrimento encatarrado no filme *Um romance do outro mundo*.

Como regra, procure chorar no ambiente de trabalho somente se as circunstâncias forem excepcionais. Crave as unhas na palma da mão, respire fundo, vá passear no parque ou tenha convulsões nas escadas, sem testemunhas.

Seja compassiva quando encontrar um chorão ou chorona — em uma cidade grande sempre existe um a menos de um metro meio. Todo mundo já se sentou em um ônibus à noite ao lado de uma estranha em prantos (o encontro foi ruim, o chefe é ruim, tudo é ruim) e ficou angustiado porque não interferiu. Dê uns tapinhas no ombro de quem chora. Diga que não há nada de errado em ter grandes

emoções confusas e forneça alguns lenços de papel. Todo mundo precisa de uma boa crise de choro de vez em quando.
(ver: *Tristezas, Bondade, (O) poder de chorar na cama*)

Lava-louças

Muita gente passa mais tempo colocando e retirando louça da lavadora do que transando. Isso não é uma atitude sábia.

Le gadget

O apelido dado pela princesa Diana a seu vibrador era *le gadget*. Segundo os biógrafos da princesa, muitas vezes ela recebeu o artefato, incógnito, na presença de embaixadores estrangeiros.

No passado, os auxiliares "conjugais" eram pouco estéticos e constrangedores. Contudo, definitivamente chegaram ao fim os dias dos vibradores em forma de pênis de trinta centímetros exibidos com risadinhas nas despedidas de solteira. Na forma de cones, seixos, bolas, coelhos e escorpiões, esses aparelhos já não precisam mais ser escondidos no fundo da gaveta. Alguns são brinquedos para uso solo, outros para se compartilhar com uma parceira. Designers de móveis sofisticados como Tom Dixon e Marc Newson criaram esculturas vibratórias de formas encantadoras. A posse de um vibrador não indica que você seja melancólica ou solitária. Hoje eles podem muito bem ser dados de presente para amigas, casais e até mesmo para noivos por ocasião do casamento — os vibradores são a nova vela perfumada. A grande vantagem dessa abertura é o fato de que tais aparelhos já não são uma ameaça para os homens, que passaram a considerá-los uma ajuda. Tudo bem se você não tiver o menor interesse em comprar um, no entanto.

(O) leito de morte do lesbianismo

Quando se trata de formar um relacionamento saudável, apoiador e emocionalmente inteligente, talvez pareça que a resposta a nossas preces seja finalmente nos apaixonarmos por outra mulher. Contudo, uma pequena advertência: depois que se dissipar a novidade de descobrir um aspecto diferente da própria sexualidade, você pode descobrir que, no fim das contas, não é lésbica.

(ver: *Novas lésbicas*)

Lembranças e talismãs

São pequenos tesouros. Podem ter uma mensagem ou data gravada, lembranças, pedras ou talismãs importantes somente para você. Pendure-os em correntes finas para fazer colares delicados ou pulseiras sofisticadas. Você pode levá-los consigo para atrair boa sorte e/ou passá-los adiante para pessoas que ame.

(ver: *Sentimentalismo, Tatuagens*)

Lençologia

Xales e cangas, pashminas e lenços — existe um modelo para cada ocasião. Se você levar uma canga para as férias, ela pode funcionar como coberta, casaco, cinto, top frente única, turbante e até mesmo sarongue. Certamente essas peças conseguem transformar uma roupa sem graça e salvar sua vida se o cabelo não estiver se comportando. Acrescente um alfinete ou um broche com uma pedra cintilante para chamar atenção. Existe de fato uma arte de arrumar o cachecol ou echarpe com graça. Lembre-se de Bette Davis, de Joan Crawford e de Grace Kelly — que usou um lenço Hermès como tipoia para o braço quebrado.

(ver: *Estampa animal, Joias para dias de inchaço*)

Lenços umedecidos

São baratos e fáceis de encontrar. Devem ser incorretos ao extremo do ponto de vista ecológico, mas são incrivelmente úteis em assentos de vasos sanitários (embora possamos garantir que ninguém fica grávida porque se sentou em um), vômito de bebê e cocô de cachorro. Se você carrega na bolsa tudo menos a pia da cozinha, pode muito bem incluir um pacote de lenços umedecidos, só porque pode.

(ver: *Bebê, Festivais, Garotões*)

Ler mapas

A interpretação de mapas foi pensada como atividade masculina, mas agora a deusa da serenidade projetou e nos deu o GPS, portanto, não há mais discussões dentro do carro. As palmas das mãos já não ficam suadas enquanto tentamos reunir coragem para admitir que mais uma vez indicamos a saída errada para o motorista, o que resultou num acréscimo de 320 quilômetros e uma hora e meia no tempo de viagem.

Vamos insistir: emancipação; liberdade; alegria. Assim, "na próxima saída, entrar no primeiro retorno à esquerda" significa que com certeza faremos isso.

Licor de abrunheiro (sloe gin)

Todo mundo devia ter no bar essa bebida doce, destilada e intensamente vermelha. Pode ser um ingrediente secreto em todos os tipos de geleia, pavê e salada de frutas. Fica fantástico com prosecco (esse é o drinque chamado *sloegasm*), delicioso com água tônica e é perfeito como um digestivo após o jantar, substituindo o vinho do porto. Ou então, no auge do inverno, é ótimo se sentar junto ao fogo e bebericá-lo devagar e com prazer.

(ver: *Bebidas, Dipsomania, Grappa, Hospitalidade*)

Ligações perigosas

É claro que você já superou a separação. Você saiu com amigos, é sexta-feira e você está se sentindo forte e olhando o futuro de frente, mas depois do terceiro drinque, a dúvida começa a surgir: será que a culpa foi minha? Talvez eu deva dizer a ele quanto o amo/o detesto? Será que ele está com alguém? Será que sente falta de mim? Não faz mal nenhum dar um telefonema... (E assim por diante.) No final da noite, a dúvida já virou uma grande serpente verde que tenta convencer você a morder a maçã. Antes de se dar conta do que está fazendo, você liga para ele. A essa altura, sua melhor amiga tenta entender o que está acontecendo e parte para jogar você no chão, arrancar seu celular e atirá-lo no rio mais próximo — e não está errada, porque nos últimos três meses ela passou todos os momentos de vigília ouvindo com a maior tolerância todas as suas explosões de raiva e de dor e também sua promessa de nunca, jamais, tornar a falar com ele. Mas é muito tarde, a sorte está lançada e você faz a ligação. No momento em que está discando, em algum lugar do fundo do coração você sabe que, seja qual for o resultado, ao acordar pela manhã você vai ter ódio de si mesma. Para isso só há uma solução: dolorosa, mas de uma simplicidade bendita. Quando o caso de amor acabar, apague todos os endereços e telefones dele de todos os recursos tecnológicos que usa e mantenha as coisas assim. Ele sempre poderá encontrar você, se quiser.
(ver: *Maus hábitos, Pegação, Bebidas, Coquetéis, Dipsomania*)

Limites

Os limites podem definir seu espaço pessoal, sua vulnerabilidade emocional, seus direitos legais ou até mesmo o direito de não deixar que outras pessoas usem sua pasta de dente. Estabelecer limites firmes pode ser a pedra fundamental de um relacionamento saudável. Na opinião dos que não conseguem estabelecer limites, as pessoas muito hábeis nessa prática geralmente são consideradas muito ca-

pazes de fazerem valer a própria vontade. Contudo, se estiver na dúvida, faça uma lista dos comportamentos redundantes, invasivos ou deprimentes dos que vivem a seu redor, por exemplo: interrompê-la quando você está ao telefone, largar a roupa suja no chão, fumar maconha na sala de estar, nunca levar o lixo até a lixeira. Com a lista pronta, decida o que vai fazer sobre essas questões. As pessoas não gostam de mudar, portanto esteja preparada para enfrentar críticas, raiva e talvez até ironias — mas não se deixe intimidar. Mantenha a calma e continue decidida e educada, mas firme no leme. É assim que se estabelece limites.
(ver: *Raiva, Codependência, Tabus*)

Limpar ou não limpar
Escolha um produto suave para sua pele. Você deve remover a oleosidade, mas manter a hidratação. Um produto muito forte deixará a pele seca, estimulando as glândulas sebáceas a produzir mais gordura. O melhor é aplicar calor (uma compressa morna) para abrir os poros, de modo que a gordura possa derreter, caso contrário ela ficará retida embaixo da camada mais superficial da pele, causando a formação de cravos.

De manhã ou à noite, massageie o rosto com um pouco de creme de limpeza, fazendo movimentos circulares para fora e para cima. Remover o creme com uma gaze embebida em água morna deixa a pele limpa e renovada. A gaze também faz uma esfoliação suave na superfície da pele.
(ver: *(A) indústria da beleza*)

Lingerie criativa
Toda atriz que passa dos 40 anos, é ganhadora do Oscar e mãe de três filhos está fazendo de tudo (literalmente) para aparecer na capa

da revista *Vanity Fair* vestindo um corselete e uma cinta-liga, e quase nada a mais, e afirmando que começou a explorar o lado mais escuro da própria sexualidade. Nós achamos que a culpa é da Madonna. Portanto, para lembrar de algumas regras, esse estilo só deve ser usado no palco do Folies Bergère, em Paris, no Caesar's Palace, em Las Vegas, ou na privacidade do próprio quarto ou de um quarto de hotel.
(ver: *Casos, Motéis, Você tem um conjunto?, Pornografia*)

Lipo

Para muitas mulheres, chegar à meia-idade ou passar dela torna obrigatória alguma forma de cirurgia cosmética, mas certamente envelhecer não é uma doença. Não é um fato da vida? A ênfase deve ser em sentir-se bem consigo mesma, e não na necessidade de agradar a outras pessoas. A ciência médica está mudando tantos aspectos de nossas vidas e também está levando a longevidade para muito além das expectativas, até mesmo as de dez anos atrás. Muitas mulheres pensam que a cirurgia cosmética é apenas uma extensão das oportunidades que se abrem para elas e, portanto, é apenas uma questão de escolha. O interessante é que entrevistamos os homens sobre essa questão. Na pior das hipóteses, eles ficaram indiferentes à ideia de cirurgia cosmética para mulheres, e na melhor, foram decididamente contrários. Portanto, em tese, a decisão é sua, mas recomendamos pesquisar um pouco antes de mergulhar de cabeça. Por exemplo, leia *O mito da beleza*, de Naomi Wolf.
(ver: *Ginástica facial*)

(O) litoral

(ver: *Casas de praia, Refúgio, Piqueniques, Água*)

Livrarias independentes

Em um mundo de ofertas do tipo "compre três e pague dois", é muito tentador comprar somente nas grandes livrarias. No entanto, os livreiros independentes têm um conhecimento enorme e difícil de igualar. Eles vão recomendar novos autores, conseguir uma obra esgotada há muito tempo e até mesmo dar sessões rápidas de biblioterapia, se você estiver cansada do que tem nas estantes.

Se você valoriza os escritores e as pequenas editoras que os descobrem, é um gesto de consideração pagar o preço justo.

As livrarias e lojas de discos independentes fazem diferença. Elas oferecem conhecimento e escolha. Portanto, desligue o computador e atravesse a rua até uma boa loja.

(ver: *Ser bem-informada*)

Lojas de departamento

Para encontrar qualquer coisa, até mesmo a pia da cozinha. Uma loja de departamento não é um centro comercial. É um lugar onde podemos comprar um macaquinho de seda ou uma lavadora de louças, além de agulha e linha, sabendo que seremos tratadas como a maior cortesia, seja qual for nossa idade, peso ou poder aquisitivo. Se tiver tempo para pesquisar, você também vai descobrir todo tipo de tesouro útil, como apagadores de velas, travesseiros em forma L, caçarola com *timer* para cozinhar ovos, sutiãs sem alças e lindas luvas pretas de couro para usar à noite. Recomendamos essas lojas com o maior entusiasmo!

(ver: *Batom, Muito conveniente*)

Lumley, Joanna [ícone]

"Não acho que os homens sintam tanta atração pelo glamour. Penso que as mulheres são atraídas pelo glamour. Acho que o que atrai os homens é um sentido de amizade."

Luvas

"Uma dama refinada é reconhecida pelos sapatos e pelas luvas."
— *Mrs Dalloway*, Virginia Woolf

O primeiro capítulo do livro *Mrs Dalloway* — no qual Clarissa está procurando as luvas brancas perfeitas, "acima do cotovelo" e com botões de pérola — tem a intensidade de um romance de suspense emocional.

As luvas — desde as de renda com botões de pedras preciosas até as de couro de cabrito — sempre foram um item de sedução. Elas incorporam a elegância prática. E, para ser muito prática nessa questão, elas mantêm as mãos aquecidas e impedem a disseminação de germes. Também são um sinal de pontuação: quando é necessário um momento para causar um efeito ou pausar a conversação, é muito emocionante ver uma mulher tirar as luvas, puxando um dedo de cada vez; veja o filme *A época da inocência*.
(ver: *Lojas de departamento*)

Luz do sol

"Mantenha sempre o rosto voltado para o sol — e as sombras ficarão às suas costas."
— Walt Whitman

Conceda-se tanto quanto possível essa maravilha, porque ela nos mantém felizes, saudáveis e bonitas. Um dia de sol pode afastar todas as preocupações e definitivamente tira da mente a ideia de comprar.
(ver: *Comer verduras, Depressão sazonal, Vitaminas*)

M

Macaquinhos

Nossas avós sabiam das coisas. Clássicos, porém sexy, confortáveis, práticos e elegantes, os macaquinhos para dormir não podem faltar no guarda-roupa. Prefira os de cores claras: bege, rosa-claro, violeta e cinza-prata. Com exceção do vermelho, as cores escuras podem nos fazer parecer mais velhas. Um macaquinho vermelho é muito estimulante no inverno. Para quem acha que comprar esse tipo de lingerie é uma extravagância, as lojas virtuais muitas vezes têm excelentes opções a preços razoáveis. Os macaquinhos escondem a celulite do bumbum, fazem as coxas parecerem firmes e, o que é melhor, nos enchem de autoconfiança.

(ver: *Casos*, Cinq à sept, *Lingerie criativa*, *Autoconfiança interior*)

Madrastas

Em geral, na ficção e na história, as madrastas acumularam uma fama notoriamente negativa, com poucas exceções, como a segunda Sra. Dombey, Isabel Archer e Catherine Parr.

As madrastas são o sombrio centro de muitos contos de fada, mitos e lendas. A própria palavra ainda consegue esfriar o clima numa adorável festa ao ar livre em pleno verão. Basta lembrar da Branca de Neve e os sete anões. Contudo, talvez seja a hora de fazer uma reavaliação dessa figura. A verdade é que em um mundo de famílias cada vez mais ecléticas, você pode perfeitamente ter, ser ou estar prestes a se tornar uma madrasta. O livro definitivo sobre o papel da madrasta ainda não foi escrito, portanto, por enquanto vale a pena entender que esse é um papel difícil e delicado.

Se você estiver prestes a se tornar uma madrasta, precisa acreditar que pode com certeza ser uma força positiva na vida de seus enteados, entendendo ao mesmo tempo o fato de que está entrando em uma dinâmica muito complexa. Os enteados podem muito bem trazer traumas de acontecimentos do passado e acreditar inconscientemente que você só tem poder e influência sobre suas vidas porque está dormindo com o pai deles (o que é parcialmente verdadeiro). Para eles, isso vai parecer muito injusto.

Você pode precisar encontrar amor em seu coração quando não existe nenhum; você precisará criar ligações sólidas, mas ao mesmo tempo ser flexível; você precisará admitir abertamente seus erros e o mais importante é que vai cometer muitos. Provavelmente haverá discussões e você vai precisar aprender a promover a paz. Será preciso ser rigorosamente justa com dinheiro e com os desejos específicos. Embora isso pareça contrariar a lógica, será preciso estimular seu marido a manter um relacionamento construtivo com a ex-mulher, se possível. Se seu novo marido for viúvo, estimule conversas francas, afetuosas e constantes com os filhos sobre a primeira esposa. Você pode sentir uma punhalada no coração, porque as madrastas às vezes começam a amar profundamente os enteados, mas é preciso promover essas conversas com um sorriso afetuoso no rosto.

Parece uma missão difícil, mas não se apresse a tirar a aliança do dedo. Por favor, acredite que ser uma madrasta muitas vezes se revela uma experiência extremamente gratificante, e se você não tiver filhos próprios, os enteados podem ser um presente do céu.

(ver: *Sem filhos por opção, Terapia de família, Famílias modernas, Adolescentes*)

Madrinhas

Sejamos francas: as madrinhas e os padrinhos não têm nada a ver com religião ou com a maternidade ou paternidade. No fundo, os afilhados são os filhos ilegítimos de uma amizade que começou quando vocês tinham 20 ou 30 anos (às vezes eram até mais novos que isso) e pode ser um relacionamento que luta para sobreviver às dificuldades e sofrimentos do divórcio dos pais legítimos ou do seu divórcio. Se você perguntar a uma amostra de adolescentes insatisfeitos o que os padrinhos têm feito por eles, a resposta provavelmente será "muito pouco".

Com isso, não estamos dizendo que não existam toneladas de jovens com caixas de vinho do porto envelhecendo lentamente para serem abertas no 18º aniversário e engolidas avidamente por um grupo heterogêneo de amigos do Facebook, mas em geral os padrinhos são gente descuidada, quase sempre muito envolvida com os próprios assuntos. Depois de terem filhos, eles ficam ainda menos interessados nos deveres da condição.

Portanto, se você é madrinha, concentre-se em sua "fada" interior. Se não for capaz de se lembrar das datas de aniversário, deposite numa conta de poupança aquele dinheirinho que sobrou. (É dever dos padrinhos dar aos afilhados quantias pequenas, mas significativas, em datas inexpressivas.) Contudo, um almoço ocasional ou uma sessão de teatro também podem ser uma delícia para os afilhados. Uma carta nos momentos importantes das suas vidas, um telefonema, um cartão postal de um país estrangeiro, tudo isso mostra que você pensou neles. E o que realmente conta é a lembrança.
(ver: *Melhor amiga, Tecnologia, Adolescentes*)

Mães

É provável que só depois de experimentar e testemunhar de fato o que é ser mãe, nós comecemos a perceber o que elas fazem e pelo que elas passam. Seja como for a sua mãe ou como tiver sido (se ela já não estiver mais com você), provavelmente ela tentou fazer o máximo pelos filhos, como todas as mães. Para alimentar e vestir os filhos, seu instinto maternal a obrigaria a caminhar sobre brasas, tirar o alimento da própria boca, dormir no chão e não ter medo de nada. A preocupação de uma mãe com sua prole é monumental. Ela só quer o melhor para você.

Portanto, agora é sua vez — compre chocolates, dê flores e escolha qualquer roupa ou livro que possa agradá-la. Mostre consideração e telefone para dar notícias. Ela provavelmente já tem um telefone celular e é capaz de mandar torpedos e e-mails em uma espécie de código Morse. Isso é bom para ela e ótimo para os netos. Convide-a para passar a noite, pois agora é a sua vez de ajudá-la a sair de casa. Experimente ver quantas horas vocês podem passar juntas sem que nenhuma das duas entre em crise. Lembre-se das zilhões de provas de dedicação que ela lhe deu e procure fazê-la feliz.

(ver: *Filhas, Terapia de família, Irmãs, Filhos*)

Mães chatas

Você não foi a primeira e não será a última, portanto, senhora, respire fundo e pare de se queixar. A maternidade não é uma competição e você não vai ganhar uma medalha olímpica se seus filhos só forem autorizados a comer pasta de grão-de-bico e usar meias de tecidos naturais. Sua única realização será ver as pessoas bocejarem às suas costas nas reuniões de pais e deixarem muito espaço a seu redor nas festas. Esse papo acaba com o tesão dos homens, já que todos tiveram o tipo de mãe que fazia exatamente isso.

(ver: *Bebês, Narcisismo*)

Magia
Garantimos que ela ainda existe, mesmo que sua casa pareça um chiqueiro.
(ver: *Crise da meia-idade*)

Magreza
Como declarou a excêntrica Wallis Simpson: "É impossível ser rico demais ou magro demais." Bem, em alguns níveis talvez isso seja verdade, mas não é necessariamente uma questão de opção... Muitas mulheres são naturalmente magras demais. Isso pode ser intolerável para quem vive em guerra com a balança, mas é um fato da vida. É falta de educação comentar constantemente sobre a magreza dos outros e fazer com que eles se sintam esquisitos e constrangidos.
(ver: *Dietas*)

(A) maionese perfeita
2 gemas de ovo caipira
1 colher de chá cheia de mostarda em pó
sal marinho
pimenta-do-reino moída
2 dentes de alho esmagados

Misture todos os ingredientes com um batedor e depois adicione:

400ml de óleo de amendoim,

seguidos de 400ml de azeite de oliva light

A primeira quantidade de óleo deve ser acrescentada gota a gota (é cansativo para os braços, portanto tente conseguir ajuda de uma amiga); vá aumentando devagar, mas constantemente, até estar despejando um fio de óleo. Se a maionese parecer muito líquida ou coalhada, basta acrescentar uma colher de chá de água fervida e bater alucinadamente para obter a consistência que deseja.

Quando terminar de acrescentar o óleo, finalize com vinagre de vinho branco e suco de limão. Vá com calma — sempre é possível adicionar mais, se estiver pouco, mas se exagerar, você estará ferrada.
(ver: *Cozinhar, Hospitalidade, Piqueniques*)

Mamografia

Esse é um exame radiológico do seio para prevenção de câncer de mama em mulheres que não apresentam sintomas ou indícios de anomalias. Em geral, faz-se duas imagens de cada seio para verificar a presença de tumores. Nas campanhas de prevenção, as mamografias costumam ser feitas em unidades móveis (que com frequência não têm banheiros!) e são voltadas para mulheres acima de 40 anos. O exame deve ser repetido a cada um ou dois anos, no máximo. Não se descuide.

Quando algum caroço ou sintoma é localizado, é preciso fazer uma mamografia de diagnóstico, que geralmente é mais detalhada.
(ver: *Amiga com câncer, Queda de cabelo*)

Mania de status

"A inveja deve motivar, em vez de paralisar. Quanto a não perder terreno para os vizinhos, embora não sejamos capazes de suprimir completamente a percepção de status, podemos controlar com quem nos comparamos. Se fizermos comparações sociais olhando para cima, fatalmente seremos infelizes. Mas compare-se com os inferiores e você se sentirá novamente equilibrado."

— *Desejo de status*, Alain De Botton

(ver: *Sentido de ser*)

Manifestações

"Acho que devemos levar a sério o nosso trabalho e não nossa pessoa."
— Judi Dench

Por favor, participe de manifestações. Você não deve se deixar intimidar pelo alarmismo da mídia. Coisas terríveis são feitas em nosso nome por políticos que nós colocamos no poder. Você tem o direito de protestar contra eles. Apenas não saia por aí carregando uma pedra na mão ou torturando policiais com poemas.
(ver: *Batom, Mulheres de poder, Poesia*)

Mantel, Hilary [ícone]

"Acho que a mulher que afirma 'não sou feminista' é como um cordeiro que entra para o sindicato dos magarefes. É obtusa e idiota."

Manter a agenda cheia

Faça planos com antecedência e procure garantir que sua semana seja interessante. Telefone para os amigos que fazem você rolar de rir. Convide o contato mais promissor que você conheceu nos últimos sete dias para um jantar simples, ou compre um par de ingressos para o cinema ou o teatro. Não recuse um convite promissor — principalmente se você acabou de ser dispensada, rejeitada ou demitida. O mar está cheio de peixes.
(ver: *Hospitalidade*)

Mantras (coisas que melhoram a vida)

É útil ter alguns pensamentos calmantes e profundos que nos ajudem a atravessar os momentos irritantes, estressantes ou difíceis. Às vezes, até uma banalidade pode servir.

(O) martíni perfeito

(ver: *Martínis*)

Martínis

"Gosto de tomar um martíni;
para dois me dou permissão.
Com três caio embaixo da mesa;
com quatro, do anfitrião."
— Dorothy Parker

O Martíni Vesper:

"Três medidas de gim Gordon's, uma medida de vodca, meia medida de licor Kina Lillet. Agite até ficar bem gelado e acrescente uma casquinha de limão. Entendeu?"
— *Casino Royale*, Ian Fleming

(ver: *Álcool, Bebedeiras, Pegação, Ligações perigosas, Caridade sexual*)

Massagens (de qualquer tipo)

Se você estiver cansada, com dor de cotovelo ou simplesmente desligada do corpo, lembre-se de que é incrivelmente relaxante receber o toque de outro ser humano. Todo mundo quer sentir o calor da mão no ombro depois de um dia cansativo ou um toque delicado nos cabelos nas horas de dificuldade. A massagem permite desligar aquela irritante voz interior, relaxar, respirar profunda e lentamente. Quando terminar o processo, a luz do dia vai fazê-la piscar, mas você vai se sentir tão lânguida quanto um gato.

(ver: *Intimidade*)

Materialistas

Todo mundo conhece alguma mulher que só se motiva com dinheiro. Essas mulheres são divertidas, gostam de festas e adoram levar você junto com elas — principalmente quando não acham que você represente uma ameaça sexual. Na companhia delas você consegue a melhor mesa do restaurante, é admitida na área VIP da boate e pode se sentir maravilhosa por um tempo limitado. Mas a verdade é que elas simplesmente não são confiáveis. No fim das contas, só elas próprias e sua trajetória ascendente são importantes, como Becky Sharp em *Vanity Fair*. Elas estão sempre olhando por cima do ombro, tentando localizar uma presa mais rica. O engraçado é que em seu papel de substituta do homem, na maioria das vezes você vai se surpreender bancando as despesas delas. É muito desagradável que elas não vejam o sentido de ganhar a própria vida e não entendam que acabam por difamar as mulheres.
(ver: *Animiga*)

Maturidade

"Quando alguém parece real, espontâneo e familiar, tem muito mais poder."
— WOLFGANG TILLMANS, FOTÓGRAFO E ARTISTA PLÁSTICO

Maus hábitos

É fácil localizar os maus hábitos alheios e muito difícil enxergar os próprios. Alguns são simplesmente revoltantes: arrancar casquinhas de pele das pernas ou cortar as unhas dos pés na frente dos outros. Você será devidamente avaliada por esses costumes. Outros, como interromper quem está falando, são frequentes e podem realmente irritar o interlocutor. Por mais estranho que pareça, os maus hábitos que você localiza nos outros às vezes são os mesmos que não enxerga em si. Pode ser necessário uma amiga ou a pessoa amada para mostrá-los a você. Aceite esses comentários com graça. (ver: *Casos, Coquetéis, Dipsomania*)

McArthur, Ellen [ícone]

"Ninguém teme pela própria vida quando está no meio da tempestade; esse é um luxo impossível."

Meditação

Técnicas simples de relaxamento podem nos ensinar a sair da montanha russa diária. Dez minutos por dia bastam, e não faz diferença ter ou não uma fé espiritual. A meditação é uma ferramenta gratuita para aliviar o estresse. Você não precisa recitar fórmulas ou se deitar; é possível meditar no metrô — é uma boa maneira de combater o estresse das comutações demoradas. O melhor é que não custa nada, é portátil, além de cientificamente comprovada como defesa poderosa contra estresse e ansiedade.
Lembre-se: se você for muito ocupada, reserve uma hora por dia para meditar. Se você for extremamente ocupada, reserve duas horas!

1. Sente-se numa cadeira confortável, feche os olhos e faça cinco respirações profundas.
2. Deixe sua mente solta. Não se sinta culpada se começar a pensar sobre comida, compras ou sexo.
3. Observe o corpo e verifique que regiões estão relaxadas e que regiões estão tensas. Toda vez que a mente começar a divagar, leve-a de volta a seu ritmo respiratório. Limite-se a ficar consciente de seus sentimentos; dessa forma você dará a eles uma estrutura sobre a qual eles poderão surgir e desaparecer.

4. Concentre-se em ficar à vontade com o que estiver acontecendo em sua mente. Depois de dez minutos, abra os olhos (pode ser interessante usar um despertador) e você se sentirá como se tivesse tirado uma soneca fantástica.

(ver: *Fluir*)

Medo

"Em minha opinião, o maior entrave para as pessoas é o medo. Durante um minuto, senti medo. [Então] fui para o camarim e dei um tiro na cara do meu medo..."
— Lady Gaga

Meias e cinta-liga

(ver: *Casos*, Cinq à sept, *Você tem um conjunto?*, *Vale repetir*)

Mel

"Se quiser colher mel, não chute a colmeia."
— Dale Carnegie

Os antigos egípcios consideravam as abelhas símbolos da feminilidade sagrada. O mel também foi usado para curar ferimentos e como conservante (por suas propriedades antibacterianas). O mel puro, não processado, é um superalimento que fornece antioxidantes, minerais, vitaminas, aminoácidos... e muito mais. Prefira o mel escuro. O pólen das flores que produzem o mel escuro contém mais micronutrientes. Nunca esteve tão na moda criar abelhas em centros urbanos: faça um curso de apiária. Quem não tem um jardim está usando as varandas ou o telhado para instalar as colmeias.

Também é possível comprar excelentes estruturas de plástico para as casas de abelha. Já nós, pessoalmente, gostamos daqueles sedutores chapéus com véu.
(ver: *Jardins de vasos, Pele, Superalimentos*)

Melancolia

A melancolia tem uma qualidade especial que não é depressão, sofrimento ou desânimo. Ela se caracteriza pela vontade de chorar, por surtos de tristeza intensa e pela sensação de que no fundo não somos capazes de dar conta das situações. Esse sentimento pode ser causado por diversas coisas, pequenas ou grandes: recordações do passado; a mudança das estações; uma grande amiga que vai viver em outro país; puro cansaço; as mudanças hormonais intensas que resultam do nascimento de um bebê; a perspectiva de uma reunião de família. Seja qual for o gatilho, vale a pena levar esse sentimento um pouco a sério. Vitaminas, exercícios físicos, uma boa noite de sono, menor consumo de álcool, um livro inteligente e fascinante, a companhia de velhos amigos, tudo isso ajuda a combater esse baixo-astral. Do ponto de vista criativo, a felicidade escreve, mas alguns dos melhores poemas e das melhores canções da história foram inspirados por uma boa dose de melancolia.
(ver: *Bebês, Natal, Depressão, Inverno*)

(A) melhor amiga

"Um amigo é como se fosse nosso outro eu."
— Cícero

Sua melhor amiga quase sempre é o que chega mais perto de ser sua família sem ser sua família. Ela é a pessoa com quem você pode ser mais honesta; é absolutamente confiável; sem julgar, acolhe seus so-

nhos e desejos mais íntimos. Apesar de ocasionalmente nos ajudar a encontrar o rumo certo e de nos pregar um sermão necessário de vez em quando, ela também é a melhor diversão e nós podemos passar dias conversando com ela ao telefone ou na praia. Quando você não passa tempo suficiente com sua melhor amiga por conta das exigências da família ou do trabalho, sente imensamente a falta dela. Mas, quando vocês voltam a se encontrar, é como se nunca tivessem ficado longe uma da outra. Também é uma característica da melhor amiga nunca fazer exigências. Isso pode parecer idealizado demais e é preciso estar preparada para um momento ocasional de irritação — isso é a realidade —, mas também admita que você simplesmente não consegue imaginar a vida sem ela. Comemore esse fato.
(ver: *Pegar o buquê*, *Conselhos de uma ruiva invocada*)

Menopausa

Já se escreveu um oceano de páginas sobre esse período de transformação da vida de uma mulher. Na bibliografia, apresentamos algumas sugestões de leituras. Algumas mulheres quase não percebem o climatério, mas para outras essa é uma experiência difícil e infeliz, que traz desconforto físico e descontrole emocional. Contudo, o segredo é entender que a menopausa não é uma doença e que muito pode ser feito se os sintomas forem agudos. A alimentação e os exercícios físicos podem desempenhar um papel, e se você estiver pensando em fazer reposição hormonal, aconselhamos pesquisar a possibilidade de uma terapia de reposição com hormônios bioidênticos.
(ver: *Controle de natalidade*, *Comer verduras*, *Fertilidade*)

Mente aberta

Manter a mente aberta é uma filosofia importante, mas não é desculpa para tolerar gente chata ou tirana. Às vezes, seu instinto está

correto. No entanto, é saudável evitar tanto as decisões precipitadas quanto o excesso de planejamento. Limite-se a ver o que acontece.
(ver: *Na toca do coelho, Pouco comunicativo, mas muito legal*)

Mentirinha

Às vezes a verdade é um luxo a que não podemos nos permitir. Se você tem intenção de dizer uma mentira, pelo menos conte 97% de verdade.
(ver: *Não posso comprar um artigo barato, Bondade*)

Mentoras

Todas nós precisamos de uma irmã que também seja fada madrinha. Alguém que nos ajude a assumir riscos criativos ou escalar profissionalmente; alguém que mantenha a cabeça fria quando estamos furiosas com muita injustiça no trabalho. O segredo é encontrar alguém que tenha habilidades complementares às suas. Se você estiver se sentindo aventureira, crie seu próprio grupo de contatos. Quer seja para trocar dicas sobre carreira, cadernetas de endereços secretas ou orientação extracurricular para as crianças, são muitas as maneiras de obter monitoração de uma igual.
(ver: *Clubes fechados*)

Mesa de honra

No calor do momento, pode ser difícil julgar se um homem realmente merece sua atenção e seu amor. Sugerimos que você faça uma lista dos homens que gostaria de convidar para sentar-se à sua "mesa de honra" hipotética. Eles podem ser amigos, amantes, marido, pai, padrinho, um cara do escritório, hétero ou homossexual. A chave é que, embora eles lhe agradem, isso não é motivo suficiente

para recebê-los na mesa de honra. A razão pode ser seus valores morais, sua inteligência, sua bondade ou coragem nas adversidades; ou, quem sabe, seja o amor genuíno e o respeito que eles têm pelas mulheres, crianças e cachorros. No entanto, um resultado inesperado desse exercício é fazer-nos constatar quantos homens adoráveis nós conhecemos. Convide para sua mesa um mínimo de seis homens e então pergunte a si mesma se há lugar nela para seu candidato. Você vai ficar surpresa com a velocidade com que chegará a uma conclusão.
(ver: *Solteirões, David Attenborough, Bom material conjugal*)

Metabolismo

(ver: *Vinagre de maçã, Dietas, Comer verduras, Superalimentos*)

Microcrédito

"... esses milhões de pessoas modestas com seus milhões de projetos modestos podem somar-se e criar o maior milagre de desenvolvimento."
— Professor Muhammad Yunus, gerente do Grameen Bank

O microcrédito é a fórmula para tornar recursos financeiros disponíveis às pessoas mais pobres; é uma forma brilhante pela qual se pode ajudar uma mulher de um país em desenvolvimento a criar um negócio e sustentar a família. Informe-se sobre essa questão.
(ver: *Carma*)

Minogue, Kylie [ícone]

"Como tive câncer, é importante saber que, no fim do processo, você ainda é a mesma pessoa. Você é reduzida a quase zero. No entanto,

muitas pessoas chegam ao outro lado se sentindo mais elas mesmas, como jamais haviam se sentido."
(ver: *Amiga com câncer, Queda de cabelo, Abandonar a festa, Caixas de recordações, Visualização*)

Mirren, Helen [ícone]
"O segredo da vida é aprender a lidar com ela."

É certa crueldade da Helen Mirren ficar ainda mais bonita à medida que envelhece, mas isso também é inspirador. Por que não tentar?
(ver: *Sem filhos por opção, Ciúme, Cintura*)

Mirtilos

1. Esse talvez seja o superalimento por excelência. Muitos nutricionistas acreditam que, se tivermos que introduzir uma única alteração na dieta, devemos incluir os mirtilos. Coma-os em bolinhos ou como um lanche rápido na mesa de trabalho para controlar a carência de açúcar. Mantenha no congelador um saco de mirtilos para sempre tê-los à mão.
2. Cem gramas dessa fruta silvestre contêm a mesma quantidade de antioxidantes antienvelhecimento que encontramos em cinco porções da maioria das outras frutas e legumes. Um lembrete: os antioxidantes ajudam a prevenir diversos tipos de câncer, doenças cardíacas, asma e doenças neurológicas relacionadas com a idade. Eles têm esse efeito porque evitam que bactérias infecciosas se alojem nas paredes do intestino, da bexiga e da uretra. O mirtilo também previne a cistite.
3. Com alto teor de vitamina C e sendo uma boa fonte de fibras, essas frutinhas contêm um composto, o pterostilbeno, que

protege o coração de forma análoga à dos medicamentos que reduzem o colesterol. Os mirtilos também contêm antocianinas que lhes dão a coloração azul.

4. Essas frutas silvestres também contêm polifenóis, que combatem os efeitos dos radicais livres, a maior causa de rugas, portanto ajudam a manter a pele jovem por mais tempo. Eles também ajudam o corpo a produzir colágeno, que dá flexibilidade à pele.
   a) É bom comer grande quantidade de frutas vermelhas ou azuis (melancia, amora, uva, ameixa, mirtilo), que contêm antocianinas. Muitos dos produtos de beleza mais modernos incluem esses ingredientes por suas propriedades de proteção às células.
5. Já que estamos no assunto, procure artigos de maquiagem que contenham um ingrediente chamado *purpulyn*, que retarda o envelhecimento. Ele é encontrado no mirtilo e também em plantas como as tulipas vermelhas e as orquídeas negras.

(ver: *Bananas*, *Comer verduras*, *Superalimentos*)

Moda atemporal

"A moda envelhece, só o estilo se mantém."
— Coco Chanel

Isso se chama estilo. Algumas pessoas têm; outras simplesmente não têm.

Moda hospitalar

No caminho para a recuperação da saúde é fundamental estar com boa aparência e se sentir bem, portanto leve para o hospital as roupas adequadas. Já se vão os dias em que bastava um par de chinelos e um robe de matelassê. Não, meninas, agora é preciso ter um guarda-roupa hospitalar que agrade aos olhos. Você estará no caminho certo se escolher uma jaqueta como as dos pilotos de show aéreo, complementada por um par de meias (as meias de caxemira são absurdamente caras, mas se alguém oferecer, não recuse), uma manta para se aconchegar e calças confortáveis, se puder usá-las. Você precisa de um traje que permita caminhar (se os pontos permitirem) e também ficar deitada enquanto se recupera, já que precisará estar sempre em guarda para o caso de o médico (ou o enfermeiro) sexy passar para vê-la.

1. Máscaras são boas para dormir durante o dia.
2. Um iPod a ajudará a passar pela dor, pelo tédio e pela insônia hospitalar. Se você não tiver um, peça emprestado; se uma amiga generosa perguntar o que pode fazer por você, peça-lhe para baixar uma playlist com músicas relaxantes e boas para a alma.
3. Leitura: sugerimos levar vários volumes de poesias. As antologias também são boas: a trilogia de poemas *Staying Alive*, publicada pela Bloodaxe, é especialmente adequada. Os poemas podem ser lidos aos poucos, principalmente se o anestésico afetou sua concentração.
4. Um massageador de jade para desinchar o rosto e ajudar a drenagem linfática.
5. Papel de carta é um artigo indispensável. Essa é sua chance de colocar em dia as cartas de agradecimentos.
6. Não se esqueça do perfume e do rímel. E do xampu seco, com certeza.

O guarda-roupa para o hospital é a última coisa na qual você pensa quando fica doente, mas na verdade, depois de sair daquela roupa descartável irritante, é importante se vestir e sentir-se o melhor pos-

sível. Você nunca sabe quem virá visitá-la, portanto, procure calças confortáveis e largas.
(ver: *Parto, Etiqueta hospitalar, Abandonar a festa, Vaidade necessária, Autoconfiança interior*)

Modeladores
No passado, as mulheres cheias de curvas espremiam o corpo em horrendas roupas íntimas modeladoras, mas os modeladores de hoje — regatas, corpetes, camisetas, vestidos — são suficientemente bonitos para serem usados como roupa externa. Eles são a maneira indolor de acentuar o decote, esconder os pneuzinhos e recuperar aquela cintura que foi vista pela última vez em 1983.
(ver: *Peso explosivo, Vaidade necessária, Cintura*)

Modelos de comportamento
(ver: *Maya Angelou, Anna Del Conte, Immodesty Blaize, Judi Dench, Joanna Lumley, Hilary Mantel, Ellen McArthur, Kylie Minogue, Helen Mirren, Dolly Parton, a Rainha, J.K. Rowling, Patti Smith, Meryl Streep, Aung San Süu Kyi, Tilda Swinton, Emma Thompson, Monica Vitti, Dama Vivienne Westwood*)

Momentos de homem das cavernas
Sejamos ou não feministas exaltadas, todas temos o direito de nos permitir um momento de homem das cavernas de vez em quando. Aquele cara de fazer sair do sério, capaz de nos carregar nos ombros, colher gravetos, fazer uma fogueira e depois sair para matar alguma coisa para o jantar e que nem mesmo se incomoda de ler poesia para você. Grrr! O fato é que com frequência ele é primitivo também em outros aspectos. Portanto, depois de passar pela fase

das pernas bambas e pelos momentos supremos, você fica com... Um homem das cavernas. Todas nós adoramos um tronco capaz de rachar lenha, mas, na luz implacável da madrugada no século XXI, podemos decidir que preferimos outras qualidades em um homem para um relacionamento duradouro.
(ver: *Cachorras e periguetes*, *Peles*, *Rap*)

Monólogos da vagina
"Meus dentes, meu carro, minha vagina... Problema meu."
— Kelly Osbourne

(ver: Cunt, *Assoalho pélvico*)

Moralismo
Jamais entre nessa trilha. É profundamente desagradável.
(ver: *Graça*)

Mortalidade
"Só se vive uma vez, mas para quem vive direito, uma vez basta."
— Mae West

"Não é preciso nos lembrarmos diariamente de que somos mortais: isso vai ser demonstrado logo, logo."
— Albert Camus

Motéis
Você está no quinto encontro. Depois de um cinema, um jantar e uns amassos, você sugere irem para a casa dele.

Não importa se ele mora longe e o táxi vai cobrar bandeira dois. Ele olha nos seus olhos e diz tranquilamente: "Ora, vamos para um hotel!"

Os novos hotéis para estadias curtas são a última tendência. Em vez de fazer a viagem até sua casa em um transporte coletivo, você pode se hospedar em um hotel chique sem falir. Se tudo correr bem, você não tem uma boa noite de sono e chega ao trabalho imperdoavelmente atrasada, no entanto, se as coisas não forem bem, pelo menos você tem o consolo de saber que vai chegar cedo no trabalho com um ar repousado e vai causar em seu chefe a melhor impressão.

Os novos motéis se baseiam em um estilo de compartilhamento, sem serviços — o tipo de hospedagem que se encontra em hotéis de aeroportos e estações ferroviárias. Eles não suscitam nenhuma associação com os esquálidos hotéis de encontros da década de 1970. Eles dispõem de um sistema de entretenimento supermoderno, frigobar e até mesmo um banheiro completo no estilo nova-iorquino.

Em vez de precisar se preocupar com a higiene do quarto ou com a disponibilidade de bebidas, você pode se concentrar no puro prazer. Casais exaustos que tenham conseguido uma babá para passar a noite com as crianças podem até a fazer uma reserva para a noite inteira.

A mensagem subjacente desse tipo de hotel é clara: você está ali por pouco tempo para repousar e recarregar as energias. Todo mundo merece ter uma noite de estrela do rock.

(ver: *Lingerie criativa*)

Motivação

"Eu não sou uma 'já era'. Sou uma 'vai ser'."

— Lauren Bacall

"... Então, nunca desista, porque este é o lugar e o momento exato em que a maré vai virar."
— Harriet Beecher Stowe

Conheça-se e parta para a ação.

Movimento feminista

Eram sete as exigências do movimento:

1. Equiparação salarial.
2. Igualdade de acesso à educação e a oportunidades de emprego.
3. Creches gratuitas 24 horas por dia.
4. Gratuidade de recursos para controle de natalidade e abortos voluntários.
5. Independência financeira e legal.
6. Fim da discriminação contra lésbicas e direito das mulheres de definir a própria sexualidade.
7. Fim da intimidação por meio de ameaças de violência e fim da agressão e dominação masculina.

Muito conveniente

Em 1909, quando Gordon Selfridge abriu a loja de departamento que leva seu nome, um dos maiores atrativos era o banheiro feminino, o qual muitas mulheres visitavam apenas para conhecer a instalação. A criação desses banheiros foi uma ponta-de-lança dos direitos da mulher e na luta pela igualdade de gêneros. A falta de banheiros públicos era uma maneira muito eficaz de garantir que as mulheres ficassem a curta distância de casa. O advento dessa solução de conveniência pública (como era esperto o senhor Selfridge!) agiu como um nexo para uma variedade de coisas que ajudaram a

mulher a conquistar igualdade, como a capacidade de andar de bicicleta, a mudança do padrão de roupas íntimas e um afrouxamento das exigências do vestuário. A própria loja de departamento foi beneficiada pelos dois últimos avanços.
(ver: *Batom*, *Política*)

Mulheres chatas que gostam de futebol

É cada vez mais frequente ver mulheres que fingem gostar de futebol na tentativa de estabelecer uma ligação com seu "homem". Essa atitude inclui usar as camisetas dos times, ir ao estádio e se encharcar de chope no bar. Isso é irritante porque parece muito forçado. Com o tempo, essas mulheres não precisam mais fingir, porque na verdade passam a gostar de futebol. Isso só lembra o cachorro de Pavlov.
(ver: *Comentaristas esportivas*)

Mulheres de poder

Na década de 1980 — que tem como representante máxima Margaret Thatcher — ocorreu uma reação contra a Segunda Onda Feminista, promovida na década anterior por militantes de pernas cabeludas e com ódio aos homens. Em vez disso, as mulheres passaram a usar terninhos e tentar outros meios de entrar nos corredores do poder. O feminismo tornou-se um conceito ligeiramente fora de moda: ah, agora está tudo bem porque mulheres conseguem empregos e ganham dinheiro. As noções de verdadeira igualdade se perderam na imensa excitação com a maior disponibilidade de crédito. Para citar Suzanne Moore, colunista do jornal *Guardian*: "O pós-feminismo — representado pela geração *Sex and the City* — basicamente confundiu liberação sexual com consumismo." Contudo, o lado positivo da crise econômica internacional é termos mais uma

vez a revolução no ar e uma nova geração de jovens feministas manifestando-se pela Internet ou por ação direta. Então por que não nos reunirmos a elas? Nunca é tarde para se tornar uma mulher de poder.
(ver: *Manifestações, Batom, Caridade sexual*)

Mulheres de ponta

As fêmeas alfa quebraram o teto de vidro, a barreira à ascensão profissional — só para provar que podemos subir. Elas ensinaram pelo exemplo e reescreveram as regras. Elas mudaram o mundo com sua determinação e trabalho árduo e causaram um impacto pela própria maneira como vivem ou viveram. Em geral, elas são criação própria. No entanto, ser uma fêmea-alfa não justifica ter uma atitude de intimidação, machismo ou hostilidade para com outras mulheres (ou para com machos-beta). Uma mulher realmente assertiva é uma companhia muito agradável. Junto delas, nós florescemos e nos divertimos com a viagem (mesmo que a estrada seja esburacada). Como essas mulheres sabem que são competentes, acreditam que as outras também devam ser.
(ver: *Donos de casa, Empregados*)

Mulheres honorárias

Contrariando a proposta do filme *Harry e Sally*, homens e mulheres podem ser amigos sem que haja tensão erótica. É um grande alívio conviver com um amigo que entende suas piadas, lê os mesmos livros, pode dar conselhos impecáveis quando vocês vão às compras e também entende de magia negra, apesar de não praticá-la. Na verdade, você não necessariamente quer que ele pratique. Ele não compete com suas amigas, na verdade faz parte do grupo. Machos alfa, parem de dar risadinhas agora mesmo! Ser uma mulher honorária

não define a sexualidade do homem, mas fala de alguém que nos entende. As amizades platônicas verdadeiramente boas e duradouras são valiosas. E, quanto mais você aprender sobre a maneira de pensar do sexo oposto, melhor. Contudo, tenha cuidado com a nova esposa um tanto ciumenta de seu amigo. Ela pode achar que a intimidade tranquila de vocês é uma ameaça. Se isso acontecer, seja caridosa.
(ver: *Bom material conjugal, Ginocratas, Mesa de honra*)

Mulheres humoristas

Uma excelente humorista do sexo feminino é como alguém ter dentro da bolsa uma bomba que ainda não explodiu. Ela pode detonar a qualquer momento e revelar uma raiva total ou pode passar batom e ser amável. Tina Fey, as britânicas French e Saunders e Miranda Hart mostram que as melhores humoristas conseguem dizer o indizível. Nenhum tema é sagrado — nem o câncer, nem o suicídio, nem as deficiências físicas. Mulheres e gays — que costumam ser caricaturados na TV — apreciam o poder irrestrito e a amoralidade das grandes comediantes. Elas nos fazem rolar de rir, ficar vermelhas ("Não admito que costumo fazer isso"), ficar furiosas com razão. Mas, graças a Deus e a elas, nos apreciamos mais.

Mulheres loucas

Os homens com frequência gostam de rotular as mulheres de "loucas". Há muito tempo esse é o instrumento definitivo com que agredir uma mulher. É um recurso rebaixante, pejorativo, cruel e manipulador. É uma maneira ardilosa de fazer a mulher duvidar das próprias faculdades e também de alimentar rumores e ajudar o namorado ou marido a realizar os próprios desejos. É um prognóstico indigno de crédito e pode ser muito prejudicial não só para a mu-

lher, mas também para os filhos e os outros familiares. A história, a literatura, as óperas e o divã dos psiquiatras estão cheios de mulheres perfeitamente sãs que mostraram uma reação adversa ao mundo masculino e por essa razão são punidas. Qual é a maior arma do patriarcado? "Ela é louca porque eu estou dizendo." Cuidado!
(ver: *Eu? Jamais!*)

Música

Que Shakespeare nos perdoe, mas "se a música nutre o amor, continuem a tocar" sem parar. Todo mundo tem uma música que mudou-lhe a vida e a maioria tem uma trilha sonora que evoca todo tipo de momento perfeito ou não tão perfeito, como mostra o programa *Desert Island Discs*, da rádio BBC. Compartilhe sua trilha sonora. Seja qual for o aparelho sonoro, movido à corda ou digital, com caixas de som pequenas ou com som surround, ligue-o e deixe os bons tempos voltarem. Sem isso, sua vida não será tão divertida quanto pode ser.

N

Na toca do coelho

Às vezes, em nossas vidas excessivamente controladas e planejadas, precisamos simplesmente deixar que as coisas aconteçam. Quanto mais caóticas, abstratas e alucinadas elas forem, melhor. Se, tal como Alice no País das Maravilhas, você descobrir que está caindo na toca do coelho — ou seja, todas as intenções e expectativas que você tem sobre sua vida estão sendo testadas e tudo o que você vê está para ser transformado e destruído —, essa experiência, em retrospecto, será transformadora.
(ver: *Aventuras*)

Namorados

Ter um namorado é bom, mas não é essencial para ser feliz.

Não contém glúten

A vida é curta demais.
(ver: *Carboidratos*)

Não posso

Ou será não quero? A expressão "não posso" não existe. Se alguma vez você se surpreendeu dizendo "mas eu não posso...", simplesmen-

te substitua essa frase por "vou tentar", a não ser que esteja colocando em risco sua segurança pessoal ou que suas ações possam prejudicar alguém que você ame. Os resultados poderão ser extraordinários.
(ver: *Eu? Jamais!*)

Não posso comprar um artigo barato
Essa é uma sugestão extremamente valiosa, principalmente se seu orçamento mensal é curto e você tem pouco dinheiro para supérfluos; é melhor guardar o dinheiro para gastá-lo com um lindo casaco de caxemira, um elegante par de botas de qualidade, um vestido fantástico que funciona numa produção simples ou elaborada ou um colar de pérolas em vez de detonar seus recursos escassos em uma loja barateira comprando uma quantidade de artigos que você só vai usar uma vez ou duas. Da mesma forma, se você gastar um pouco mais na compra de uma máquina de lavar roupas, o equipamento poderá durar cinco anos a mais. Vale o mesmo para um bom colchão ou sofá. Você verá que, mesmo quando começa a mostrar o desgaste, um artigo de qualidade continua bonito e cheio de estilo e você também terá um lugar ao céu por ter uma atitude tão "verde".
(ver: *Elegância*)

Não transar antes do casamento
"É mais fácil se abster de sexo do que de álcool."
— Sêneca

De acordo com o poeta grego Homero, Hera, a atormentada esposa de Zeus, renovava anualmente a própria virgindade na fonte Kanathos. Dessa forma, ela esquecia os problemas conjugais (Zeus era um renomado mulherengo) e recuperava a satisfação sexual. No sé-

culo XXI, "voltar a ser virgem" tem uma conotação ligeiramente diferente. Em essência, esse é o caminho escolhido por jovens convencidas de que no mundo excessivamente erotizado em que vivemos, o sexo feminino foi sabotado e transformado em objeto. Essas mulheres acreditam que a volta à tradição de não fazer sexo antes do casamento cria um espaço no qual é possível estabelecer com um homem um relacionamento baseado em amizade, identidade de pensamento, respeito e sentimento. Elas esperam que essa conexão equilibrada e espiritual dê origem a um amor verdadeiro e duradouro. Esse pode muito bem ser o caminho para algumas mulheres, mas não necessariamente para todas.
(ver: *Castidade, Ir para o convento, Disciplina*)

Não!
"Dizer a uma mulher tudo o que ela não pode fazer é dizer-lhe o que ela mais pode fazer."
— PROVÉRBIO ESPANHOL

Narcisismo
Tal como acontece com quem sofre de chatice (e os dois são muito parecidos), você provavelmente será a última pessoa a perceber que está se tornando cada vez mais narcisista. Acerte o sentimento na cabeça imediatamente. Os indícios são:

1. Você começa a dominar todas as conversas.
2. Você repete as mesmas histórias o tempo todo, e todas lhe dizem respeito.
3. Você nunca ouve ou aceita o que os outros dizem.
4. De alguma maneira, você sempre consegue trazer a conversação de volta à sua pessoa.

É preciso que um irmão ou amigo corajoso aponte esse defeito em você, seja durante uma conversa, seja numa briga. Sua primeira resposta será sentir-se profundamente ferida, mas, por favor, aceite a crítica e faça algumas mudanças. Caso contrário, você vai terminar seus dias como uma velha solitária.
(ver: *Chatos, Ouvir bem, Comportamento de velha*)

Narciso
Com certeza você já encontrou pelo menos um deles em suas andanças. Vale a pena reconhecer o tipo quando diante dele ou dela. O interessante é que geralmente se trata de um "ele". O narciso afirma que já se apaixonou "vinte vezes", mas, quando pressionado, revela que nunca esteve envolvido em um relacionamento sério. Pelo contrário, esse tipo está sempre envolvido em um relacionamento superficial com a própria boa aparência. As mulheres da vida dele não têm uma forma real e só servem para ecoar o que ele diz, porque ele é incapaz de permitir que alguém tenha uma identidade própria e diferente. Portanto, o bom é que, embora você possa se sentir tratada com descaso por um narcisista, não deve levar a questão para o lado pessoal porque ele está ocupado demais olhando o próprio reflexo no espelho para se preocupar com seus sentimentos. As intenções dele não são más.
(ver: (O) *perfeito Babaca*)

Natação ao ar livre
"É uma forma de existencialismo positivo, um amor bem-intencionado e sensual pela vida em que estamos mergulhados no presente."
— *Wild Swim*, Kate Rew

(ver: *Aventuras, Fluir, Água*)

Natal

"Naqueles anos, um Natal era tão parecido com o outro agora na cidade praiana e no silêncio completo a não ser pelas vozes distantes que às vezes ouço por uns momentos antes de dormir, nunca chego a lembrar se nevou durante seis dias e seis noites quando eu tinha 12 anos ou se nevou por 12 dias e 12 noites quando eu tinha 6 anos.
— *A child's Christmas in Wales*, Dylan Thomas

A época do Natal pode ser cansativa se você, como algumas pessoas, quiser seguir a programação do calendário de Martha Stewart para os 25 dias até o Natal e dedicar-se a restaurar a Capela Sistina, montar a instalação hidráulica e elétrica da casinha de pão de mel e dar à luz um filho, embrulhá-lo nos cueiros e colocá-lo numa manjedoura. Naturalmente, a decisão é sua, mas também é permitido não exagerar.
(ver: *Melancolia*, *Inferno*)

Negociar, não resolver

As mulheres são muito hábeis ao lidar com problemas, mas às vezes aceitam demais e negociam de menos. Os problemas tornam-se repetitivos e, paradoxalmente, quando criamos boas estratégias para lidar com as questões, isso pode significar que assumimos uma parcela de responsabilidade muito maior, sem jamais chegar às causas dos problemas. O resultado é ficarmos exaustas, temperamentais, irritadas e controladoras. Nós sentimos que somos exploradas sem conseguir explicar por quê. Portanto, aí vai uma verdade: muitas mulheres passam a vida se queixando de que têm coisas demais para fazer e muito pouco tempo para lidar com tudo isso, mas não deixam ninguém ajudar. Portanto, não seja mártir. Delegue o que puder. Encare o problema, faça uma lista do que a incomoda e depois parta para a ação.
(ver: *Bebezão*, *Limites*, *Bullying*, *Codependência*, *Encarar o problema*)

Neuroses
(ver: *Atividade física, Freud, Jung*)

Neve
"Procurei meu amor ao pôr do sol
a neve caiu ao amanhecer...
Segredo ou não,
não importa.
Pegadas ficaram na neve."
— DO LIVRO *THE TURQUOISE BEE: THELOVESONGS OF THE SIXTH DALAI LAMA*

Ninho vazio
Sim, é difícil. Dói, mas você precisa ser forte. Quando os filhos saem de casa, naturalmente você sente a perda do bebê que alimentou de hora em hora, nas horas certas, e que tanto amava ter nos braços. Você provavelmente vai passar vários dias ou semanas andando pela casa, sentindo-se como uma imensa tomada sem um plugue e se perguntando: "Que fim levou o tempo e o que me resta?" Nós nunca deixamos de ser mães. Ao mesmo tempo, a poeira baixa, novos horizontes acenam para você — e você descobrirá uma nova independência.
(ver: *Aventuras, Bebês*)

No castelo do Barba-azul
Um dos temas melódicos mais tristes da ópera *O Castelo do Barba-azul*, de Béla Bartók, é o som dos lamentos das esposas mortas que foram encarceradas no castelo. Os viúvos podem ser uma solução muito atraente para uma mulher poderosa: eles são vulneráveis, quase sempre profundamente traumatizados e loucos para amar novamente tão cedo quanto possível, além de trazerem uma família

completa e uma casa agradável. Só não esqueça de que, por menos perfeitas que tenham sido, as esposas mortas projetam uma sombra muito longa. Haverá expectativas imensas e difíceis de atender. Além disso, o homem que em algum momento vai emergir de dentro do viúvo por quem você se apaixonou pode ser uma proposta muito diferente e muito mais difícil.
(ver: *Bom material conjugal, Enteados*)

Noites de domingo
Têm uma melancolia característica.
(ver: *Encarar o problema*)

Noites loucas
Noites loucas e bravias!
Não estivesses à distância,
seriam noites bravias
nossa grande extravagância!
Para um coração no porto
fútil é o vento —
bússola: peso morto;
mapas: não são alento.
Remaria no Éden —
ah, o mar! —
Se esta noite eu pudesse
Em ti aportar.

Noivado
As pessoas enchem sua bola quando você fica noiva, e com razão. Aproveite cada minuto.
(ver: *Pegar o buquê, Despedida de solteira, Usar branco*)

Novas lésbicas

"Meninas que são meninos, que gostam que os meninos sejam meninas, que tratam os meninos como meninas, que tratam meninas como meninos." As lésbicas chiques estão na moda e usam botas e jaquetas de couro, cara lavada e cabelo curto picotado. Certamente a geração que tem 20 e poucos anos já não precisa definir mais se é hétero ou homossexual. É totalmente aceitável não ter certeza, ou mesmo não ser nenhuma das duas coisas. As feministas de carteirinha que usam brincos de penduricalhos talvez fiquem pouco à vontade com a falta de uma política sexual — mas, francamente, hoje as coisas são muito melhores do que quando éramos adolescentes. Naquela época, sermos chamadas de "sapatão" no corredor da escola nos deixava vermelhas de vergonha.

Há de vir um dia fantástico em que a maneira de se vestir não diga nada sobre quem você leva para a cama (ôba!) e, francamente, isso não vai interessar a ninguém. No entanto, até lá o aumento das opções sexuais para as mulheres deixa todo mundo mais poderoso.
(ver: *O leito de morte do lesbianismo*)

Novos conhecidos

A cada seis meses, mais ou menos, é preciso oxigenar a caderneta de endereços, incluindo novos conhecidos. Eles vão mantê-la alerta porque oferecem novos pontos de vista e também experiências improváveis. Compartilhar os amigos é uma atitude muito generosa, mas faça isso com frequência para não ser surpreendida se sua melhor amiga ficar amiga de sua outra melhor amiga e você já não for mais convidada para a festa. Trazer para a própria vida pessoas de todas as condições sociais e de todas as nacionalidades é uma maneira maravilhosa de manter a juventude, a mente aberta e a animação.
(ver: *Agenda de endereços*)

Nunca recuse um encontro promissor

Esse tema dispensa comentários. Simplesmente não faça isso. A vida é curta.

(ver: *É só um presente, Segurança*)

O

O que aprendemos com as guerras

A construir uma ponte

A ponte de Waterloo, carinhosamente conhecida como "a ponte das senhoras", foi praticamente construída por mulheres como parte do esforço de guerra na Segunda Guerra Mundial. Naquele período, as mulheres trabalharam em todas as atividades da indústria de construção civil, da marcenaria à carpintaria, da solda ao transporte de metal fundido. Grande parte do esforço de guerra não documentado dependeu das mulheres.

A não desperdiçar

Não jogue nada fora. Por exemplo, a carcaça de um frango pode ser usada para fazer risoto, canja ou frango ao curry. Compre alimentos frescos: eles são mais versáteis na hora de preparar. Tanto quanto possível, tente comprar produtos de sua região. A regra de ouro para comida pronta é: quanto mais ingredientes ela tiver, pior para sua saúde. Mantenha um mínimo sensato de pacotes de arroz e feijões em sua despensa e use-os. Como resultado das medidas de austeridade das décadas de 1940 e 1950, a Grã-Bretanha ficou mais rica do que jamais tinha sido.

A cavar a vitória (hortas da vitória)*

Todo mundo está fazendo isso — inclusive os Obamas. É muito possível que Detroit, que já foi o coração da América industrializada, possa ser salva da desintegração ao ser transformada em uma comunidade de agricultura doméstica. Se você dispõe de um beiral de janela, um jardim ou quintal, uma varanda ou um couto de caça, pode começar a cavar. Compre pacote de sementes e siga as instruções do envelope. Plante tomates, batatas, alfaces, morangos e ervas finas. Se tiver espaço suficiente, plante macieiras e pereiras.
(ver: *Cozinhar, Reforme e economize, Agulhas pré-enfiadas*)

O que não fazer em público

Tirar meleca do nariz, cortar as unhas, dar um beijo de língua dentro do metrô, transar no elevador.
(ver: *Maus hábitos*)

O que não se usa, se perde

Depois de passar 36 horas em trabalho de parto, não há nada pior do que ouvir a fisioterapeuta afirmar que você precisa fazer exercícios para o assoalho pélvico. O pior é que, infelizmente, ela está certa. Tais exercícios fazem muita diferença para a vida sexual e podem prevenir incontinência urinária e outros problemas desagradáveis da idade avançada.
(ver: *Assoalho pélvico, Sexo*)

---

* Durante as duas guerras mundiais, nos Estados Unidos, Reino Unido, Canadá e Alemanha, as hortas pela defesa ou jardins da vitória eram hortas domésticas ou comunitárias plantadas em quintais, jardins e parques com o objetivo de aliviar a pressão sobre o sistema público de abastecimento [*N. da T.*]

Óculos de sol

É quase como estar dentro de uma limusine — você consegue esconder as lágrimas de alegria ou de tristeza, as noites mal-dormidas e as olheiras. Quer você prefira um modelo clássico ou lentes imensas, os óculos de sol brincam de esconder e revelar. Além disso, nós somos a geração que tem a sorte de poder ter óculos escuros com grau. Só não use nos ambientes internos, a não ser que você seja a Anna Wintour.

(ver: *Elegância, Depressão sazonal, Estilo*)

Olhos

São as janelas da alma e nossa maior beleza natural. Os olhos são importantes para a comunicação, a troca de sentimentos e a sedução. Eles falam, mesmo quando estamos calados. No século XXI, sobrancelhas bem modeladas podem abrir a expressão e nos rejuvenescer dez anos, e os cílios postiços já não são de uso exclusivo das transformistas.

(ver: *Dilatação*)

Onde anda o feminismo?

Para onde foi o feminismo e por que essa palavra virou um palavrão? Era de se esperar que, a essa altura, o movimento já tivesse superado a onda de ridículo que colheu com certos exageros. Será que nossa história densa, complexa e comovente não devia ser um elemento-chave no currículo educacional das meninas (e dos meninos) do século XXI?

Se a questão toda era na verdade voltada para uma boa assistência de saúde, equiparação salarial e direito de voto, com certeza precisamos ter muito respeito por nossas pioneiras como Florence Nightingale, Marie Stopes e Emmeline e Sylvia Pankhurst. E os "livros

como bombas"? Escritoras como Simone de Beauvoir, Betty Friedan, Germaine Greer, Kate Millett e Andrea Dworkin lideraram o debate público sobre a questão dos gêneros e com frequência foram ridicularizadas e vilipendiadas por fazê-lo. É muito longa a lista de pessoas a quem devemos gratidão, portanto não vamos esquecer o que elas enfrentaram, por quem elas lutaram e o quanto nós devemos a elas.
(ver: *Hilary Mantel*)

(A)ópera

... e a degradação das mulheres. Com raras e honrosas exceções, como *A viúva alegre*, a ópera costuma tratar muito mal as mulheres. Seja Lucia di Lammermoor a enlouquecer em sua torre, seja a Camille de *La Traviata* a agonizar com tanta beleza, vítima de tuberculose (apesar da voz maravilhosa) ou ainda as pobres freiras nos *Diálogos das Carmelitas* de Poulenc, a coisa não vai bem para o sexo feminino. Muitas das mulheres nas óperas são arquetípicas: suas histórias resumem a história das mulheres que fizeram frente ao macho da espécie, quase sempre com consequências funestas. Contudo, se você aprecia a mistura de música refinada e alta dramaticidade, a ópera é o PRAZER SUPREMO. Tudo é grandioso: o cenário, o elenco, a música, as emoções e muitas vezes até mesmo a plateia. A menos que você tenha muito azar, não dá para não ficar comovida, transportada e talvez até mesmo irremediavelmente transformada pela experiência. E não use o preço como desculpa. Muitos teatros de ópera têm ofertas maravilhosas se você dedicar tempo a procurá-las, e as óperas muitas vezes são transmitidas para cinemas e ocasionalmente até mesmo encenadas em sessões gratuitas.
(ver: *Ir para o convento, Cineclube*)

Oportunidades
Batem à porta.
(ver: *É só um presente, Trintonas, Nunca recuse um encontro promissor*)

Oportunidades perdidas
Ah, meu Deus! Não é fácil ir ao espetáculo de Natal, esbarrar com aquele homem, vê-lo com a sua linda e jovem esposa e com os três filhinhos e perceber que ele era sua "alma gêmea".

Oprah [ícone]
"Você pode ter tudo. Só não pode ter tudo ao mesmo tempo."

Orbach, Susie [ícone]
"A obesidade é uma doença social e uma questão feminista."

"As empresas de consultoria de imagem são tão perturbadoras porque são uma agressão às mães, principalmente às mães da geração que tenta mudar o mundo e torná-lo um lugar melhor para as mulheres; a agressão sobre elas para torná-las cada vez menores. Nós estivemos tentando de todas as maneiras ficar cada vez maiores e ocupar mais espaço econômico, político e intelectual. Uma das tragédias de hoje é que as jovens não sabem se sentir bem com os próprios corpos." Ver *O mito da beleza*, de Naomi Wolf.

Orgasmos (o poder dos)
O poder do orgasmo é evidente, e não só porque ele é uma sensação gloriosa. O direito feminino a ter prazer no ato sexual foi a pedra

fundamental da revolução sexual da década de 1960 e continua a ser nosso direito. Já é hora de entronizá-lo na constituição.
(ver: *Pegação, É só um presente,* Le gadget, *Caridade sexual*)

Ossos

Muito sol, muita atividade física e cálcio em forma de leite, ovos, iogurte, peixes gordurosos, sardinha, salmão, atum, espinafre...
(ver: *Atividade física, Joelhos*)

Ostras

Seis das melhores, por favor! As ostras já foram o alimento das massas. Hoje, embora não sejam tão baratas quanto feijão, de vez em quando são um alimento acessível. Com creme ou salgadas, servidas com limão, com pimenta ou com vinagrete de cebola, você precisa engoli-las inteiras. Como alternativa, frite uma dúzia e sirva com pão francês, à moda de Nova Orleans. É amar ou detestar, mas se você tiver a sorte de cair na primeira categoria, elas são cheias de zinco (contêm mais zinco do que qualquer outro alimento), que é considerado excelente para a vida sexual. E não contêm carboidratos.
(ver: *Dietas*)

Otimismo

É possível simular o otimismo. Até mesmo fingir ser otimista e extrovertida pode fazer diferença — só precisamos de 21 dias para criar uma nova trilha de hábito no cérebro. É muito melhor passar o tempo dessa maneira do que esperando a fatura do cartão de crédito. E certamente é mais barato do que tentar melhorar o humor usando bebida ou drogas.
(ver: *Oportunidades*)

Ouvir bem

"Se cultivarmos uma mente com mais capacidade para ouvir, poderemos ficar mais equilibrados, focalizados e, dessa forma, ampliar nosso poder de curar e ajudar."
— IRMÃ STANISLAUS KENNEDY

Enquanto lutamos para ser ouvidos na cacofonia que nos cerca, vale a pena lembrar que a capacidade de ouvir está se tornando quase uma forma de arte.

Ouça com atenção, seja para escutar um pai idoso recordar como na era de ouro as pessoas deixavam o tempo passar sem pressões, seja para ouvir uma criança formular a primeira sentença longa ou uma amiga falar sobre o momento difícil que está passando. Às vezes temos vontade de dar nossa opinião, mas resista a esse impulso.

Fique em silêncio, evite julgar e experimente o mundo a partir da perspectiva de outrem.

P

Paciência

"Sou extremamente paciente, desde que no fim eu consiga o que quero."
— MARGARET THATCHER

(ver: *Feminismo às avessas, Adiamento do prazer*)

Páginas de relacionamentos

Há dez anos, as pessoas preferiam ser penduradas nuas em cima de um poço cheio de crocodilos a admitir que tinham se conhecido por meio de classificados pessoais. Só essa ideia já nos carimbava como "fracassados". Hoje, porém, graças aos anúncios e às páginas de relacionamentos na Internet, todo mundo já experimentou esse recurso. Naturalmente, é maravilhoso conhecer alguém na "vida real", onde podemos avaliar instantaneamente se rola uma química. O fato de alguém atravessar a sala e escolher você ajuda muito. No entanto, depois de certa idade, a sala começa a diminuir. Inscreva-se em um site de encontros e imediatamente você terá mais de mil candidatos a seu par perfeito. Nem sempre vocês vão gostar um do outro, mas poder escolher é fundamental. Não passe muito tempo no namoro virtual (investir tempo demais na correspondência pode resultar em decepção).

Depois de algumas ligações telefônicas, promova um encontro. Para ser franca, a primeira vez não é um encontro. Qualquer um é capaz de ser gentil e agradável durante uma hora. Não aceite um segundo encontro por culpa, mas seja generosa quando for dispensar alguém.
(ver: *Quase um encontro, Encontros, Bom material conjugal*)

Paixão

"O amor é chama. Contudo, nunca podemos dizer se ele vai aquecer nosso coração ou incendiar a casa."
— Joan Crawford

"Amor sem paixão é deprimente; paixão sem amor é horrível."
— Lord Byron

Todo mundo precisa de paixão. Os altos e baixos nos dizem que estamos vivos. As grande emoções nos fazem escrever poesia ou compor música, assumir riscos, escalar montanhas, cruzar continentes e descobrir cidades. Não há nada mais emocionante que ser o objeto da paixão de alguém. É como ser a heroína de seu próprio filme.
(ver: *Cineclube, Música, Buscas*)

Paixonites

As paixonites fazem o mundo girar. Qualquer coisa que nos deixe com os olhos brilhantes, nos faça escovar os cabelos pela manhã e chegar na hora certa no trabalho, tem que ser positiva. Ter uma paixonite é como ter batimentos cardíacos — faz a gente se sentir viva.

No entanto, você nem sempre pode escolher por quem vai se apaixonar. Às vezes o sentimento nos pega de surpresa e quando menos esperamos: ai, meu Deus — o que foi aquilo?

As paixões adolescentes são um ensaio para as verdadeiras emoções e os verdadeiros relacionamentos. Elas nos ajudam a perceber que qualidades preferimos encontrar no outro e também quais qualidades não nos agradam. Quando ficamos mais velhas, uma experiência que nos deixe tímidas, dando risadinhas ou sem palavras pode ser um lembrete nostálgico dos ritos de passagem da adolescência.

O objeto da paixão pode nunca chegar a entender a profundidade de nossos sentimentos. Também é possível acontecer uma paixão mútua na qual ambos reconhecem em silêncio que em outra vida podem ter sido muito mais preciosos mutuamente do que são nesta. Esse reconhecimento dá uma tristeza agradável. Por definição, as paixonites devem ser um flerte divertido e prazeroso, uma fuga à vida real ou até mesmo um remendo arriscado em um relacionamento estável.

Contudo, tenha cuidado se uma paixão fugaz começar a se transformar em uma obsessão adulta de grande porte. É provável que todas nós tenhamos passado pela tentação de cometer assédio telefônico ou eletrônico (veja o exemplo da princesa Diana), mas isso raramente termina bem. Lembre-se de que as regras de bom comportamento continuam valendo.

Da mesma forma, se você estiver na condição de receptora de uma atenção não solicitada, tente ser gentil: isso é lisonjeiro, mas nunca permita que alguém aja de modo a deixá-la insegura ou desconfortável. Isso não é uma paixonite; é assédio.

Também não vamos ser hipócritas. Para quem tem um relacionamento de longo prazo, o teste para ter uma paixonite por alguém é reconhecer que o parceiro também pode passar por isso.

Com frequência ficamos terrivelmente desconfortáveis se o objeto de desejo percebe nossos sentimentos. Mas a verdade é que, de-

pois dos 35 anos, todo mundo adora ter admiradores. Uma atenção positiva nunca é demais.
(ver: *Buscas*)

Palavras cruzadas
(ver: *Xadrez*)

Palestras
São as novas performances ao vivo. Já não vemos mais conferencistas embolorados tossindo durante uma fala de três horas. Muitas das palestras atuais têm a sagacidade e a energia de um programa de humor. Além de conhecer titãs intelectuais, você tem um modo inteligente de aferir um novo namorado sem o menor desconforto. Os debates estão acontecendo por toda parte, mas não deixe de conferir os eventos promovidos pelas instituições Intelligence Squared, Royal Geographical Society, Tate e ICA. A School of Life de Londres promove sermões leigos, peregrinações e cursos sobre amor, trabalho e família. Veja também o site www.ted.com e assista sem sair de casa a uma palestra de vinte minutos sobre arquitetura ou sobre o efeito deletério da pornografia virtual sobre os relacionamentos.
(ver: *Ser bem-informada, Coisas boas que são gratuitas, Bibliotecas*)

Panos mornos
A não ser que a vida e a saúde estejam ameaçadas ou os direitos humanos estejam correndo risco, deixe rolar. Os Yankee Doodles aconselham a "não se importar com ninharias" e nós estamos de pleno acordo. A vida é curta demais.
(ver: *Parecia ser uma boa ideia, Arrependimentos*)

Papo furado

Por que tantas pessoas inteligentes e intelectuais acham que são boas demais para jogar conversa fora? Os cientistas nos dizem que esse hábito é fundamental para o ser humano. Ele nos deixa mais saudáveis, aumenta o nível de progesterona (o hormônio que reduz a ansiedade) e promove a confiança e a cooperação. No passado, a fofoca se mostrou vital para a sobrevivência, e a troca de informações ajudou o povo das cavernas a pegar ladrões e os democratas a elegerem líderes.

O papo furado não tem a menor relação com a maledicência. Ele acontece quando, com uma taça de vinho tinto ou no portão da escola, começamos a discutir como será difícil se determinada pessoa tiver mais sucesso no relacionamento ou a importância que damos à fidelidade sexual. É verdade que talvez mencionemos uma celebridade ou outra, mas fazemos isso só para aquecer o papo. Você precisa ter interesse pelos detalhes da vida dos outros, caso contrário a amizade ou o encontro romântico pode parecer uma nota máxima em matemática, somente com um pouco mais de álcool. Não existe trégua. As grandes questões ficam no ar: "Quem você acha que deve herdar a biblioteca de fulano?", "Você leu o novo artigo sobre Dorian Gray?". E assim por diante, até você pedir arrego.

Ninguém pode ser tão interessante ou tão bem informado. Se você quiser se tornar uma ótima fofoqueira, precisa:

1. Evitar a ambivalência.
2. Aparentar indiferença quando ouvir fofocas sobre outras pessoas.

Em outras palavras, é fundamental ser *blasé*. Aja no melhor estilo Wikileaks em seu papo furado, mas nunca faça fofoca por e-mail.

(ver: *Conversação*)

Para sair do atoleiro

Se você estiver se sentindo arrasada e sua autoestima tiver chegado ao ponto mais baixo, experimente o "mantra das cinco ações". Basta escrever diariamente cinco coisas que você precisa fazer e então fazê-las. Você vai descobrir que a vida começará a entrar nos eixos. Talvez você não descubra a cura do câncer, mas se realmente adotar essa regra, conseguirá resolver 25 questões e tirá-las de sua lista de pendências usando apenas os dias úteis de uma semana. E isso é um resultado excelente! Depois disso, você poderá se premiar com um merecido drinque ou algumas trufas com chá de jasmim.
(ver: *Chocolate, Feminismo, Fluir, Autocomiseração*)

Para um dia chuvoso

Faça o possível para guardar 10% do seu salário em uma conta poupança todo mês. Esse dinheiro estará à sua disposição se acontecer o pior e você perder o emprego. Ele vai consertar o telhado, pagar os impostos, salvar seus dentes, cobrir as despesas de um curso universitário de curta duração ou de uma realocação profissional. Essa reserva lhe dará aquela porção extra de autoconfiança interior e financiará sua fuga se alguma coisa terrível — ou maravilhosa — acontecer.
(ver: *Questões financeiras, Pensão*)

Parecia ser uma boa ideia

Bem, se em algum momento aquilo pareceu ser uma boa ideia, provavelmente era. Todo mundo precisa descer do salto alto de vez em quando, e aliviar a pressão pode ser bom para a mente, o corpo e o espírito, mas se o resultado foi transar com o namorado da melhor amiga, colocar fogo na escrivaninha do chefe em um momento de frustração ou jogar todo o décimo-terceiro salário no hipódromo numa aposta que paga 250 para 1, você vai precisar escrever

algumas cartas pedindo desculpas e pensar um pouco mais antes de agir.
(ver: *Bebedeiras, Ligações perigosas, Arrependimentos*)

Parentes
(ver: *Irmãos, Família estendida, Filhas, Família, Sogros, Mães, Irmãs, Irmãos, Madrastas, Adolescentes*)

Parques
O parque é o grande espaço democrático. Todo mundo merece um espaço verde, um lugar para se deitar ao sol, ler um romance ou almoçar com calma. Ele nos dá a chance de expandir a visão de mundo contemplando esculturas e monumentos históricos, de conversar com estranhos e de desfrutar das fofocas locais. Mesmo que almeje por paz absoluta, você está ao ar livre na companhia de sua comunidade. Os seres humanos precisam sentir a grama sob os pés.
(ver: *Vida verde*)

Partes pudendas
Infelizmente, a palavra pudenda vem do latim e significa "o que é vergonhoso". Contudo, os tempos mudaram, portanto, tenha orgulho das suas partes pudendas.
(ver: *Pelos*)

Parto
As pessoas fazem muito escândalo com relação ao parto.
(ver: *Fertilidade, Acupuntura dos cinco elementos, Gravidez, Moda hospitalar*)

Parton, Dolly [ícone]
"O que ainda não fiz, sou capaz de fazer ou simplesmente ainda não tive oportunidade."

Passar coisas adiante
Quer dizer, as coisas boas. Favores, caronas, jantares, vestidos e, em alguns casos, um homem. Também é ecologicamente correto.
(ver: *Avião, Carma*)

Passeios curtos
Se você estiver estressada demais para fazer uma viagem longa, é uma grande alegria planejar passeios de automóvel com as amigas. Arrume a bagagem no carro, imprima os mapas e mantenha no porta-luvas uma cópia de um guia sobre a arquitetura da região. Planeje o dia em função de uma "atração turística" (um castelo, uma mansão, um parque com esculturas, a casa de um romancista), mas cuide para que seja um dia de prazer total. Quem se importa em ser solteira e não ser magra quando está rodando por uma estrada campestre com as amigas? Você pode tentar encontrar homens solteiros que gostem de arte, mas sejamos francas, homens heterossexuais raramente telefonam para os amigos perguntando: "Oi, cara, estou um pouco deprimido. Que tal visitar alguns monumentos históricos?" Seu dia deve ser dedicado a cultivar a amizade feminina. Não se esqueça de providenciar um almoço maravilhoso: uma taça de vinho rosé com filé de peixe e batatas fritas. Então, naturalmente, no caminho de volta para casa, sempre se encontra um horto de plantas de jardim. O passeio não será completo se você não voltar para casa com o carro cheio de vasos de plantas e talvez até mesmo um arbusto.
(ver: *Jardins de vasos*)

Pegação

Talvez você nunca tenha recebido um telefonema de pegação, mas a coisa funciona mais ou menos assim: às 10 horas da noite, você está planejando se deitar quando o telefone toca. É um cara que você encontrou uma ou duas vezes e com quem talvez tenha transado. Ele está no bar com amigos e já está um pouco bêbado. A conversa é agradável, mas a intenção é clara: ele quer sexo. Até aí, tudo bem, mas o importante é saber se você também quer. Se estiver se sentindo confiante, pronta para jogar a prudência pela janela, vista uma calcinha limpa, entre num táxi e feche a conexão. Senão, diga "não" com firmeza, tome um copo de leite quente e vá dormir. A decisão é difícil e muito depende de como você esteja se sentindo consigo mesma. Se a resposta for confiante, sexy e pronta para tudo, parta para a ação tomando as precauções necessárias. Contudo, se estiver se sentindo por baixo, vulnerável ou solitária, desligue o telefone, calce as pantufas e pegue seu exemplar detonado de *E o vento levou*.

A boa notícia é que, segundo nossas pesquisas, se você quiser dar um telefonema de pegação, terá 99,9% de chance de sucesso. É muito bom saber que na guerra dos sexos as mulheres às vezes estão por cima.

(ver: *Álcool, Ligações perigosas, Parecia uma boa ideia, Caridade sexual, Arrependimentos*)

Pegar o buquê

Como os 27 anos são os novos 18, a idade limite para damas de honra subiu exponencialmente. O que antes era território exclusivo de menininhas, da melhor amiga da escola, das irmãs e de virgens ou pelo menos solteiras, agora está aberto para praticamente qualquer mulher, de qualquer idade — até mesmo para sua madrinha que acabou de se divorciar. Portanto, não vamos fazer exigências com relação à idade das damas de honra. Escolha as mulheres de qualquer idade que você mais ama para acompanhá-la na preparação para a exaustiva cerimônia de casamento, e não se esqueça de que hoje em dia nenhuma mulher solteira é velha demais para pegar o buquê. Contudo, se você achar que realmente passou da idade de percorrer a nave da igreja vestida de tule cor de pêssego atrás da sua melhor amiga que já está no terceiro casamento, é permitido dizer não.

(ver: *Melhor amiga, Usar branco, Bolo de noiva*)

Peixes ricos em ácidos graxos

Têm que ser consumidos regularmente para nos mantermos espertas, alegres, magras e com a pele saudável.

(ver: *Comer verduras, Menopausa, Pele*)

Pele

"Coma uma maçã todo dia,
vá dormir antes das três,
cuide bem de si
porque você é meu!"

— *"Button Up Your Overcoat"*, DeSylva, Brown e Henderson

De acordo com o pensamento atual, o consumo de uma dieta anti-inflamatória pode manter sua pele em excelentes condições. Estamos ouvindo você gritar: que diabo é isso? Significa muita proteína e muito carboidrato de baixo índice glicêmico, ou seja, muitas frutas, legumes e verduras e uma quantidade pequena de pães de farinha branca. Além de bastante água, naturalmente.

(ver: *Dietas, Comer verduras, Superalimentos, Vitaminas, Água*)

Peles

"Coberta de peles e sem calcinha" é uma expressão de menosprezo que se refere às mulheres vulgares. Essa expressão insinua uma moral frouxa e o uso de linguagem obscena. Mas quem consegue negar o glamour de um detalhe de *mink* ou uma estola de pele de guaxinim? É claro que você precisa lembrar o fato de que esses artigos belos e atraentes há várias décadas são considerados politicamente incorretos, mas desde que você escolha peças antigas que já estão mortas há muito tempo, é tolice não usá-las. Vestir uma pele quentinha e maravilhosamente sexy é uma maneira de dar uma levantada em sua produção à moda dos velhos tempos. E também cabe lembrar que no peito da maioria dos machões bate um coração de homem das cavernas que não resiste a uma pantera vestida de pele.

(ver: *Estampa animal, Momentos de homem das cavernas*)

Pelos

Não seria bom se todos nós pudéssemos ter uma atitude mais adulta em relação aos pelos do corpo? Eles existem por um motivo. Eles protegem a pele, transferem calor para dentro e para fora do corpo e absorvem fluidos. As áreas com mais pelos são regiões com glândulas odoríferas que estimulam a atração sexual.

(ver: *Depilação íntima, Vaidade necessária*)

Pensamento abstrato

"Seria tão bom se alguma coisa fizesse sentido, só para variar!"

— ALICE, EM *ALICE NO PAÍS DAS MARAVILHAS*, LEWIS CARROLL

(ver: *Pensamento lateral*)

Pensamento lateral

Quando nada mais deu certo, quando a merda realmente bateu no ventilador e você não consegue, por mais que tente, encaixar o pino quadrado no buraco redondo, o último recurso, não menos importante, é o pensamento lateral. O pensamento "fora do padrão". À sua maneira, ele fornecerá uma solução totalmente diferente. Por isso ele é utilizado em tantas profissões em que as pessoas simplesmente não são autorizadas a dizer "não sei".

(ver: *Não posso, Crise, Saída de emergência*)

Pensamento mágico

O pensamento mágico às vezes é o próprio pensamento humano; o pensamento bem-sucedido e também uma forma elegante de arregimentar em torno de uma boa causa as obsessões e as compulsões. Quase todo mundo alimenta a vida com o combustível dos sonhos, esperanças e desejos — coisa que o computador mais inteligente nunca será capaz de fazer por nós. Se nos apegarmos a um sonho ou simplesmente a um modelo mágico, nós alcançaremos o ônibus antes da esquina; não pisaremos nas linhas da calçada; saudaremos todo número sete e concentraremos a mente nos resultados positivos. Quanto mais evocarmos o resultado, mais as circunstâncias o favorecerão. É verdade; bata na madeira.

Pensão

Em algum momento do passado existia o conceito de que nós nos aposentaríamos aos 60 anos e passaríamos a viver de pensão. Se você não trabalha para o governo, esqueça essa ideia! Você vai ter que trabalhar até os 70 e, possivelmente, até mais tarde. O lado bom é que você vai evitar o Alzheimer e ser muito mais divertida, além de viver mais. Essa é uma grande vantagem.

(ver: *Encarar o problema, Questões financeiras*)

Pensar como homem

"Eu teria sido um homem perfeito."

— ANNIE LENNOX

Pesquisas mostram que os homens pensam de forma diferente das mulheres, mas talvez não tão diferente quanto imaginamos. Portanto, em vez de perder tempo com livros como *As 35 regras para conquistar o homem perfeito* (frigidez com um toque de impertinência — quem gostaria de acabar presa ao tipo de homem que gosta desse tipo de mulher?) ou sofrer com *Ele simplesmente não está a fim de você*, liberte-se: adote uma visão masculina das questões, seja comida, sexo, companheirismo, responsabilidades ou tarefas domésticas.

(ver: *Bebezão, (O) perfeito babaca*)

Peras

Sentimos muito, mas tudo está adquirindo a forma de pera. Principalmente aquelas entre nós que usam blusa tamanho pequeno e calça tamanho grande. Mas será que não podemos reabilitar essa forma? Pense nos contornos sedutores da fruta madura, num vaso de flores afunilado ou no corpo curvilíneo de um violoncelo; basta lembrar de *O nascimento de Vênus*, de Botticelli.

(ver: *Formas*)

Perda

"— Mas eu acho que ela teria sido feliz com Fabrice — falei —, ele foi o grande amor da vida dela.

— Ai, saco! — comentou minha mãe, melancolicamente. — A gente sempre acha isso. Toda santa vez!"

— *THE PURSUIT OF LOVE*, NANCY MITFORD

(ver: *Idade do pesar, Tristezas, Insônia*)

Perder coisas

"Não é difícil dominar a arte de perder; tantas as coisas parecem decididas a serem perdidas!"

— Elizabeth Bishop

Perder coisas pode ser um dos seus talentos especiais. Se for esse o caso, você provavelmente enlouquece as pessoas mais próximas e mais queridas com sua busca obsessiva pelos óculos de leitura, chaves, ingressos para o teatro, colares de pérolas, lenços e óculos escuros. A frase "sei que guardei num lugar seguro" vai soar falsa até mesmo para você, mas ser caracterizada por perder coisas indica problemas mais profundos. Quando perdemos um dos pais ou um irmão na infância, podemos criar um psicodrama recorrente de perder e encontrar coisas para dar força à crença de que um dia vamos recuperar aquela pessoa. Sejam quais forem as causas subjacentes do fenômeno, com um pouco de esforço você poderá criar algumas estratégias básicas que facilitarão sua vida. Infelizmente, a experiência nos mostra que, por mais cuidado que você tenha para guardar de volta no estojo seus óculos de sol maravilhosos e colocar o estojo de volta na bolsa, você acabará por perdê-los. Essa é a estranha lei universal que rege os óculos escuros muito caros.

(ver: *Pérolas, Óculos de sol*)

Perfeccionismo

"Ora, ninguém é perfeito."

— *Quanto mais quente melhor*, Billy Wilder

(ver: *Maionese perfeita*)

(O) perfeito babaca

Este é um animal bem raro, mas se você encontrar um desses homens, vai saber imediatamente que se trata desse tipo. A principal

característica dele é não ter qualquer qualidade que o redima. Não discuta com ele, é uma perda do seu tempo extremamente valioso. Peça licença e vá embora na primeira oportunidade possível.
(ver: *Solteirões, Saída de emergência, Narciso*)

Perfume
Um bom perfume é o elo final na corrente do estilo próprio de alguém. Procure um dos aromas clássicos. Você vai saber que encontrou o perfume certo quando todo mundo lhe disser que você está com um cheiro maravilhoso. Uma vez tendo encontrado, seja fiel a ele.
(ver: *Atração, Elegância, Vaidade necessária, Estilo*)

Pernas (mostre-as)
Mesmo curtas, grossas ou tortas, suas pernas são bonitas. As pernas são liberdade, quer estejamos apenas de pé, caminhando, saltando, correndo ou chutando a bunda de alguém. Portanto, ame suas pernas porque elas são suas melhores amigas e sua melhor saída. Em qualquer ambiente ou situação desagradável, simplesmente mova as pernas para fora dali. Com elegância e segurança, é claro. Fique de pé, balance um pouco as pernas e flutue para longe.
(ver: *Saída de emergência, Atividade física*)

Pérolas
"As pérolas não estão espalhadas pela praia. Se desejas uma pérola, deves mergulhar para buscá-la."
— PROVÉRBIO ORIENTAL

"Pérola, para deleitar um rei

engastada no mais fino metal,
em todo o oriente afirmarei
jamais ter encontrado joia igual.
— AUTOR DESCONHECIDO

O poema "Pérola" é uma das peças literárias mais importantes da Idade Média. Os estudiosos ainda não chegaram a um entendimento abrangente sobre o simbolismo codificado nesse poema eponímico, mas o que sabemos é que se trata de uma elegia para a filha do poeta.

As qualidades que há 750 anos o poeta associou à sua "Perle" ainda valem para as pérolas de hoje. Elas são inigualáveis, virginais, belas, luminosas e discretas, refletindo a essência da alma. As pérolas são formadas quando um grão de areia penetra no interior de uma ostra. Uma vez colhidas, tendem a tornar-se opacas e perder o brilho se não forem usadas por algum tempo, mas rapidamente recuperam a radiância ao contato com a pele humana. Não guarde suas pérolas! As pérolas verdadeiras nunca são vulgares. Se você se incomoda com a ideia de que os homens preferem as loiras, só precisa se lembrar de que as pérolas ficam muito mais bonitas quando são usadas por morenas como Elizabeth Taylor.

(ver: *Madrinhas, Não posso comprar um artigo barato, Ostras, Autoconfiança interior*)

Perséfone

O rapto de Perséfone e a decorrente passagem da moça pelo mundo subterrâneo, assim como o desespero de Deméter, a mãe dela, tentando encontrá-la, revela em muitos níveis como todas temos o potencial intrínseco para nos sequestrarmos. Parte do processo de amadurecer é sentir uma atração pelo lado sombrio da vida. Por

meio do "sequestro interior" adotamos, consciente ou inconscientemente, uma linha de ação que pode parecer contrária aos nossos próprios interesses (no caso de Perséfone, ao comer uma romã que simboliza o conhecimento e a sexualidade). Quando entramos em um mundo subterrâneo metafórico, somos obrigadas a explorar uma trilha muito mais complexa. O mito de Perséfone ecoa ao longo do tempo e aborda muitos temas da vida feminina, inclusive o relacionamento entre mãe e filha, a fertilidade, o renascimento, o amadurecimento, a oposição entre juventude e experiência, o controle masculino, o rapto e o estupro, a depressão, o sofrimento, a perda e ainda a relação simbólica e simbiótica da mulher com o mundo natural.
(ver: *Casos, Bebedeiras, Drogas, Parecia ser uma boa ideia, Jung*)

Pés

Nunca lamente o dinheiro gasto com os pés. Isso não é uma vaidade infantil. Eles são o esteio do corpo. Graças a eles, conseguimos ficar eretos. Os pés conseguem suportar uma pressão imensa, equivalente a diversas toneladas em uma corrida de um quilômetro e meio, e nos dão flexibilidade e resistência. Cada pé tem 26 ossos (um quarto dos ossos do corpo humano estão nos pés), 33 articulações e mais de cem músculos, tendões e ligamentos.

Não há motivo para ter vergonha dos pés. Um bom quiroprático ou podólogo pode tratar os piores calos e unhas encravadas e devolver a você os artelhos de criança! Não estamos falando de pintar as unhas com esmalte colorido. Ver um podólogo é tão importante quanto ir ao dentista. Ter pés maltratados pode ser comparado a ter uma higiene bucal inadequada.

Para começar, o terapeuta usa um bisturi ou uma lixa para eliminar calos e camadas de pele áspera (você não sente nada, essas peles estão mortas). Em seguida, ele passa uma lixa para dar às unhas uma forma reta, mas não muito curta, para evitar que elas encravem. Depois disso, é feita uma massagem no pé e na parte inferior da perna durante a qual todos os músculos, tendões e articulações são manipuladas para soltar os ossos. Mulheres que usam saltos altos precisam manter os pés ágeis. Os podólogos afirmam que encontram mulheres acima dos 35 anos que já não conseguem apoiar o calcanhar no chão. Invista em uma massagem regular para não ter as articulações de uma mulher de 85 anos.

Por favor, cuide dos seus pés. Eles merecem respeito.

(ver: *Sapatilhas, Sapatos ortopédicos*)

Pesar

"Ele não controlava a dor. A dor o controlava."

— *Pulse*, Julian Barnes

"Não é hora de reprimir seus sentimentos. Permita-se enlouquecer à vontade."

— Nicholas Ardizzone

(ver: *A idade do pesar, Sofrimento, Perda, Terapia*)

Pescar elogios

Nós preferimos o mergulho oceânico.

Peso explosivo

Por motivo de saúde, entre outros, corte o mal pela raiz enquanto é possível.

(ver: *Boxe, Carboidratos, Menopausa, Zona de conforto, Dietas, Comer verduras, Cama elástica, Cintura, Natação ao ar livre*)

Piercings

Sinto muito, não são uma boa. Orelhas furadas, tudo bem, mas mamilos, umbigo ou órgão genitais é ir longe demais. A emoção mais recorrente é o arrependimento; um buraco permanente como lembrete de alguma coisa sobre a qual mudamos de opinião. Pense no que você estava usando há cinco anos. Você gostaria de se ver usando aquilo agora? Fique atenta para o futuro do mullet e das camisetas masculinas com slogans.

(ver: *Arrependimentos, Tatuagens*)

Pilates

Trabalha principalmente o núcleo do corpo, embora a maioria de nós ignore alegremente que tem um. É fácil demais desabar na cadeira e deixar os músculos do abdome afrouxarem ou adotar uma postura curvada de "velhinha", o que também acaba por causar dor nas costas e corcunda.

(ver: *Yoga*)

Pintura de guerra

É isso mesmo. Lembrem-se disso, garotas. Vão em frente.

(ver: *Batom*)

(O) pior já passou

Normalmente, o que você mais teme já lhe aconteceu.

Piqueniques

Salada de frango ou de salmão. *Pain Baynard*, à moda de Elizabeth David. Uma caixa de salada vietnamita. Hummus. A maionese per-

feita. Bisnagas. Um queijo. Morangos e cerejas. Água gelada. Vinho rosé gelado. Uma toalha xadrez.
(ver: *Cozinhar, Hospitalidade, (A) maionese perfeita*)

Plantar bananeira
Ficar sobre as mãos e apoiada contra uma parede pode ajudar a restaurar e recarregar o metabolismo para o resto do dia. Essa posição inverte a ação da gravidade e dá um repouso muito necessário às pernas e aos pés, aumenta a força da parte superior e do centro do corpo e o afluxo de sangue para a cabeça: é fantástico para o rosto e a pele. Esqueça os pesos e as máquinas de remar: plantar bananeira nos lembra da infância, quando éramos tão jovens e cheias de sonhos.
(ver: *Só somos jovens duas vezes*)

Plataforma vibratória
É uma máquina miraculosa. Os benefícios fisiológicos são seguramente tão bons quanto os da acupuntura. É verdade, ela reduz a celulite, mas o mais importante é que mantém seus joelhos em forma.
(ver: *Dietas*)

Pobreza
"Tendo amor, quem pode ser pobre?"
— *Uma mulher sem importância*, Oscar Wilde

(ver: *Dívidas, Questões financeiras*)

Poder
(ver: *Adiamento do prazer, Orgasmos, (O) poder da prece, (O) poder de chorar na cama, Autoconfiança interior*)

(O) poder da prece
"A função da prece não é influenciar Deus, mas mudar a natureza de quem ora."
— Soren Kierkegaard

O poder da prece é o poder da esperança sobre a negatividade. Apenas mantenha a calma sabendo que uma pequena oração fará de você uma pessoa mais gentil e poderá significar muito para os demais. Para citar a diva do soul, Aretha Franklin, "assim que acordo e antes de me maquiar, faço uma pequena prece por você". Bem, quem sabe depois de uma xícara de café forte?
(ver: *Amiga com câncer, Esperança*)

(O) poder de chorar na cama
Às vezes não precisamos ficar firmes e cuidar de tudo o que a vida joga sobre nós. Chorar na cama é exatamente aquilo de que precisamos. Você pode ser totalmente indulgente consigo mesma por um dia ou dois e tirar o problema de dentro de si. Não é preciso ficar em posição de sentido ou se manter em atividade. Tire uma folga no trabalho: dê um tempo a si mesma. A vida a tratou mal. Se você voltar para o mundo depressa demais, talvez se arrependa. Como um animal ferido, faz bem se recolher a um canto, em silêncio, para sofrer. Conceda-se todos os vícios que ajudam — cremes de violeta, televisão de baixa qualidade, um uísque de vez em quando (como remédio para o choque). Gradualmente, em meio a essa treva, você conseguirá pensar melhor sobre as questões e acabará por se religar com o mundo.
(ver: *Crise, Tristezas*)

(O) poder do agora
"O eterno presente é o espaço dentro do qual toda a sua vida se desenvolve, o único fator que permanece constante. A vida é agora.

Nunca houve e nunca haverá um tempo em que sua vida não seja o agora."

— *O poder do agora*, Eckhart Tolle

Poesia

Na dúvida, esqueça o sexo e descubra a poesia. Leve sempre em sua bolsa um pequeno livro de poemas. É útil em filas, viagens de ônibus e salas de espera de médicos. Mas, se você faz absoluta questão de brincar com seu celular, instale um aplicativo com os sonetos de Shakespeare.

(ver: *Fila*)

Política

Foi difícil conquistar o direito de voto. No Reino Unido, só a partir de 1928 as mulheres finalmente puderam votar (essencialmente, temos menos de cem anos de democracia) e é dever de toda mulher se preocupar com quem está governando o país. Você pode discordar de todos os políticos (inclusive das mulheres) e preferir não votar, mas, nesse caso, seja uma objetora consciente e anule o voto. Dessa forma, ele ainda será contabilizado.

(ver: *Manifestações, Batom, Muito conveniente*)

Pontualidade

É a cortesia dos reis.

(ver: *Impontualidade*)

Pôquer

Já foi território exclusivo dos homens, mas as mulheres estão se revelando extremamente hábeis nesse jogo. Basta ver o exemplo de Victoria Coren, que é patrocinada pelo site PokerStars. Não é menos importante o fato de que seja necessária a capacidade psicológica de blefar. A velha matemática também ajuda. Apesar de muitas vezes não conseguirem entender álgebra avançada, muitas mulheres no fundo são muito competentes quando se trata de somar dois mais dois. Se você tem talento para jogos de cartas (uma experiência de infância com um jogo da memória ou crapô pode ser útil), procure um curso de pôquer em sua região. Você vai ganhar um monte de novos amigos ecléticos, provavelmente passará a ter uma noite de pôquer regular e irá se divertir imensamente. As habilidades do jogo também podem ser úteis em outras áreas da vida e ajudam muito nas bebedeiras e quando você está quase sem grana. O estranho é que ter bebido um pouco além da conta pode melhorar sua competência no pôquer. Contudo, estabeleça limites financeiros realistas e saia do jogo enquanto estiver ganhando.

(ver: *Bebedeiras, Trapaça, Feminismo às avessas, Garotas que não gostam de matemática*)

Pornificação

A pornificação tem se tornado cada vez mais acessível e extremada, portanto precisamos cuidar disso. A condição de objeto levada ao extremo no caso das prostitutas e das estrelas da indústria pornográfica é um fenômeno relativamente novo, um subproduto repulsivo da Internet e um dos aspectos mais desagradáveis da agenda liberal. No limite, a pornografia promove a submissão e a violência contra as mulheres por meio de atos brutais e depravados que são totalmente inaceitáveis.

As estrelas da indústria pornográfica quase sempre fazem cirurgia para aumentar os seios, reduzir a cintura e afinar as coxas. Além disso, a prática da depilação íntima é generalizada, ou seja, essas mulheres são totalmente peladas. O tipo de paradigma corporal que se estabelece é uma triste fantasia masculina; um dos efeitos indiretos da exposição à pornografia virtual é gerar nos homens e meninos expectativas extremamente utópicas sobre as mulheres da vida real.

Mais preocupante ainda é termos ouvido histórias perturbadoras de jovens que buscam pornografia na Internet, veem unicamente modelos desprovidas de pelos e portanto ficam surpresos quando descobrem que as mulheres têm pelos púbicos. Isso me lembra o crítico e escritor John Ruskin. Consta que na noite de núpcias, Ruskin ficou tão chocado ao ver os pelos no corpo da mulher que não consumou o casamento, que posteriormente foi anulado. No momento, a pornografia está totalmente orientada para a dominação e o prazer masculino, mas como nos sentiríamos se fosse o contrário?

(ver: *Pelos, Pornografia*)

Pornografia

"A pornografia não é sexo; na verdade ela é uma forma elaborada de arte performática de vanguarda."

— Bidisha

Nosso conselho: jamais se deixe filmar.

Possessão

Podemos ser possuídos pelas coisas mais estranhas. Amantes, sapatos, bolsas, jardins, gatos, diamantes, você decide. É muito bom ter uma força motora que nos empurre pela vida. Uma parte do prazer é mudar ligeiramente o equilíbrio vital para ajustá-lo ao seu entusiasmo do momento — assim, quando sua paixão se transformar em obsessão, o alarme vai soar.

Talvez estivéssemos passando por um período de seca existencial, mas se o objeto de desejo parece ser o Jeffrey da contabilidade, talvez esse seja um sinal de alerta. Por outro lado, talvez seja apenas uma desculpa temporária para esquecer os problemas de saúde e/ou financeiros. Veja essa possessão como férias com direito a passagem de volta.

(ver: *Crise da meia-idade, Paixão, Buscas*)

Possibilidade de desastre

Visualizar um cenário de desastre é uma ferramenta muito útil. Quando sua vida estiver numa crescente, seja por um novo amor, um novo emprego ou um empreendimento arriscado, concentre-se na possibilidade de uma debacle. Encarar a realidade nunca é perda de tempo.

(ver: *Casos, Crise, Donos de casa, Eu? Jamais!, Autocomiseração*)

Postais picantes

Muito em breve, a apreciação do corpo humano será vetada pelo parlamento. Talvez já estejamos preparando a prisão dos cidadãos por comentários impróprios sobre membros do sexo oposto. As décadas de 1960 e 1970 parecem um sonho quando comparadas com a natureza terrivelmente rígida e restritiva dos anos 2000.

(ver: *Assobios*)

Pouco comunicativo, mas muito legal

O estranho é que o homem que parece tímido e não muito interessante numa festa pode na verdade revelar-se dono de um coração

de ouro, honesto, decente e sincero, como o Sr. Darcy de *Orgulho e preconceito*. Não o apresse e não o dispense.
(ver: *Bom material conjugal, Mesa de honra*)

Poupança

Se puder, economize 10% do salário todo mês e diversifique os investimentos comprando imóveis, ações e fundos de investimento, por menores que sejam seu poder de investimento e seus esquemas de poupança isenta de imposto de renda. Procure se aconselhar com um consultor financeiro independente e de confiança.
(ver: *Dívidas, Questões financeiras, Pensão*)

(O) prazer de trabalhar

"Trabalhar é muito mais divertido do que se divertir".
— Noël Coward

"Escolha uma profissão que você adore e não precisará trabalhar nem um dia de sua vida."
— Confúcio

Passamos a maior parte da vida trabalhando — portanto, a diferença entre a atividade certa e a errada é vital. Isso vale também para quem trabalha sem remuneração, como quem cuida dos filhos ou de parentes idosos. Um trabalho gratificante pode trazer ordem e sentido para a vida, além de estímulo mental e emocional. Em condições ideais, deveríamos escolher uma atividade que nos permitisse usar diariamente as qualidades que mais prezamos e que estejam de acordo com a "ideia geral" que temos de nós mesmos. Para simplificar, o melhor conselho sobre a escolha de carreira é descobrir do que você mais gosta e encontrar quem lhe pague para fazer aquilo.
(ver: *Questões financeiras, Autonomia*)

(É só um) presente

Se você não tem atividade sexual há muito tempo e alguém se oferece, por que não aceitar? É sem compromisso. É um presente e não um casamento para toda a vida.

Primavera

É o momento no qual a seiva começa a subir e um inverno monótono finalmente termina. Adoramos a primavera porque os campos ficam verdes. As árvores cobrem-se de folhas, as violetas e os junquilhos florescem e as sementes se espalham. É uma época de recomeços. De um renascimento triunfante depois da hibernação e da simbólica tristeza. Os pagãos decoram os altares com tecidos verdes e velas, flores, uma tigela de terra, um bastão, uma grande semente, pergaminho e uma caneta. Mas, se preferir, você pode celebrar o ritual do equinócio de primavera com um cacto e uma dose dupla de gim. Só não desperdice o primeiro dia da primavera.

(ver: *Velas, Esperança, Simpatias*)

Primípara idosa

Na Grã-Bretanha, nos últimos dez anos, a idade em que as mulheres têm o primeiro filho passou de 26 para 29,4 anos, em média. O termo primípara idosa é usado para descrever uma mulher de 35 anos ou mais que está esperando o primeiro filho. Como estamos começando a ter filhos cada vez mais tarde, podemos esperar ouvir essa expressão com uma frequência cada vez maior. Talvez ela até se aplique a você. As vantagens de ter filhos mais tarde é que a futura mãe provavelmente será muito mais calma e paciente e não se incomodará de não poder ir a festas. Contudo, a gravidez pode ser complicada e extremamente cansativa.

(ver: *Bebês, Parto, Fertilidade, Gravidez*)

Privacidade
(ver: *Limites, Casas de praia, Codependência*)

Procurar-se no Google
Esse ato tem uma qualidade peculiar extremamente masturbatória. Experimente uma vez, mas depois evite de todas as maneiras reincidir, a não ser que você queira ficar realmente pirada.

Profetas
Todo mundo se sente atraído por líderes e professores carismáticos, mas lembre-se de que até os profetas podem ter pés de barro. O fantástico novo guru/professor de meditação/psicoterapeuta de sua amiga pode muito bem ser o João das Couves com barba. Cuidado com as falsas promessas. Se alguma coisa parecer boa demais para ser verdade, provavelmente é isso mesmo.
(ver: *Astrologia*)

Programa de calouros
Evite.

Proposta única de venda
Todo mundo tem uma. Descubra qual é a sua e faça bom uso dela.
(ver: *Você arrasa!*)

Prostituição (masculina e feminina)
Qualquer pessoa que compre sexo está reduzindo outro ser humano à condição de objeto de consumo. Podemos entender a solidão, a

frustração ou o desejo de separar o sexo do amor. Os clientes podem se convencer de que aquela pessoa é um namorado ou namorada de mentirinha, um encontro casual, e não um negócio ou um ato mecânico. Mas a prostituição é uma questão de exercício de poder econômico — e controle — sobre outra pessoa, geralmente vulnerável. O lobby em favor da prostituição pode alegar que a mulher ou o homem que vende sexo está apenas vendendo uma prestação de serviço (pagando o aluguel) como qualquer trabalhador, mas não podemos fingir que se trata de uma carreira como outra qualquer. A violência no "ambiente de trabalho" é um problema diário para muitas prostitutas. Não é uma ocorrência incidental como é para as outras mulheres e homens. É claro que os trabalhadores do sexo merecem segurança. Tornar o comércio sexual mais clandestino é contraproducente: obrigar as mulheres a trabalhar sozinhas torna a atividade legalizada de vender sexo um negócio muito mais perigoso. Mas comprar outro ser humano — pagar para alguém realizar sua fantasia — é a pior face do capitalismo. Para cada garota de programa de alto preço e muito bem paga, como a Belle de Jour, existe uma mulher trazida da Europa Oriental e que vive apavorada. No fim das contas, fica apenas uma pergunta: você ficaria feliz se sua filha/seu filho/sua irmã/seu irmão fizessem isso?
(ver: *Parecia ser uma boa ideia*)

Proteja o núcleo do corpo
(ver: *Boxe, Pilates, Cama elástica, Yoga*)

Q

Quase um encontro (e como evitar cair nessa pela segunda vez)

Houve um tempo em que, quando um homem nos convidava para sair, sabíamos o que ele tinha em mente. No entanto, no século XXI, os encontros viraram um campo minado. Ele está me convidando para ficar — ou *só* para sair?

No passado, o namoro era um contrato formal. Hoje, o romance ficou tão "encostado" que chega a ser horizontal. Às vezes vale a pena só deixar rolar. Isso pode lhe dar o tempo necessário para conhecer o cara sem sentir pressão ou pressa. Contudo, se você já estiver muito interessada nele, namorando sério ou simplesmente gostar de saber onde pisa, eis uma lista elaborada pelos autores do livro *Ele simplesmente não está a fim de você*:

1. Espere que haja um passeio em público, uma refeição e mãos dadas.
2. Se tudo correr bem, depois do encontro ele lhe manda uma mensagem dizendo que se divertiu.
3. Em seguida, algum tipo de contato nos próximos três dias.

Ficar não é namorar. Se tiver dúvidas sobre as intenções dele, confira com outro homem, porque nós, mulheres, sempre queremos ser legais e apoiadoras e acabamos por causar mais prejuízo do que bem quando perpetuamos as loucas fantasias românticas das amigas, por exemplo, indo com elas olhar vestidos de noiva ou ajudando a pensar em nomes para bebês. Contudo, há momentos em que precisamos da crueldade afetuosa de uma fascista antirromântica. Em troca, suas amigas também podem precisar que você faça o mesmo.

Um amigo digno de confiança vai dizer a verdade na sua cara — eliminando todas as desculpas. Prova número 1: não existe essa história de mensagem ambígua. Se ele não está telefonando para você, não está pensando em você. Prova número 2: o temido "o problema não é você, sou eu" é uma dica para você fugir com quantas pernas tiver. Os homens não são complicados. Se gostam de você, telefonam. Ponto final.

(Ver: *Conselhos uma ruiva invocada*)

Queda de cabelo

A perda de cabelos pode ser causada por estresse, pela menopausa ou pela quimioterapia, mas sempre é capaz de levar à depressão e à insegurança. A calvície não afeta apenas o couro cabeludo, pode afetar as sobrancelhas, os cílios, os pelos do nariz e os pelos púbicos. A falta dos cílios e dos pelos nasais é especialmente problemática porque resulta respectivamente numa propensão maior para infecções oculares e para uma coriza constante.

O fato é que perder cabelos não é divertido. É vital tentar manter o moral elevado, mas talvez essa seja a hora para investir naquele lenço Hermès que você sempre desejou (autêntico ou uma boa cópia). Ou tire do baú o turbante retrô no estilo de Elizabeth Taylor nos anos 1970 e acrescente um broche com uma pedra falsa para torná-lo ainda mais interessante. No entanto, se não quiser fazer de sua calvície um atributo fashion, você pode simplesmente comprar uma peruca de muita qualidade. Uma prova de autoconfiança ain-

da maior é raspar a cabeça. Com certeza é a hora do retorno da Rude Girl...*
(ver: *Amiga com câncer, Menopausa, Moda hospitalar*)

Queda por mulheres

Pode ser sua chefe, Alison Goldfrapp, ou aquela mulher fascinante da biblioteca. É como um mini caso de amor. Você cita frases dela o tempo todo, começa a ver os filmes que ela recomenda e pergunta a si mesma se está "cedo demais" para telefonar para ela. Você tanto quer ser ela quanto ser a melhor amiga dela. Normalmente não há uma natureza sexual — lamento, garotos —, mas nem por isso é menos emocionante.
(ver: *Novas lésbicas*)

Questões financeiras

A relação muito pouco compreendida das mulheres com o dinheiro pode ser explicada pelo fato de que ao longo da história, o consumo era uma das poucas maneiras pelas quais elas podiam exercer poder, influência e capacidade de escolha, mesmo que não pudessem votar. O setor de serviços financeiros está apenas começando a despertar para o fato de que no mundo moderno as mulheres estão conquistando independência financeira e em alguns casos chegam a ter um poder de gasto considerável, mas com pouca experiência ou conhecimento sobre pensões, seguros, poupança ou investimentos. O interessante é que as pesquisas mais recentes mostram que a

---

* Segundo o *Urban Dictionary*, os Rude Boy e Rude Girl de hoje são fãs de ska e da cultura de rua. Eles cultivam uma linguagem própria e um vestuário similar ao dos gângsteres dos anos 1920 ou dos dançarinos de swing da década de 1940. [*N. da T.*]

maioria das mulheres se apoia nos conselhos do parceiro masculino. Ou mesmo, por incrível que pareça, em alguns casos se aconselham com o ex-parceiro. Isso é loucura e é indesculpável. Sempre procure orientação financeira independente, e se o consultor financeiro for mulher, melhor ainda.

(ver: *Dívidas, Encarar o problema, Seguro, Eu? Jamais!, Receber as contas*)

R

(A) Rainha [ícone]

Ela não é vaidosa, adora corridas de cavalos e cães da raça corgi e tem um código pessoal de conduta do qual só percebemos relances, mas que é surpreendentemente tradicional. Ela aceitou inteiramente o próprio destino. Não podemos dizer o mesmo de muita gente. (ver: *Código de conduta*, Tweed)

Raiva

"Me zanguei com meu amigo:
falei; a raiva cedeu.
Me zanguei com um inimigo:
calei; a raiva cresceu."
— "Uma árvore de veneno", William Blake

Todas nós podemos lucrar se cultivarmos uma voz autêntica para nós mesmas. Precisamos aprender a expressar ativamente nossos verdadeiros sentimentos — no amor, com os amigos, com nossos filhos...

Naturalmente, explodir em qualquer situação não é uma atitude admirável. A raiva tem certa qualidade infantil, portanto, apesar de podermos sentir um alívio momentâneo, a médio e a longo prazo ela não faz ninguém nos respeitar.

Ninguém quer guardar ressentimentos. A passividade deixa os outros confusos e eles não respeitam a criatura passiva, como bem exemplifica Lady Bertram, personagem de *Mansfield Park*. Os namorados desaparecem e os amigos mais indolentes se aproveitam.

Autoafirmar-se é reconhecer o direito próprio a certas coisas. Portanto, manifeste seus sentimentos e suas opiniões com confiança, mas respeite os sentimentos e opiniões dos outros. Ponha as coisas no lugar e você será capaz de superar toda essa questão de raiva e, de vez em quando, fazer valer um pouco mais sua própria maneira de ser, porque, no final das contas, isso é apenas justo. Contudo, não se esqueça de que uma raiva moralmente correta, adequada, também pode ser extremamente libertadora.
(ver: *Mulheres de poder*, *Boxe*)

Rap

É parcialmente responsável pela volta do feminismo à idade das trevas, provavelmente por culpa dos cabelos e do uso de biquínis mínimos, incrustados de diamantes. Os meninos criados no meio desse contrassenso e que também não praticam esportes ficarão como cães criados em cativeiro. Não é difícil entender o porquê: é triste ver uma procissão de mulheres jovens e bonitas que se fazem de idiotas para apoiar esse absurdo. Não é divertido nem inteligente, e não é um bom exemplo para garotas impressionáveis.
(ver: *Cachorras e periguetes*)

Raves

Sentimos falta delas. Alguém pode trazê-las de volta?
(ver: *Dançar*, *Sapateado*)

Recaída

"Uma rejeição é o ponto de partida para a liberdade."
— Germaine Greer

Não se atire contra os móveis e não se case no mesmo ano, mas faça o que for preciso.
(ver: *Tormento, Solteirões, Caridade sexual*)

Receber as contas
Meu Deus, não é horrível? Há quem prefira subir uma montanha de costas no meio da chuva e carregando uma mochila de cinquenta quilos a abrir um envelope com uma conta, mas é preciso fazê-lo. Cuidar da administração dos problemas financeiros é essencial para uma vida feliz. As contas domésticas, as faturas do cartão de crédito e os impostos precisam ser atendidos, e quanto mais cedo isso for feito, melhor. Se você trabalha por conta própria, procure ter acesso a um bom contador. Quando ficar desesperada, mande as contas para ele pelo correio.
(ver: *Finanças, Encarar o problema, Seguro, Testamento, Questões financeiras, Pensão*)

Reclamar
O serviço foi péssimo? A comida é horrorosa? A vendedora foi grosseira? Você fica vermelha, com o coração disparado, cheia de ressentimento e quer jogar alguma coisa pela janela? Não faça isso! Mande a culpa de volta para a loja/o prestador de serviço/a coisa irritante. Apenas pergunte "como eles puderam fazer uma coisa dessas?". Enfeite um pouco o pavão (uma prerrogativa feminina): "Eu comprei isso para minha mãe/é meu aniversário/vou viajar amanhã." Um dos raros pontos positivos da era do Grande Irmão é que agora todas as empresas estão comprometidas por conversas gravadas e têm medo de publicidade adversa até mesmo da parte do cliente menos importante. Portanto, fique calma. Assuma o controle. Insista em falar com o gerente! Não desconte a irritação em um funcionário mal pago e impotente que tem a tarefa desagradável de tentar

enganá-la pelo telefone. Lembre-se de ser gentil e se comportar bem o tempo todo, mas você merece uma solução. Exija seu direito!
(ver: *Feminismo às avessas, Bom comportamento*)

Recompensas
As recompensas chegam quando menos esperamos. Você está no fundo do poço tentando manter a fé. Nada acontece. Nada ainda. Então, de repente, bum! O universo manda um e-mail com a oferta de um novo emprego/feriado/compromisso. A sorte é caprichosa, mas quase sempre surge quando assumimos um risco e rompemos com os padrões habituais, ficando amigas de alguém, ou quando fazemos um esforço a mais, sem pensar na recompensa.
(ver: *Carma, Cadê a droga do meu pônei?)*

Reforme e economize
Compre uma adorável cesta de costura e aprimore-a acrescentando linhas de seda, colchetes, botões de pressão e dedais. Hoje em dia, todo mundo recicla. Tinja roupas, acrescente botões e babados, suba e desça bainhas; tudo isso fará você cintilar de orgulho. Coloque as roupas no freezer para destruir os ovos de traça antes de consertar os buracos com linha de seda. Lady Ottoline Morrell, a dona da mansão Garsington Manor, mantinha sempre em uso uma linda caixa de costura multicolorida. Ela achava que costurar era incrivelmente calmante. Nosso conselho: experimente!
(ver: *Bordado, Fluir, Comprimento das saias*)

Refúgio
Pode ser um palácio, uma casa de pau-a-pique, uma cabana em uma praia varrida pelo vento, um quarto de hóspedes ou até mes-

mo uma barraca de madeira no fundo do quintal, mas esse é o seu domínio, só seu, onde você pode se permitir um pouco de paz e tranquilidade e colocar os pensamentos em ordem. Ou não. Às vezes basta olhar a luz que entra pelas janelas. Entre o trabalho e as tarefas domésticas, as mulheres não têm muito espaço pessoal, portanto, sua única opção pode ser providenciar um. Se você gosta de artesanato, divirta-se decorando seu refúgio do seu jeito. É um lugar onde você pode acabar aquele livro, escrever poesia, bordar ou simplesmente ler jornais. Um lugar para "dar um tempo".
(ver: *Casas de praia, Bordado, Poesia*)

Regra

"Eu tinha 10 anos e havia reparado algo de estranho mais cedo naquele dia, mas eu sabia pelos comerciais que a menstruação era um líquido azul que você jorrava como detergente de roupa em absorventes enormes para testar a absorção. O que saiu de mim não era azul, então... ignorei por algumas horas."
— *A PODEROSA CHEFONA*, TINA FEY

A palavra regra é uma gíria antiga sobre a menstruação, que reflete as pesadas associações com a condição de filha de Eva. Felizmente, os avanços na ciência, os conselhos sobre vitaminas e a medicação especializada se combinaram para tornar a menstruação uma tarefa menos onerosa e alguma coisa sobre a qual se pode falar em público, embora não necessariamente na mesa do jantar.

Rejeição

Não há duas maneiras de ver uma rejeição. É extremamente difícil ser dispensada por um amante ou despedida pelo patrão. É um choque e é doloroso. Pode trazer de volta antigas lembranças de sofri-

mentos e perdas. O impulso natural é querer vingança, mas depois que a poeira baixa, o impulso é querer justiça. O que realmente precisamos fazer é aprender com a rejeição.
(ver: *Crise, (O) poder de chorar na cama*)

Relatividade
"Quando você está ao lado de uma garota bonita, duas horas parecem dois minutos. Quando você se senta num fogão aceso, dois minutos parecem duas horas. Isso é relatividade."
— ALBERT EINSTEIN

OK, OK! Já entendemos.
(ver: *Garotas que não gostam de matemática, Filosofia*)

Remédios
"A arte da medicina consiste em distrair o paciente enquanto a natureza cura a doença."
— VOLTAIRE

Existem inúmeros remédios úteis para diferentes doenças... E ter que engolir um comprimido de vez em quando não quer dizer que você esteja se tornando uma das Mulheres Perfeitas de Stepford. Para muitas garotas, o Valium — podemos apelidá-lo de tranquilizante — ajuda a combater o medo de voar. Você pode tomar meio comprimido para uma viagem curta e um comprimido inteiro para uma viagem mais longa. Ele realmente torna a viagem muito rápida. Um médico compreensivo pode receitar essas pílulas para ajudar em casos de ansiedade.

Também existem os moderadores de apetite. De um ponto de vista psicológico, combater as gordurinhas pode ser um processo realmente difícil. Um mês de alguma coisa eficiente para dar à sua dieta um grande impulso pode colocá-la de volta nos eixos e permitir resultados reais.

Há quem use betabloqueadores ou um pouquinho de algum sedativo quando vai falar com o ex-marido. Um gim com tônica e uma espreguiçadeira também podem ajudar nessa missão tão difícil.
(ver: *Dietas, Drogas, (O) Ex, Dor*)

Resolução de problemas

"... Amanhã será outro dia."
— *E o vento levou*, Margaret Mitchell

As coisas sempre parecem mais graves às 3 da madrugada. Permita-se voltar a dormir — "Estamos no meio da noite, não consigo resolver isso agora" — e deixe para resolver o problema pela manhã. Se você conseguir deixar a questão de lado em vez de roê-la como um cachorro com um osso, a solução pode vir espontaneamente.
(ver: *Crise, Pensamento lateral, (O) poder de chorar na cama*)

Restaurantes italianos tradicionais

São um verdadeiro porto seguro no meio da tempestade: bons desde as toalhas de xadrez vermelho e branco e as garrafas de Chianti cobertas de palha até o dono paquerador que parece saído de um filme e que adora uma mulher que come sobremesa. Os apreciadores de alta gastronomia podem sonhar com raviólis de caranguejo com abobrinha, mas os restaurantes italianos tradicionais certamente não nos levam à falência e são ideais para encontros suspeitos ou para festas surpresa do escritório. Nós já comemos nesse tipo de restaurante de Berlim à Tailândia, e adivinhe? Eles nunca nos decepcionaram.
(ver: *Peso explosivo, Carboidratos, Sorvete italiano*)

Rímel
É tolice não usar.
(ver: *Atração*)

Riscos de planejar demais
"Precisamos estar dispostos a abrir mão da vida que planejamos para ter a vida que está à nossa espera."
— Joseph Campbell

Poucas pessoas afirmam gostar do sentimento de urgência que nos acomete quando o tempo é curto e temos muito o que organizar, como no Natal, mas será que no mundo ocidental não estamos correndo o risco de planejar demais a vida? Será que palavra "estresse", tão temida no mundo contemporâneo, mas tão sem significado, é a resposta moderna aos medos atávicos de que o mundo seja um lugar assustador e perigoso? Ou seja, se no meio da noite você se preocupa com a possibilidade de que a cor dos guardanapos para o jantar de amanhã esteja errada, será que isso não é apenas uma reação exagerada do cérebro causada pelo medo de que, se não tivermos a aprovação de nosso grupo social, seremos abandonadas na floresta para morrer?
(ver: *Natal, Codependência, Controladores, Segurança*)

Riso
"Por mais sedutora que pareça, a risada lisonjeira de uma garota não pode ser comparada com o riso profundamente agradável com o qual uma mulher inteligente consegue envolver um homem."
— *Daily Mail*, 25 de janeiro de 2010, Howard Jacobson

A boa notícia é que cem a duzentas gargalhadas por dia queimam quinhentas calorias e firmam o abdome. O riso é um analgésico natural que inspira o sistema imune a criar células T, em geral conhe-

cidas como "células da felicidade". Elas são ótimas para controlar as personalidades tipo A!
(ver: *Mulheres humoristas*)

Roncar

Vamos deixar uma coisa clara: o sexo frágil jamais ronca. Isso é uma impossibilidade biológica... A menos, é claro, que seja um efeito colateral da rinite alérgica, dos travesseiros de plumas, de jantar tarde ou de beber muito. Com exceção dessas situações, o ronco pode ser o grande problema que atua como divisor de águas no relacionamento. Todo mundo precisa dormir (menos de seis horas diárias de sono é perigoso). Existem dúzias de sprays e medicamentos fantásticos no mercado: a cirurgia é o último recurso. No entanto, seja seu parceiro, sua melhor amiga ou você a criatura que perturba a paz, é melhor falar sobre o problema — e expor o tabu. Não há nada errado em ter quartos separados. Você pode dormir até tarde e ver filmes no laptop — e pode ser muito sexy visitar o quarto de dormir do outro.
(ver: *Peso explosivo, Grappa, Férias entre amigas, Insônia, Tarifa para solteiros, Ficar para dormir*)

Roupas de trabalho

(ver: *Ternos, Vintage, Bem-produzida*)

Rowling, J. K. [ícone]

"Quando sonhamos, podemos fazer o que bem entendermos."

Rugas

Algumas pessoas detestam e outras adoram as próprias rugas. Dependendo do ponto de vista, elas podem ser o mapa da vida e a

marca da experiência ou o sinal da chegada da meia-idade e de todos os imensos inconvenientes dessa fase da vida. Recomendamos que você foque na primeira opção.
(ver: *Ginástica facial, Pele*)

S

Sabedoria

"A sabedoria é filha da experiência."
— Leonardo da Vinci

(ver: *Bibliotecas*)

Saída de emergência

Quer você esteja em uma festa horrorosa, quer esteja no final de uma fila imensa ou presa em um relacionamento que a deixa extremamente infeliz, não tenha medo de usar a saída de emergência. É para isso que ela está ali.
(ver: *Crise, Abandonar a festa*)

Sair da toca e se envolver

Duas coisas que caminham de mãos dadas: não há maneira melhor de espanar as teias de aranha, se recuperar do fim de um relacionamento ou aproveitar o momento do que se envolver com pessoas.
(ver: *Dar a volta por cima, Cancelar o Natal, Corais, Igrejas, Cineclube, Ano sabático*)

Sair de fininho
Às vezes é só o que nos resta quando a situação fica francamente insuportável.
(ver: *Quase um encontro, Chatos, Saída de emergência*)

Salário
Na avaliação anual de desempenho, sempre peça pelo menos 10% de aumento.
(ver: *Questões financeiras, Pensão, Autonomia*)

Saltos altos
Se você costuma ser o tipo de garota que só usa tênis All Star, nunca use um par de sapatos novos de salto alto esperando que tudo dê certo. Andar mancando não é o visual que você deseja. É vital passar um pouco de loção infantil nos bordos do sapato e caminhar um pouco com eles para treinar. Seu objetivo deve ser uma postura ereta e um andar gracioso. A modelo Jerry Hall sugere fingir que tem um livro sobre a cabeça e balançar um pouco ao caminhar. Pratique ficar na ponta dos pés para fortalecer os dedinhos. Esse pode ser o momento de pensar em gastar. Um par de sapatos de salto alto bem-feitos vai fazer seu corpo repousar um pouco sobre os tornozelos, realinhar-se e equilibrar-se de forma adequada, enquanto um par de sapatos de salto malfeitos vai jogar o peso do corpo e dos quadris para a frente e isso fará você parecer o Jack Lemmon vestido de mulher em *Quanto mais quente melhor.*
(ver: *Pés, Sapatilhas*)

Sapateado
Todo mundo adora, mas pouca gente pratica. É excelente para as coxas, os joelhos e os tornozelos. Ou então, se estiver com preguiça,

consiga alguns filmes antigos do Fred Astaire, sente-se e fique maravilhada.
(ver: *Dança, Atividade física, Fluir, Paixão*)

Sapatilhas

Ah, a maravilhosa sensação de usar sapatilhas depois da verdadeira agonia de calçar um salto agulha. De vez em quando, vale muito a pena não usar "sapatos de mulher". Você vai economizar uma nota em curativos adesivos. Os homens vão respeitar sua velocidade e destreza (se você se importa com a opinião deles) e você vai perder peso (porque poderá caminhar mais). Além disso, os sapatos baixos não precisam ser sem graça — pense em sapatos feitos à mão ou sapatilhas tipo bailarina (leve na bolsa sapatilhas flexíveis só para prevenir), rasteirinhas delicadas, tênis prateados e sensacionais botas de motociclista.
(ver: *Pés, Saltos altos*)

Sapatos

"Os sapatos, os sapatos,
não mudam sua vida, amor,
seus pés, a forma de suas pernas, amor,
castigando a vida grandes ovos de páscoa
na vitrine iluminada
você vê, não são para caminhar.
Só para usar numa festa."
— Sarah-Jane Lovett

(ver: *Pés, Sapatilhas, Saltos altos, Sapatos ortopédicos*)

Sapatos ortopédicos

Nós somos apaixonadas pelos calçados ortopédicos, desde os sapatos para enfermeiras até as sandálias de dedo; dos birkenstocks aos tênis MBT (Masai Barefoot Technology). Os primeiros modelos não eram muito bonitos, mas agora você pode comprar sandálias cintilantes, sandálias de PVC transparente, botas e tênis de corrida. Naturalmente, os homens detestam "sapatos confortáveis", que consideram práticos demais. As pernas não ficam suficientemente arqueadas e não há tensão erótica suficiente. Sinto muito, rapazes, entrem no programa: isso significa que podemos caminhar quilômetros!

(ver: *Saltos altos, Pernas*)

Saraus

Estão se espalhando pelo país como um incêndio na floresta. A fórmula se apoia em um coquetel perfeito, um pouco de música, uma pitada de poesia, uma pequena dose de um romance e alguns drinques e canapés adoráveis. Faça um intervalo para que as pessoas possam fumar e conversar e cobre uma taxa fixa de 10 libras na entrada para cobrir as despesas.

(ver: *Coquetéis, Cineclube, Música, Poesia, Grupos de leitura*)

Satisfazíveis (não seja perfeita demais)

Pessoas "satisfazíveis" gostam de correr atrás do prazer quando todo mundo já está ficando exausto, mas sabem quando parar ou contemporizar discretamente. É muito melhor optar pelo terceiro restaurante ("Esse é bastante bom — está bom para mim") do que arrastar todo mundo atrás de si durante horas. Afinal, o que vale é rever os amigos e relaxar com uma taça de vinho. O oposto do satisfazível é o "maximizador", o perfeccionista e exigente, fadado ao

sofrimento e ao arrependimento, constantemente assombrado por todas as escolhas que deixou de fazer.
(ver: *Codependência, Perfeccionismo*)

Sauna, banho turco e spa
Uma spa é um curso intensivo de relaxamento. Elas deviam ser cobertas pelos planos de saúde para que as pessoas levassem uma vida calma e tranquila.
(ver: *Tristezas, Massagem, Pele*)

Schadenfreude
Essa palavra do alemão destila o sentimento de satisfação que às vezes experimentamos diante da infelicidade alheia. Não é uma coisa bonita; na verdade, é carregado de ciúme e egoísmo, um dos sentimentos mais ignóbeis que podemos ter em relação a outro ser humano, mas é universal. O estranho é que com ele vem uma sensação momentânea de prazer. Felizmente, se você pode nomeá-lo, também será capaz de colocá-lo rapidamente no fundo da caixa antes de prejudicar alguém.
(ver: *Melhor amiga, Animiga, Freud, Ciúme, Jung*)

Segredos
"Se você conta seus segredos para o vento, não deve culpar o vento se espalhá-los para as árvores."
— Kahlil Gibran

Alguns segredos são divertidos, outros são emocionantes, mas alguns são verdadeiros fardos. O segredo de uma pessoa é a colossal fofoca perniciosa de outra. Se você é depositária de uma porção de

segredos, guarde-os de fato e NÃO os coloque em um e-mail. Com muita frequência nos vemos em posse do equivalente a uma pequena granada de mão, que não queremos destravar. Guarde-a com cuidado.
(ver: *Bebedeiras, Melhor amiga, Dançando com o diabo, Fofocas, Arrependimentos*)

Segundas núpcias
São comuns. Desfrute, comemore, mas assegure-se de que não está repetindo os padrões do casamento anterior.
(ver: *Bom material conjugal, Eu? Jamais!*)

Segurança
É horrível impedir uma mulher de fazer qualquer coisa ou ir a algum lugar, ou seja, limitar-lhe a liberdade. No entanto, a regra mais importante é cuidar da segurança. Sempre espere o ônibus ou o trem em um lugar iluminado e, se possível, perto de outras pessoas. Prefira a rota que você conhece bem e as ruas bem iluminadas e movimentadas. Mostre-se autoconfiante. Se achar que está sendo seguida, tome uma providência. Talvez você se sinta um pouco tola no momento, mas que importância tem isso? O mais importante é fazer o que você quiser fazer — quando quiser — sem deixar um idiota arruinar seu dia.
(ver: *Aventuras, Zona de conforto, Páginas de relacionamentos, Viagens longas*)

Segurança nos táxis
Se o marido de uma amiga sua lhe oferecer uma carona, começar a queixar-se de que a esposa não o compreende e em seguida colocar

a mão em sua coxa, só existe uma atitude a tomar: é preciso colocá-lo imediatamente na lista negra e contar tudo à sua amiga. Os códigos são INT (inseguro no táxi) e PP (precisa patolar).
(ver: (O) *perfeito babaca*)

Seguro

É possível fazer seguro para qualquer coisa. Se você estiver na fase final do divórcio, é interessante saber que pode fazer um seguro para continuar a receber a pensão alimentícia mesmo em caso de morte de seu futuro ex-marido. Pense nisso.
(ver: *Carros, Eu? Jamais!, Questões financeiras, Coisas que facilitam a vida*)

Seios

As curvas estão de volta. E todo mundo adora um peito de qualidade. É um dos prazeres da vida. É provável que as mulheres passem mais tempo admirando seios do que os homens. Uma amiga triunfante disse recentemente que "os seios são de fato as novas armas de fogo", e no século XXI não há nada mais fascinante do que uma mulher capaz de assumir sua sensualidade.

Naturalmente, o fato de que a moda atual de casacos estruturados, corseletes e meias longas seja tão favoráveis às mulheres cheinhas também ajuda. É maravilhoso que estejam gloriosamente de volta os dias de *Dolce Vita*, quando as mulheres podiam ter grandes globos brancos se derramando dos vestidos. Os franceses têm uma frase maravilhosa para descrever isso: "*elle a tout le monde dans le balcon*" (ela tem todo mundo da varanda de cima). No entanto, como vestir os seios? Ou melhor, quanto devemos mostrar?

É muito fácil cometer um erro de estilo no decote. Vestidos de festa com um decote muito baixo podem parecer lindos no cabide, mas não vestem bem e deixa tudo sujeito à queda livre. Você precisa entender de estruturas. Os seios perfeitos são vistosos, mas não são caídos. Portanto, pense em três dimensões e escolha o sutiã e/ou bustiê adequado para cada vestido. Um decote grande demais pode fazer a diferença entre ser vista como um ser humano deliciosamente sensual ou como personagem de quadrinhos eróticos. Para quem já passou dos 35, existem regras claras para a exposição da pele. Tenha o cuidado de ter suporte adequado, evite roupas com decote até a cintura (adesivos para os seios não funcionam), nunca use um decote cruzado que mostre uma divisão toda franzida entre os seios, e não exponha muito as pernas se o decote for grande.

No entanto, nem todo mundo precisa mostrar os *airbags*. Se você tiver peito pequeno, aproveite para exibir ombros bem torneados — a zona erógena da vez, como mostram a Duquesa de Cambridge e Michelle Obama.

(ver: *Sutiãs, Lingerie criativa, Curvas*)

Selvagem

"Não sou perigosa, sou letal."

— Anita Pallenberg

Sem filhos por opção

Atualmente, 20% das mulheres acima dos 45 anos não têm filhos. Os analistas afirmam que tanto os homens quanto as mulheres querem trabalhar e se divertir por mais tempo antes de formar uma família. Para alguns, já é desafio suficiente encontrar alguém com quem tomar umas e outras ou passar um fim de semana, imagine alguém com quem pensar sobre criar um filho; contudo, o bom é que a sociedade agora aceita bem quem não tem filhos por opção — expressão muito mais positiva do que simplesmente não ter filhos.

Muitas mulheres optam ativamente por não ter filhos. Elas preferem dar prioridade ao amante, ao emprego e à liberdade. Além disso, nem todo mundo anseia pela tradicional família nuclear ou é automaticamente maternal.

Se você não tem filhos, tem mais tempo para férias, festas, hobbies elaborados e amizades duradouras e tem o direito de se divertir — e também de ser egoísta — sem precisar pedir desculpas. Essa também é considerada cada vez mais uma prática ecológica.

No entanto, a questão ainda é motivo de sofrimento para muita gente. A fertilidade nunca está garantida, portanto, pais felizes, sejam gentis, porque não ter filhos é algo que pode nos acontecer enquanto estamos ocupadas fazendo outras coisas. Nem sempre é uma decisão consciente. É difícil saber quando exatamente somos suficientemente maduros para ter filhos — ou até mesmo para manter um relacionamento estável. Os homens, benza-os Deus, sempre poderão mudar de ideia, mas quando uma mulher de idade mais avançada decide começar (ou encerrar) um relacionamento, pode descobrir que é tarde demais para ter filhos.

(ver: *Tias, Bebês, Buscas, Aborto*)

Sentido de ser

"Com lábios hesitantes e sons insuficientes, luto e me esforço por exprimir corretamente a música de minha natureza."

— *"The Soul's Expression"*, Elizabeth Barrett Browning

(ver: Bien dans sa peau, *Autoconfiança interior, Autoaceitação*)

Sentimentalismo

Tem seu lugar, mas não faça disso profissão.

(ver: *Lembranças e talismãs, Caixas de recordações, Tatuagens*)

Sentir culpa

Culpa é uma palavra feminina e pode ter a mesma intensidade diabólica das palavras inveja e vergonha. Podemos nos sentir culpadas por praticamente qualquer motivo: por ser ambiciosas, negligenciar a família, faltar à academia, mentir sobre ter comprado um vestido novo. No entanto, como inúmeros psicoterapeutas podem dizer, a culpa não é verdadeiramente uma emoção. Ela é a posição predeterminada que adotamos quando não aceitamos a verdade sobre nossos reais sentimentos. É óbvio que todo mundo pode fazer coisas que incomodam, como quebrar o vaso da irmã. Você sabe que não fez aquilo de propósito, portanto, logicamente você não tem razão para sentir culpa. No entanto, você não consegue parar de se censurar por ser estabanada e de dizer como poderia ter evitado o desastre. Agora, surge a questão: o que o sentimento de culpa faz por nós? Será que estranhamente e no fundo ele não é reconfortante?
(ver: *Verdade*)

Ser bem-informada

Nada justifica ser mal-informada. O rádio, os jornais, a Internet ou algumas revistas bem escolhidas vão mantê-la em dia. É importante ter uma posição política, mas lembre-se de mudar de assunto se parecer que suas opiniões radicais sobre Sarah Palin, o aquecimento global ou a Família Real estiverem ameaçando arruinar o jantar maravilhoso e magnificamente organizado de alguém.
(ver: *Coisas boas que são gratuitas, Bibliotecas, (A) Rainha*)

Ser calorosa

Quem é feliz não tem mais sorte nem é mais bonito que os outros, mas é alguém que se entende bem com terceiros e em troca tem relacionamentos pessoais ricos. Na adolescência achamos que o niilismo é legal, mas à medida que crescemos, um temperamento caloroso se torna uma propriedade das mais "quentes". Pare de temer que as pessoas achem você esquisita ou enérgica demais. Elas costumam ser mais generosas do que você imagina. E daí se não forem? Sua boa vontade associada a um bom comportamento é a melhor proteção.

Se você insistir em manter uma frieza gélida, vai acabar se tornando uma geladeira vazia. Quando entender que a opinião dos outros não é fundamental, você vai se tornar inteiramente livre.

(ver: *Autoconfiança interior*)

Ser descolada

De acordo com o manual, ou você é descolada ou não é. Aos 20 anos não entendemos muito bem como é ser descolada, mas ao chegar aos 50, essa condição se deve a uma massa de mudanças infinitesimais acumuladas na maneira como você pensa sobre a vida.

Aparentar um exterior calmo, seguro e autoconfiante, mesmo quando sente um frio na barriga, vai colher para você respeito e admiração de todos. Lembre-se, às vezes precisamos agir como se fôssemos de determinada maneira para nos tornarmos daquela maneira.

(ver: *Atração, Elegância*)

Ser um tédio

Somos contra!

(ver: *Chatos*)

Sexo

"Sexo não é um substantivo como café."

— SYBILLE BEDFORD

(ver: *Casos, Solteirões, Bebedeiras,* Cinq à sept, *Controle de natalidade, Atividade física, Você tem um conjunto?, Instinto, Não transar antes do casamento, Orgasmos*)

Sexo a três

O conceito parece muito mais empolgante do que na verdade é. Alguém sempre acaba por ser deixado de lado e em geral começa a chorar. No entanto, é claro que se deve experimentar tudo pelo menos duas vezes. No passado, o *ménage* era símbolo da liberação sexual, mas ele se tornou cada vez mais uma preferência dos jogadores de futebol de altos salários e de "modelos" indiscretas. Como resultado, ousamos dizer que o sexo a três virou uma coisa trivial. (ver: *Troca de casais, Tabus, Ata-me!, Vale repetir*)

Sexo anal

Favorito dos ex-alunos de escolas aristocráticas inglesas, principalmente dos egressos de Eton. Algumas mulheres acham que podem incluir essa prática em seu repertório. Também é um método de controle de natalidade muito antigo, apesar de não ser totalmente seguro. Se essa não é a sua praia, não é preciso ficar irritada. Simplesmente aplique a regra do uma vez em cada três. Mas, se você realmente não gosta, é permitido dizer "não".

Sexo no cativeiro

É possível o sexo continuar a ser fantástico em uma relação prolongada? Será que mais intimidade pode levar a orgasmos maravilhosos? Por que os cônjuges que gostam demais um do outro acabam num deserto sexual? Para a psicoterapeuta Esther Perel (autora de *Sexo no cativeiro*), o paradoxo do amor moderno é o fato de que as

próprias forças que nos ligam — confiança, reciprocidade, amizade — podem matar a vida sexual. O desejo erótico é complexo, confuso e quase sempre politicamente incorreto. Para parafrasear Jerry Hall, o segredo é ver o quarto de dormir e a cozinha como lugares diferentes. Esqueça as conversas longas sobre qualquer assunto e o banheiro compartilhado. Precisamos de mais distanciamento, novidade e espontaneidade. Seja egoísta e cheia de tesão. Crie tensão.
(ver: *Casos, Festa de divórcio, Você tem um conjunto?)*

Sexo oral

A regra aqui é: "Faça pelos outros o que gostaria que fizessem por você." A prática também é excelente para os músculos do rosto, mocinhas, e algumas pessoas dizem que ela é capaz de induzir o parto. Mande ver!
(ver: *Parto*)

Sexo seguro

(ver: *Controle de natalidade, Segurança*)

Sexo sem compromisso

Muitos absurdos moralistas são escritos sobre o sexo sem compromisso. Em última análise, a decisão é só sua.
(ver: *Solteirões, Controle de natalidade, É só um presente, Não transar antes do casamento, Vale repetir*)

Silicone

"Pelo que custaram, é bom mesmo que todo mundo olhe para eles."
— DOLLY PARTON, SOBRE GENTE QUE OLHA FIXAMENTE PARA SEUS SEIOS AUMENTADOS CIRURGICAMENTE.

Nós podemos gostar deles ou detestá-los, mas o fato é que são uma opção. Em algum momento você pode precisar de um implante. Um pouco de recheio pode ajudar a reparar o desgaste de um "estofamento" muito usado, que pode ter amamentado várias crianças e agora ganharia com uma levantada. Nem mesmo com a maior boa vontade e um regime de exercícios excelente é possível recuperar a aparência de seios que passaram do tamanho 42 para o 48 e voltaram ao 42. Se você quiser e tiver os recursos para fazer um implante de silicone e achar que isso vai fazê-la sentir-se maravilhosa, então, francamente, você merece fazê-lo. Pesquise um pouco, procure o melhor aconselhamento disponível e veja se consegue falar com alguém que passou pelo procedimento.

No entanto, não se esqueça: um implante de silicone não é tão fácil. Para muitas mulheres, porém, algumas semanas de extremo desconforto podem valer a pena se no final elas conseguirem ter os seios que desejam. Afinal, eles devem durar a vida toda.

(ver: *Seios, Sutiãs, Cirurgia cosmética, Lingerie criativa*)

Simpatias

Às vezes funcionam, seja para atrair amor, felicidade ou simplesmente um dinheirinho extra. Os melhores dias para as simpatias são os de lua cheia ou os solstícios de verão e inverno. Os principais ingredientes são velas, essências, ervas frescas, sal e uma elegante taça de alguma coisa alcoólica. Seja criativa! Só você sabe qual é o seu desejo. Coloque todos os ingredientes numa travessa e adicione detalhes como corações, ornamentos especiais, cartas preciosas ou, se estiver sentindo a pressão financeira, um cheque nominal polpudo — em seu próprio nome! Se a simpatia for para outra pessoa, fotografe a bandeja com seu celular e mande a foto para a pessoa em questão. As regras: deixe as velas queimarem totalmente antes de ir para cama e não leve a coisa muito a sério.

(ver: *Velas*)

Sinais
Eles são lindos, provocantes e divinos, como mostram a modelo Cindy Crawford e o filme *A perversa*. Contudo, se por qualquer razão eles começarem a coçar, aumentar de tamanho ou ficar mais volumosos, por favor, vá a um médico para que sejam examinados.

Smith, Patti [ícone]
"Nunca abra mão daquela tristeza ardente chamada desejo."

Só somos jovens duas vezes
Pare de procrastinar. Pare de fazer listas infinitas. Pare de dizer nas festas que você vai escrever um romance/se mudar para Nova York/montar aquela fazenda de ervas finas. Nós já ouvimos tudo isso antes. É muito chato — apesar de dizermos isso com carinho. Agora você é a única adulta na sala. Parta para a ação. Você só tem que fazer isso uma vez. Se detestar o resultado... Bem, pelo menos terá sua resposta, mas você talvez surpreenda a si mesma e aos outros.

Sobre Eva
"Como um véu, os louros cabelos ela trazia
soltos, sem adornos, longos e desfeitos,
mas em cachos caprichosos como os elos da vinha;
Símbolo da submissão à doce autoridade,
bem recebida por ele, aceita por ela
com sujeição contida, orgulho modesto
e doce hesitação, relutante e amorosa."
— *Paraíso perdido*, livro IV, John Milton

Sofrimento
(ver: *Tormento, Ficar só, Freud, Tristezas, Jung, Autocomiseração, Terapia*)

Sogros

Podem deixar você ensandecida ou salvar sua vida. Às vezes, temos uma mistura das duas coisas.
(ver: *Terapia de família*, *Avós*)

Solteirões (convictos, venenosos ou outros)

Para que eles servem senão para "a guerra"? A resposta é que eles têm muitas utilidades, mas é preciso prometer jamais, nem por um nanossegundo, imaginar, ponderar ou pensar na possibilidade de que eles quebrem o hábito de uma vida e se apaixonem por nós e queiram casar conosco. Você está avisada. Agora vamos às questões práticas: ajuda muito ter na agenda o endereço de alguns solteirões. Eles se especializam em ser charmosos e divertidos na mesa de jantar; embora o egoísmo seja um atributo onipresente nesse grupo demográfico, quando lhes interessa eles podem dispor-se a acompanhá-la a uma ocasião social intimidante; às vezes eles podem ser amigos coloridos e isso é, no mínimo, bom para sua saúde; além de tudo isso, talvez por não terem filhos próprios (até onde se sabe), muitas vezes eles são extraordinariamente carinhosos com os filhos alheios. Mas não permita que isso amoleça seu coração. Solteirões convictos podem se tornar grandes amigos, mas seja realista e compassiva, pois mesmo que a vida deles pareça divertida e despreocupada, na verdade, é muito solitária.
(ver: *Limites*, *(O) perfeito babaca*, *Agenda de endereços*, *Narciso*)

Solteironas

"Não se riam das solteironas, meninas queridas, porque muitas vezes romances ternos e trágicos se escondem nos corações que batem tão tranquilos sob os vestidos discretos e muitos sacrifícios silenciosos de juventude, saúde, ambição e até de amor tornam aqueles rostos fanados belos aos olhos de Deus."
— *Mulherzinhas*, Louisa May Alcott

As mulheres solteiras são o tema de caricatura favorito de todos — vistas como demônios destruidores de lares ou como criaturas exigentes que acabam com a autoconfiança masculina (e essa é só a parte boa das críticas) e menosprezadas como carreiristas controladoras secretamente frustradas porque não têm uma família própria. No entanto, hoje em dia a solteirice é um estado de espírito. Às vezes temos um relacionamento e às vezes não.

Muitas "solteiras" têm filhos crescidos. As pessoas já não precisam mais manter um relacionamento ruim e as mulheres estão desfrutando de sua nova independência econômica. Não admira que nos Estados Unidos o movimento de base popular Quirkyalone promova a ideia de que é melhor ser solteira do que se acomodar.

Além disso, a condição de solteirona tem um pedigree bastante nobre. As primeiras "solteironas" surgiram na França no século XIII e se dedicavam a cardar e a tecer o algodão e a lã. O termo denotava uma atividade respeitável, na qual as moças solteiras, as órfãs e as viúvas ganhavam a vida fora da casa da família. Na era vitoriana, muitas solteiras de classe média desfrutaram de uma vida de "solidão abençoada" (entre elas Florence Nightingale e Louisa May Alcott). Algumas ensinavam, outras administravam casas exclusivas para mulheres. Hoje, essas amizades especiais seriam consideradas vagamente lésbicas, mas naquele tempo ninguém se preocupava muito com as paixões entre mulheres.

(ver: *Coquetéis*, *Tribos urbanas*)

Soneca

Pode se tratar de um gato, um mestre do universo, um periquito ou um cachorrinho fazendo a sesta, serrando um tronquinho, repousando, no remanso, dando uma encostadinha, tirando um cochilo, fechando os olhos por um segundo, ou seja, dormindo no meio da tarde: essa é uma das alegrias da vida. Nos restaura em todos os

sentidos. Uma hora de sono durante a tarde equivale a três horas de sono noturno. E isso pode aliviar a exaustão, melhorar o humor e nos preparar para uma longa noite fora.
(ver: *Refúgio*)

Sonhos

"Não tenha medo. A ilha é cheia de ruídos,
sons e doces melodias que encantam e não fazem mal.
Às vezes ecoam em meus ouvidos mil instrumentos
de sonoras vibrações, e às vezes vozes
que me fazem adormecer, mesmo que eu tenha
acabado de despertar de um longo sono; então, no sonho,
as nuvens se abriam e deixavam cair sobre mim
tantos tesouros que, ao acordar,
chorei querendo voltar a sonhar."
— *A TEMPESTADE*, ATO III, CENA II, WILLIAM SHAKESPEARE

"Somos feitos de sonhos
e nossa vida efêmera
é cercada de sono."
— PRÓSPERO EM *A TEMPESTADE*, IV.I, WILLIAM SHAKESPEARE

"Sonhos... Passaram por mim como o vinho pela água e mudaram a cor da minha mente."
— *O MORRO DOS VENTOS UIVANTES*, EMILY BRONTË

"Sonhar é de graça."
— "*DREAMING*", DEBBIE HARRY

(ver: *Freud, Jung*)

(O) sono

Passamos um terço da vida dormindo. É uma experiência pessoal incomparável, mesmo quando compartilhamos a cama. A sensualidade, a total entrega (quando se consegue) é maravilhosa. É a maneira pela qual o cérebro restaura e reinicializa o computador. Muitas vezes, durante a noite, solucionamos problemas criativos. Como insiste a atriz Penélope Cruz: "O sono é o melhor recurso para conseguir felicidade e beleza. Uma vez, minha irmã dormiu direto durante três dias. Meu recorde são 18 horas."

O sono pode ser um grande refúgio nas dificuldades da vida. Em vez de responder a um e-mail aflitivo ou tomar qualquer decisão sobre uma dificuldade de relacionamento, espere pelo menos 48 horas e, em vez de agir, vá para a cama.

O sono nos faz pensar melhor (ajuda a manter normais as habilidades cognitivas como a fala e a memória). Também ajuda a regular o peso (a carência de sono reduz a quantidade de leptina produzida pelo corpo, resultando em aumento do apetite). Ele é o estimulante mais rápido e mais barato que podemos conseguir.

Muitos profissionais de sucesso consideram perda de tempo dormir e acumulam uma privação crônica de sono. No entanto, tal como se administra uma conta bancária, assegure-se de depositar um extra nos fins de semana ou nos dias de folga.

(ver: *Camas, Insônia, Pele*)

Sorvete italiano

A delícia feminina por excelência. Os sorvetes italianos têm uma textura macia com uma explosão de sabor intenso e um teor de gorduras maravilhosamente baixo (menos que a metade da gordura do sorvete tradicional). Esqueça a falta de graça do sorvete de baunilha ou de morango; os sabores de hoje incluem pinhão, erva-doce, avelã, abóbora, mascarpone e maçã com canela, além das versões dos clássicos

italianos como pistache, queijo e chocolate. Às vezes é muito bom deixar de lado o prato principal e partir direto para a sobremesa. E você sempre pode pedir um pouco de licor como cobertura. É delicioso.
(ver: *Um pouco do que você acha que lhe faz bem*)

Streep, Meryl [ícone]
"É muito bom que a Terra seja redonda porque não precisamos enxergar muito longe."

Suicídio
Lembrando Nietzsche, a ideia do suicídio pode nos ajudar a atravessar uma longa noite. No entanto, não se suicide. Isso é essencialmente autoextinção e deixa arrasados os amigos e a família.
(ver: *Crise, Abandonar a festa*)

Superalimentos
(ver: *Mirtilos, Comer verduras*)

Suu Kyi, Aung San [ícone]
"Ter a paz como objetivo é um ideal que não será contestado por quaisquer governos ou nações, nem mesmo os mais beligerantes."

Sutiãs
De acordo com os especialistas, quase todas nós erramos no departamento sutiã. Aparentemente, 76% da população feminina usa diariamente um sutiã mal ajustado e provavelmente tem uma gaveta cheia de peças inadequadas. O erro mais comum é comprar um su-

tiã com as costas largas demais e o bojo muito pequeno. Isso pode ser um problema sério porque empurra os seios para os lados em vez de dar-lhes sustentação.

Infelizmente, também descobrimos que nem mesmo uma mudança de peso ajuda a remodelar os seios. Portanto, é simples. Consiga uma sessão de ajuste! As boas lojas de departamento quase sempre oferecem esse serviço. Se você já passou dos 35, invista em dois bons sutiãs. Nós prometemos que você não vai se arrepender. (ver: *Seios, Lingerie criativa, Não posso comprar um artigo barato*)

Swinton, Tilda [ícone]

"O tapa no rosto, os dedos entrançados nos cabelos. Nunca se olhe no espelho e jamais pergunte a alguém se está com boa aparência."

T

Tabagismo

Em uma campanha publicitária dos anos 1950 para uma marca de cigarros, o anúncio afirmava: "Com um Strand, você nunca está só." E como eles tinham razão! O cigarrinho extremamente confortável é uma maravilha para muita gente e por diversas razões: para acalmar os nervos; como acessório numa produção; como algo com que ocupar as mãos com uma aparência muito mais enigmática do que um telefone; para nos tornar parte de um grupo; para conquistar novos amigos; como um acompanhamento perfeito para uma bebida. Na verdade, vamos falar sério, aquilo não é só um cigarro, é um poema.

Por razões óbvias e pesquisadas pela ciência, faz mal fumar, mas também existem dúzias de coisas que fazem mal, inclusive comer alcatrão e atirar o gato contra a parede. Portanto, enquanto você conseguir fumar com moderação e, se possível, depois das 18 horas, esse é um hábito para cultivar. Esconda cigarros pela casa e pelo carro. Se viver no campo, faça um estoque de fumo solto e dos maravilhosos papéis com aroma de alcaçuz. Você nunca sabe quando poderá repor a reserva.

(ver: *Um pouco do que você acha que lhe faz bem*)

Tabus

(ver: *Limites, Troca de casais, Ata-me!*)

Tango

(ver: *Dança, Atividade física, Fluir, Paixão*)

Tarefas domésticas

"Acho que, sem comparação, o trabalho doméstico é muito mais cansativo e apavorante que a caça, mas, depois de caçar, as pessoas têm direito a comer ovos no chá e a descansar durante horas. No entanto, depois de fazer o trabalho doméstico, todos esperam que você aja como se nada de especial tivesse acontecido."

— Nancy Mitford

(ver: *Faxina, Fluir*)

Tarifa para solteiros

Sim, é irritante pagar uma tarifa mais alta por estar sozinha. Os quartos de casal custam menos, se você não se importar em dividir o espaço com uma amiga ou um amigo. Contudo, achamos que vale a pena pagar mais para ter um banheiro privativo — e poder contar com aquela hora vital a sós para recarregar as baterias antes dos coquetéis.

(ver: *Férias entre amigas*)

Tatuagens

As tatuagens já foram a praia particular dos marinheiros, da mulher gorda do circo e de um aristocrata ou outro, mas agora todo mundo tem ou está pensando em ter uma. Elas dividem radicalmente as pessoas. Os homens tendem a adorá-las ou detestá-las nas mulheres. Nessa questão, raramente a atitude deles é neutra. Contudo, mais uma vez, a escolha é sua e uma tatuagem pode ser uma maneira esperta de marcar um momento importante da vida.

(ver: *Parecia ser uma boa ideia, Lembranças e talismãs, Sentimentalismo*)

Táxi

Jamais lamente o dinheiro gasto com táxi. Esse meio de transporte economiza seu tempo, além de proteger seus cabelos/roupas/calçados — ou os três — em um dia chuvoso. Eles fornecem um importante espaço psicológico em um dia estressante.

(ver: *Segurança*)

Tecnologia

Será que existem aplicativos para lidar com ela? É claro que a tecnologia é um horror, cansativa e complicada, mas para isso foram inventados os adolescentes, seus ou de outras pessoas. E nesses casos eles são alegremente úteis. Todas aquelas horas baixando coisas, executando pesquisas, navegando no Facebook e tudo o mais que eles fazem finalmente rendem frutos quando eles põem em prática essas habilidades (de graça, naturalmente) para resolver seu problema e atender às suas necessidades. Os adolescentes adoram tecnologia e ficam felizes quando podem ajudar, principalmente porque isso é muito mais interessante do que arrumar o quarto ou levar o lixo para fora. Para eles, é natural. Eles podem descobrir coisas na Internet numa velocidade maior que a da luz: é mais ou menos como ver o Jamie Oliver preparar um prato de massa à putanesca. Se você precisar aprender alguns aspectos básicos de tecnologia, peça emprestado um adolescente por algumas horas, mas se estiver realmente atolada, vale a pena pagar por algumas aulas decentes de um adulto treinado. Contudo, se você tiver cumprido seus deveres de madrinha, poderá descobrir que seus afilhados estão generosamente dispostos a ajudar.

(ver: *Madrinhas, Adolescentes*)

Tédio

"... aquele estado de animação suspensa no qual damos o pontape inicial, mas nada avança; aquela sensação de inquietação difusa que

contém a vontade mais absurda e paradoxal, a vontade de ter um desejo."
— Adam Phillips [Psicólogo]

Temperança
De vez em quando, é bom trabalhar os músculos da temperança, mesmo que isso signifique ficar algum tempo hesitando entre pedir um Negroni ou água. Sim, "garçom, por favor, uma água dupla com uma fatia de limão para limpar o fígado!".

Tradicionalmente, janeiro é a época em que todos dispensam a garrafa, mas pode ficar muito melancólico se num dia de muito frio você e todo mundo a seu redor estiver bebendo água saborizada em torno da mesa da cozinha. Ainda bem que fevereiro é um mês curto. A páscoa é um bom período para a maior sobriedade, tendo um respaldo religioso adequado, e quando você chegar aos portões do céu, São Pedro terá anotado esse fato na sua ficha. Seja qual for sua religião, a abstinência de álcool é uma boa maneira de manter um controle sobre o alcoolismo e de lembrar-se calmamente de ficar uma ou duas semanas sem beber. Mas, veja bem, tudo com moderação. Inclusive isso, talvez.
(ver: *Álcool, Dipsomania, Buscas*)

Tempo
"Nós não *temos* tempo, nós *criamos* tempo."
— Anônimo

Terapia
Escolha a sua.
(ver: *Freud, Jung*)

Terapia cognitivo-comportamental (TCC)

Está muito na moda nos círculos psicoterapêuticos e é uma ferramenta útil se você quiser mudar padrões destrutivos de comportamento ou um pensamento repetitivo e depressivo. Trata-se essencialmente de apertar o botão de "reiniciar".

(ver: *Depressão, Visualização*)

Terapia de família

Pode ser extremamente dolorosa, mas também é uma ajuda surpreendente.

(ver: *Irmãos, Feridas paternas, Filhas, Mães, Irmãs, Irmãos, Filhos, Adolescentes*)

(O) terceiro espaço

Não está localizado entre as suas sobrancelhas, embora uma pressão com o polegar sobre esse ponto da acupuntura possa ajudar a aliviar a tensão de um dia atarefado.

(ver: *Casas de praia, Bibliotecas*)

Ternos (masculinos e femininos)

Na década de 1980, as mulheres precisavam usar terninhos para provar que eram iguais aos homens. Os vestidos eram considerados suspeitos. O terno dizia: "Ouçam o que digo, me deem seu dinheiro e seus votos." O traje também dizia: "Sou um homem honorário."

Daquele tempo thatcheriano para cá, o vestuário de trabalho das mulheres mudou significativamente, tornando-se mais informal e mais "feminino". É perfeitamente aceitável "descasar" os ternos. Um tailleur pode ter uma saia rodada e jovial ou uma saia lápis ajustada. Vivienne Westwood cria ternos com uma levada à Lauren

Bacall. É claro que um terno completo ou um smoking ao estilo de Tilda Swinton ou Carla Bruni nos deixa confiantes, disfarça as formas e nos veste sem esforço da manhã à noite. Um colar de pérolas ajuda.
(ver: *Fêmeas alfa, Mulheres de poder, Vestidos, Pérolas, Estilo, Onde anda o feminismo?*, *Roupas de trabalho*)

Testamento

É difícil tomar a decisão de fazer um testamento, principalmente quando se tem uma doença potencialmente fatal. Esse ato nos leva a encarar a própria mortalidade, mas é essencial tomar essa providência, caso contrário o governo vai ficar com a parte do leão. Se você tiver muitas propriedades, provavelmente o melhor é procurar ajuda legal sobre a melhor maneira de dividir os bens. No entanto, se tiver pouco dinheiro, basta pegar um formulário no cartório e preenchê-lo. Você vai precisar de pelo menos dois amigos ou conhecidos como testemunhas. Se tiver algum desejo especial sobre a organização do seu funeral, é uma boa ideia escrever uma carta de intenções que deve ficar junto com o testamento. Contudo, não elabore demais os arranjos do funeral. É melhor que aqueles que você deixa para trás pensem sobre o que mais reflete sua personalidade e organizem a cerimônia de acordo. Isso os ajudará a não pensar nas coisas tristes. O mais importante, caso você tenha filhos menores, é pensar cuidadosamente sobre quem você gostaria que tivesse a guarda deles.
(ver: *Encarar o problema, Seguro, Abandonar a festa, Questões financeiras*)

Thompson, Emma [ícone]

"É lamentável e eu realmente preferia não ter que dizer isso, mas gosto muito dos seres humanos que sofreram. Eles são mais compassivos."

Tias

Hoje em dia, com a ideia de família estendida e as fortes ligações entre amigas (às vezes mais fortes que a ligação entre irmãs), qualquer mulher pode ser uma "tia". Esperamos que o tipo de tia descrito por P. G. Wodehouse e Roald Dahl seja coisa do passado. Quer exista consanguinidade, quer não, uma amiga pode ter uma posição especial na vida de uma mulher. O papel da tia é necessariamente fluido. Do ponto de vista da mãe das crianças, a tia provavelmente é uma amiga em quem ela pode confiar inteiramente, que tem os mesmos valores e que assumirá temporariamente o papel de mãe se ela precisar de ajuda ou se as coisas ficarem difíceis. Da perspectiva dos filhos, a tia é uma mulher ótima para aventuras, presentes e passeios na Disney. Para a tia, é ótimo fazer parte de uma família sem ter essa obrigação em caráter diário.

(ver: *Bebês, Sem filhos por opção, Madrinhas, Adolescentes*)

Tintura

Ela mudou tudo. Antes dos anos 1950, poucas mulheres pintavam os cabelos, e até mesmo na década de 1970, o pintor Francis Bacon ficou famoso por retocar a raiz dos cabelos com graxa para sapatos, mas a tintura para cabelos foi um produto muito liberador para as mulheres, que, a partir de certa idade, automaticamente pintam o cabelo. Nunca subestime os poderes revigorantes da tintura.

(ver: *Só somos jovens duas vezes*)

Tormento

"Quase sempre aprendemos muito mais em dez dias de tormento do que em dez anos de satisfação."

— Merle Shain [jornalista e escritora]

O tormento emocional é inconfundível e pode trazer sintomas físicos como perda do apetite, perda rápida de peso e sentimentos de estresse agudo, em geral acompanhado por um comportamento maníaco frenético. Podemos tomar remédios para superar essa condição. Também podemos optar por viver com esse sofrimento emocional pelo menos durante um tempo limitado. Os terapeutas defendem a ideia de que essa dor aguda que geralmente resulta da separação de alguém que amamos, seja por divórcio, seja por morte, é um acontecimento espiritual que marca um momento de transformação. É uma travessia pelo mundo das trevas. A mensagem dos deuses indica que a passagem pelo fogo nos dá mais autoaceitação, autoconhecimento e compreensão, e nos permite voltar intactas ao mundo dos vivos.
(ver: *A idade do pesar*, *Perséfone*)

Trabalho voluntário

É uma maneira fantástica de deixar de lado o egocentrismo e dar uma contribuição para o mundo a seu redor.
(ver: *Natal*, *Sair da toca e se envolver*, *Autocomiseração*)

Trapaça

Nos jogos de cartas e também na vida, o ato de enganar alguém tem uma qualidade sorrateira que é muito desagradável. Ele indica o desejo de ganhar a qualquer custo e a incapacidade de respeitar as qualidades refinadas e as habilidades genuínas dos outros. Os trapaceiros costumam ser desmascarados; basta ver o exemplo de Lorde Archer, Lorde Black e Bernie Madoff, presos por diferentes fraudes, traições e perjúrios. Esses trapaceiros são desprezados por todos, menos por outros trapaceiros. As mulheres tendem a enganar com mais estilo e com muito mais sensualidade, como Mata

Hari e a Milady, de *Os três mosqueteiros*, portanto, somos capazes de perdoar quase tudo o que elas fazem.
(ver: *Pôquer*)

Trens
Horas lendo romances, uma vista maravilhosa, nenhuma pressão ou engarrafamento. Não dá para exagerar a grande alegria que é se entregar a uma viagem de trem. Em uma nação obcecada por carros, os viajantes ferroviários são muitas vezes vistos como cidadãos de segunda categoria, mas os trens são românticos, quer você esteja embarcando no Expresso do Oriente, quer esteja indo para casa ver sua mãe. Reserve com antecedência a passagem e você vai conseguir excelentes ofertas (comprar a ida e a volta separadas pode ser mais barato do que comprar uma passagem de ida e volta). Então gaste o que economizou em um lanche generoso ou uma taça de champanhe. O melhor é que ninguém vai lhe dizer o que fazer e não haverá um carona metido a motorista. Você estará no controle.
(ver: *Poesia, Férias entre amigas, Meditação, Nunca dispense um encontro promissor, Piqueniques*)

Tribos urbanas
Para muitas pessoas, os amigos são o grupo com quem a afinidade é mais significativa. Quando demoramos a encontrar um parceiro, encerramos um casamento ou lutamos para permanecer adultos independentes por mais tempo, ansiamos por conhecer pessoas que nos conheçam "de verdade": pessoas que reforcem nossa identidade em vez de procurar mudar nossa maneira de ser.

O escritor norte-americano Ethan Watters deu a esse fenômeno o nome de "tribo urbana", uma complexa comunidade de pessoas que vivem e trabalham juntas em diversas combinações, realizam rituais regularmente e se prestam o mesmo tipo de apoio que as respectivas famílias costumavam prestar. Bons exemplos de tribos urbanas são vistos em programas de televisão como *Sex and the City* e *Friends*, que mostram grupos de amigos sempre prontos a se socorrer mutuamente e a ser uma constante na vida uns dos outros. Um dos prazeres de viver na cidade é ser capaz de ter tantas tribos de amigos diferentes, para as diferentes partes do quebra-cabeça que é a nossa vida — do portão da escola aos colegas de esportes e à turma da happy hour. Todos os membros de uma tribo devem estar conscientes dos elementos ridículos das vidas dos outros.

Toda tribo precisa ter um amigo mais ferrado — cuja vida é mais desorganizada que a sua. Essa figura pode beber mais, ter casos ou ficar na balada até mais tarde. Seja qual for, o vício dele ou dela é um lembrete agradável de nossos dias menos comportados e, ao mesmo tempo, nos dá um sentimento modesto de que agora somos bastante responsáveis. E, naturalmente, todas nós temos uma amiga poderosa — sempre correndo sobre saltos altos, voltando de algum lugar exótico ou a caminho de um evento para o qual você não foi convidada. A vantagem dessa amiga: faz você se sentir em contato com um mundo diferente. A desvantagem: assim que ela se afasta, você tem vontade de gritar "onde foi que eu errei?".

(ver: *Amigos, Solteironas*)

Tribuna

Se quiser expressar suas opiniões, não deixe de fazê-lo. Todos nós temos um tema de eleição, e é bom divulgá-lo. No entanto, tome cuidado para não se tornar uma chata nota dez.

(ver: *Chatos, Manifestações, Intervenção irônica, Política, Verborragia*)

Trintonas

Houve um tempo em que uma mulher de meia-idade usava gorro de lã e botas confortáveis de salto baixo. As trintonas, porém, não estão abrindo mão das calças boyfriend e dos paetês. São trintonas as mulheres que estão justamente no intervalo entre a promissora década dos 20 anos e a melancólica terra devastada da meia-idade.

Essas mulheres sabem que já não são jovens e não podem ficar até as 4 horas da manhã na balada sem ter uma ressaca monumental, mas ainda se vestem e agem como se seus anos "mudernos" ainda não tenham chegado ao fim. Elas sempre parecem estar se divertindo. Entre as mulheres símbolo dessa fase está Helena Bonham Carter, que parece estar no auge da felicidade quando circula com vestidos insanos e cabelos despenteados; ela sempre parece estar numa boa.

Trintonas usam roupas "casuais" ou "excêntricas", porém jamais sujas ou desarrumadas. Elas sabem que precisam escolher entre o rosto e o bumbum, mas fazem um bom corte de cabelo e procuram uma esteticista para manter a pele em boas condições. Elas também gostam de um pedicuro de vez em quando e podem ter experimentado os cílios postiços. Quanto à família e à carreira, vale qualquer coisa para converter o tédio em energia renovada.

(ver: *Zona de conforto, Autonomia*)

Tristezas

"Não cultive a tristeza. Tudo o que se perde volta em outra forma."
— Rumi

"A tristeza é diferente. A tristeza não admite distância. Ela vem em ondas, paroxismos, entendimentos súbitos que deixam os joelhos moles e os olhos cegos e que obliteram o caráter diário da vida."
— *O ano do pensamento mágico*, Joan Didion [ícone]

(ver: *Idade do pesar, Pesar*)

Troca de casais

É o equivalente moderno às orgias dionisíacas, porém sem o comparecimento de deuses. A troca de casais está mais uma vez na moda. Basta ver o site Killing Kittens. A expressão lembra o liberalismo sexual à moda da década de 1970 e lembra também uma era de inocência pré-Aids. Ela sugere imagens de grama dos pampas e de pornografia alemã, mas cuidado: antes de jogar a chave do carro na mesa, você está preparada para enfrentar as consequências quando for levar as crianças na escola na manhã seguinte? Talvez seja melhor deixar que o swing continue no território da fantasia.

(ver: *Casos, Ata-me!*)

Tweed

A linda e sutil mistura de cores cria um *tweed* perfeito. É uma das coisas que nos dão orgulho de sermos britânicas — bem, na verdade, principalmente escocesas; embora existam muitos tipos de *tweed* ingleses e também galeses... Mas, saco, essa é uma longa história. Contudo, se você não tem sua própria charneca, pico nevado, leito de rio, campo de tojo ou de urzes, um casaco de *tweed* bem cortado leva você para perto de tudo isso.

(ver: *Ternos, Vintage*)

U

Um bom homem é um artigo raro

Mas não é impossível de achar.
(ver: *Bom material conjugal, Esperança, Agenda de endereços, Mesa de honra*)

Um pouco do que você acha que lhe faz bem

Seja um cigarro de vez em quando, um bombom ou uma fugidinha para ir ao cinema durante a tarde, honre esses pequenas desejos e fantasias totalmente inocentes. Ninguém vai fazer isso por você.
(ver: *A variedade é o tempero da vida*)

Um teto todo seu

"Assim, as mulheres não têm a menor chance de escrever poesia. Foi por isso que fiz tanta questão de ter dinheiro e um teto só meu."
— *Um teto todo seu*, Virginia Woolf

(ver: *Refúgio*)

Universo em expansão

Experimente ouvir um gênero musical que ainda não conhece. Sintonize uma rádio diferente. Aprenda outro idioma. Experimente comidas novas. Misture um pouco as coisas só para ter uma perspectiva diferente; pode ser algo tão simples quanto mudar a posição dos móveis ou dormir no outro lado da cama.

Amplie os limites do corpo com aulas de artes marciais. Aprenda a plantar bananeira. Experimente a meditação ou abra a mente para pontos de vista políticos ou religiosos diferentes dos seus. Mesmo que você não concorde com eles, será capaz de discutir a questão com muito mais propriedade.

Algumas pessoas dizem que aprender algo novo todo dia lhes dá mais felicidade do que o sexo. Tudo que você aprende cria novas trilhas neurais no cérebro. Com o tempo, com a prática, você gradualmente se torna mais eficiente em alguma coisa. O cérebro humano é infinito, nós usamos mais ou menos um oitavo dele. Podemos continuar a aprender até a hora da morte. A rainha Elizabeth II vem mantendo durante toda a vida o hábito de aprender um fato novo por dia.

(ver: *Zona de conforto, Plantar bananeira*)

Usar branco

É raro alguém permanecer virgem até se casar, portanto, hoje em dia o uso de um vestido de noiva branco é um gesto simbólico, e não um reflexo da realidade. No passado, ao se casar pela segunda vez era suficiente usar um vestido bonito ou um terninho prudente. Hoje em dia, você pode fazer a festa. Novamente.

(ver: *Pegar o buquê, Bolo de noiva, Casa comigo?*)

Usar preto com prudência

É recomendável, principalmente quando ficamos mais velhas. Ninguém quer se parecer com uma avó grega, uma estudante idosa da Rive Gauche ou uma vocalista do grupo Iron Maiden. Lembre-se de

Fellini e depois pense em uma saia lápis e sapatos presos no tornozelo, talvez acompanhados de um pequeno cardigã, e você estará pronta para sair. Anita Ekberg também. Haja o que houver, não se cubra de preto todos os dias. É uma armadilha em que podemos cair facilmente porque parece segura. Tente pensar no preto como uma cor e então trate-o com o devido respeito.

O pretinho básico deve ser exatamente isso: básico. Um spencer bem cortado combina com saias ou com calças capri. O mesmo acontece com um xale de caxemira. O cinza escuro e o roxo suavizam os pés de galinha, mas uma saia lápis preta dá uma silhueta perfeita, portanto, se for preciso usar uma cinta para fazê-la funcionar, que seja.

(ver: *Cor*)

V

Vaidade necessária

Os jornais e revistas parecem oscilar como um pêndulo em sua visão da vaidade. É claro que essa é uma forma muito conveniente de assustar e castigar as mulheres, mas também de fazer propaganda para elas. Por um lado, todo mundo é condenado se pelo menos pensar em usar botox ou fazer cirurgia plástica, mas por outro lado, nunca foi maior a pressão para parecer mais jovem e bonita e para beber na fonte da vida eterna. Recentemente, noticiou-se que as adolescentes estão começando a usar botox. Isso é uma tragédia.

Contudo, se partirmos do princípio de que no fundo ninguém quer sair pela rua calçando um sapato diferente em cada pé, cheirando a urina e usando um vestidão imenso pelo avesso, precisamos aceitar que a vaidade necessária deve ser considerada equivalente ao sentimento de autovalorização e de autoconfiança interior. Por que não ter a melhor aparência em qualquer idade?

Existem todos os tipos de tratamento de saúde e beleza que não são invasivos e que melhoram a qualidade de vida, valendo o investimento. Como em tantas outras questões, os franceses têm a resposta certa: bons cuidados para a pele valem seu peso em ouro, não precisam custar uma fortuna e acumulam vantagens ao longo dos anos. A expressão "... porque eu mereço" virou uma espécie de piada nos últimos anos, mas é verdade: você merece!

(ver: Bien dans sa peau, *Autoconfiança interior*)

Vale repetir

Desde o advento da pílula, em 1963, o sexo sem compromisso passou a fazer parte da vida moderna. O lado positivo disso é que no calor do momento não há regras; o lado negativo é que na inclemente luz do dia... Bem, não há regras. E isso pode deixar as partes envolvidas em apuros, inseguras e constrangidas. Nos dias seguintes, pode haver dúvidas e autopunição. Tudo isso é desnecessário. Se todos puderem concordar que "vale repetir", ou seja, a primeira vez é simplesmente por fazer e a outra vez é para por as coisas no lugar, o mundo vai ser um lugar mais feliz. Junto com um acordo de que aquilo não vai virar um relacionamento duradouro, esse gesto de cortesia mostra respeito e apreciação mútuos. Também adiciona ao segundo encontro um ar de "doce lamento". Ainda pode ser a base para uma amizade duradoura, e o que pode ser melhor do que isso? (Apesar de nós recomendarmos dar um tempo antes de entrar em contato com a pessoa em questão mais uma vez.)

(ver: *Solteirões, É só um presente*)

Vamos dividir a conta?

Inevitavelmente, nessa questão estamos divididas meio a meio. Sim, é claro que é importante afirmar a individualidade, a independência econômica e o direito de transar sem sentir que está em dívida, mas é maravilhoso, adorável e comovente quando o cara diz "eu insisto".

(ver: *Cortesia*)

(A) variedade é o tempero da vida

(ver: *Magia*)

Variedade infinita

"A variedade é o próprio tempero da vida e lhe dá todo o seu sabor."
— "The Task", William Cowper

"O tempo não consegue envelhecê-la, nem o hábito exaure sua infinita variedade."
— *Antonio e Cleópatra*, Ato II, cena II, William Shakespeare

(ver: *Aventuras, Zona de conforto, Sair da toca e se envolver*)

Veias

Ninguém gosta de falar sobre essa questão, mas as varizes não são culpa nossa. O peso não tem nada a ver com elas, e ficar de pé por longos períodos também não; elas também não são uma consequência direta da gravidez. As varizes são congênitas. Um fato pouco conhecido é que os homens também podem sofrer de problemas venosos, embora as mulheres tenham mais probabilidade de buscar tratamento.

Você não precisa sofrer em silêncio. Não pense que esse seja um problema de gente velha. Os cirurgiões afirmam que as válvulas venosas das veias das pernas podem ficar defeituosas muito cedo. Em cada grupo de vinte estudantes de segundo grau, uma provavelmente já tem esse problema. Uma em nove meninas de 18 anos tem varizes. O problema começa quando as válvulas venosas ficam defeituosas e permitem que o sangue circule na direção errada, descendente, o que torna as veias dilatadas. Acredita-se que um estiramento do revestimento muscular seja o responsável por sintomas como dor nas veias e manchas arroxeadas. No passado, o tratamento era brutal: as veias eram removidas numa operação com anestesia geral, o que causava hematomas e a necessidade de um período de duas a três semanas sem trabalhar. Em 80% dos casos, as varizes voltavam dentro de cinco anos. A boa notícia é que agora temos cirurgia minimamente invasiva

para as varizes. Você pode se internar e ter alta do hospital no mesmo dia e o tempo de recuperação gira em torno de duas semanas.
(ver: *Pernas, Vaidade necessária*)

Velas
As velas votivas fazem parte do ritual de quase todas as religiões. Na atualidade, acender velas pela casa em lugares estratégicos dá uma sensação incrível de alegria e festa, principalmente no inverno. Desaparecem os entulhos, os pelos de gato e a pintura descascada. Você nem precisa esperar que a noite caia: na Escandinávia acende-se velas a qualquer hora do dia ou da noite.

Contudo, vale uma advertência: tal como as almofadas, as velas são artigo para mulheres. Os homens não entendem o conceito. E também é possível exagerar no uso. A colunista Julie Burchill fez uma observação hilária: "Aposto que é possível provar por meio de gráficos que quanto maior o número de velas perfumadas que uma mulher compre, menos orgasmos e segurança no emprego ela tem." Essa doeu!
(ver: *Simpatias*)

Ver televisão não faz mal
Não fale mal dela: a televisão é um excelente recurso. Ela educa, informa e diverte. Compartilhar amor por um programa é uma forma de estabelecer uma relação com sua tribo. A TV também é ótima quando precisamos esfriar a cabeça e relaxar; fantástica se estamos tentando superar a perda de um amor... Não há nada como um filme de época (ou três) para desligar a cabeça. Ela também é boa para proporcionar-nos horizontes infinitos se o orçamento e a disposição não permitem sair da poltrona. Contudo, não vire um vegetal numa base 24/7. Essa é a definição de depressão.
(ver: *Ser bem-informada, Tristezas, Coisas boas que são gratuitas*)

Verborragia

Se você não tiver uma causa, uma causa irá encontrá-la. Um dia, no meio de uma discussão sobre o uso de peles de animais/parto natural/escolas particulares/livro impresso ou livro eletrônico, você vai perceber que esteve argumentando violentamente durante dez minutos. Um discurso inflamado é muito divertido: mostra que você é participante e se importa com o que acontece. As pessoas gostam de ver alguém a todo vapor. O tema do discurso pode ser elevado ou trivial. A ideia é parecer excêntrica. É perfeitamente adequado pontuar sua verborragia com um comentário do tipo "desculpe, estou falando demais" e simplesmente prosseguir. Mas tome cuidado para não se tornar uma chata. Se o sorriso no rosto dos amigos começar a parecer um pouco fixo, pare de falar.

(ver: *Chatos, Comportamento de velha*)

Verdade

" ...sê honesto contigo mesmo."
— *Hamlet*, I., III., William Shakespeare

"E conhecerás a verdade e a verdade te libertará."
— João, 8:32

(ver: *Culpa, Mentirinhas*)

Verdes anos

"... meus verdes anos,
quando eu era imaturo em minhas avaliações e tinha sangue frio."
— *Antonio e Cleópatra*, I., V., William Shakespeare

Todos temos direito a três grandes amores durante a vida. Apesar de saber que os verdes anos já se foram e mesmo com rugas e com o

aumento da circunferência dos quadris, os amores maduros nos oferecem mais uma vez a chance de satisfação romântica. O amor tardio tem sua própria luz e profundidade.
(ver: *Como responder a um convite, Amor tardio, Agenda de endereços, Mente aberta*)

Véspera de ano-novo
Pode ser fantástica ou pode ser horrível e em geral não há rima nem razão para isso.
(ver: *Autocomiseração*)

Vestidos
Dos pretinhos básicos e chemises ao elegante vestido envelope de Diane von Furstenberg, o vestido é o máximo. Uma vestimenta de uma peça só é prática: não é preciso combinar um vestido com outras peças, o que poupa tempo pela amanhã. Um vestido vai levar você da manhã até a noite (para refinar a produção, simplesmente use um colar e saltos altos). No frio, um vestido no estilo *trench coat* é ainda melhor se você costuma esquecer ou não gosta de carregar casacos para as festas ou para o teatro.

Mas é a "qualidade vestida" do vestido que merece elogios. Nada favorece tanto as curvas. Ele pode dar uma cintura fina e ter uma sugestão de decote, transpirando feminilidade adulta. Se sua tendência é usar jeans ou se você for viciada em roupas informais, não há como negar o poder de usar um vestido de vez em quando. As pessoas ficam derretidas.

O segredo é encontrar o que mais lhe favorece. A silhueta é importante. Quem tem forma de maçã deve preferir um tubinho bem modelado; quem tem uma silhueta no estilo *Mad Men* fica melhor com uma modelagem dos anos 1950; as longilíneas e magras podem usar saias mais curtas do que imaginam, principalmente com meias opacas, o presente de Deus para as mulheres.

Tenha o cuidado de preferir um vestido forrado (sem amassados) que lhe permita dobrar-se, esticar-se etc. sem constrangimento e sem rasgar as costuras. A regra básica é usar um bom decote ou mostrar as pernas, mas não fazer as duas coisas: ninguém quer ser confundida com uma periguete. E, lembre-se: as mangas podem esconder uma multidão de defeitos, portanto junte à sua produção um casaquinho de renda ou não se deixe seduzir por um vestido sem mangas. Os especialistas em moda não chegam a um acordo sobre bolsos: eles costumam prejudicar a linha do vestido, mas as mulheres precisam de lugares secretos para levar o batom, o cartão de crédito etc. Um tecido bonito é como uma pintura ambulante. Não subestime o poder das cores — mesmo que usar somente preto seja muito cômodo. Um decote grande nas costas ou mangas assimétricas deixam o traje divertido. Você não precisa parecer sempre uma garota: os tradicionais vestidos Chanel azul-marinho e brancos foram inspirados nos hábitos das freiras e nos uniformes militares.

O comprimento do vestido é um barômetro das mudanças sociais e econômicas. Terminada a Segunda Guerra Mundial, Dior criou o New Look. Depois dos tempos de racionamento, a volta dos tecidos preciosos revolucionou o visual feminino. Por outro lado, os minivestidos de Mary Quant na década de 1960 foram criados para permitir que as mulheres (até então aprisionadas em *tailleurs* e colares de pérolas) pudessem correr e se mover com facilidade, como menininhas.

Os vestidos nos dão a oportunidade de realizar fantasias discretas: Quem sou eu hoje? Mulher de negócios ou mulher fatal? Às vezes é divertido ser discreta e formal. Em outros momentos, queremos usar vestidos de verão que nos lembrem dos dias da adolescência. E existe um vestido para cada estado de espírito e para cada tipo de evento. Ademais, os vestidos ajudam muito num encontro com

propósitos carnais (são fáceis de tirar), além de os homens adorarem botões. Mas o fato é que eles são para as mulheres. A inveja do vestido faz o mundo girar. Portanto, não espere até perder 15 quilos. Toda garota merece um vestido bonito.
(ver: *Avião, Cor, Pérolas, Formas, Cintura*)

Viagens longas
É fundamental usar calcinhas confortáveis.
(ver: *Aventuras, Macaquinhos*)

Viagra
Não vamos entrar nos detalhes desagradáveis, mas se você quiser ter uma vida sexual satisfatória depois dos 50 anos, pode ser necessário que seu parceiro tome Viagra de vez em quando. Já foi dito que é como transar com um trampolim, mas imaginamos que existam situações piores. Contudo, se você quiser uma sensação agradável um pouco mais completa, por que não experimentar Cialis?
(ver: *Verdes anos*)

Vida verde
Viver de forma ecologicamente correta é muito popular. No entanto, reciclar pilhas pode não ser suficiente para salvar o planeta. Precisamos de uma grande mudança internacional, de políticas radicais e de políticos firmes, preparados para tomar imediatamente decisões difíceis e impopulares, para que nossos netos possam viver em um mundo viável. O tempo vai provar essa questão.
(ver: *Manifestações, Comer verduras, Sair da toca e se envolver, Exercícios verdes*)

Videntes

De vez em quando podem ser divertidos, mas tornam-se perigosos se você criar uma dependência. Não deixe de ler as estrelas, faça seus encantamentos, acrescente mágica a seu pensamento, mas não passe tempo demais com um vidente, porque no fim das contas ele poderá ser um tremendo fardo, além de imensamente dispendioso — e não quero dizer apenas no sentido financeiro.

(ver: *Astrologia, Profetas*)

Vinagre de maçã

Uma colher de chá em uma xícara de água morna: muita gente considera essa a solução ideal para restaurar uma estrutura cansada e tornar os olhos brilhantes e vivazes. Beba uma xícara duas vezes ao dia — os verdadeiros adeptos juram que você vai encolher e irradiar saúde.

(ver: *Menopausa, Dietas, Pele*)

Vinho

Muita coisa esnobe é dita sobre os vinhos. Talvez você seja do tipo que sabe distinguir um Beaujolais, ou talvez seja do tipo caseira, mas uma taça de vinho marca o momento em que você se recompensa com uma unidade de prazer. Pura alegria!

(ver: *Peso explosivo, Bebedeiras, Beber demais*)

Vintage

Se você usar um traje passeio completo da década de 1920 ou um blazer retrô formal, terá aquele aspecto fantástico impossível de localizar. Cada peça tem sua própria história secreta.

No passado, as famílias doavam para os parentes as roupas que não queriam mais, não porque elas fossem elegantes — ou porque isso fosse ecologicamente correto —, mas porque os parentes eram pobres. Consequentemente, vestir roupas de segunda mão era humilhante. Felizmente, o movimento punk mudou tudo isso e de repente passou a ser legal reciclar, mas a regra essencial é não vestir roupas vintage dos pés a cabeça para não ficar muito parecida com a Miss Marple dos livros de Agatha Christie. No entanto, um conjunto de duas peças de *tweed* pode valer ouro em termos de moda. O truque é não usar a saia de bibliotecária junto com o blazer. Ou, se insistir em usar as duas peças, optar por umas meias arrastão.

Comprar roupas antigas significa que você pode ser mais ética e ao mesmo tempo desfrutar de sua individualidade. A roupa de segunda mão tem alma. Na verdade, os novos eufemismos para roupas usadas são: "usada delicadamente" ou "usada com amor". Elas já não são mais um símbolo de vergonha — são uma comenda.
(ver: *Grampos,* Tweed)

Violência contra a mulher

Não pode ser tolerada. Se você estiver na condição de vítima de abuso, tome providências imediatamente. A violência doméstica é fria, feia, desagradável e assustadora. Ao contrário da crença geral, ela não depende de classe social ou econômica. Em nível profundo, ela faz a mulher sentir vergonha, e os homens envolvidos nessa prática quase sempre afirmam que as mulheres são as responsáveis pela agressão que sofrem. Tenha absoluta certeza de que a culpa não é sua. Ela também é uma referência horrorosa para seus filhos, se você os tiver. O amor não tem nenhuma relação com a violência doméstica. Na verdade, o amor pode estar contribuindo para o problema. Se você for vítima de abuso, converse com uma amiga, procure ajuda, estabeleça limites. Não é preciso que isso acabe com o relacionamento, mas alguma coisa definitivamente precisa mudar.
(ver: *Limites, Estupro*)

Visualização

Se você usar o poder da imaginação, poderá aliviar sintomas de doenças, resolver problemas ou simplesmente aprender a relaxar em situações tensas. A visualização é importante em todas as fases da vida, mas principalmente quando enfrentamos doenças.

(ver: *Amiga com câncer*)

Vitaminas

Todo mundo adora estocar vidros cheios de betacaroteno e selênio, mas na verdade seria melhor extrair os antioxidantes e vitaminas de frutas, legumes e verduras.

(ver: *Comer verduras, Metabolismo, Pele*)

Vitti, Monica [ícone]

Será que Monica Vitti é a mulher mais sexy do planeta? Não admira que a aparência dela — cabelos revoltos, olhos pintados, um nariz romano fantástico — ainda seja tão sedutora. Muito popular no início dos anos 1960, graças aos filmes de Michelangelo Antonioni, na época seu amante, ela incorporava a ambivalência e a complexidade e também mostrava que as louras podem fazer filmes cabeça.

Se você quiser encontrar sua *femme fatale* interior, entre no site www.lovefilm.com e compre um DVD de Monica Vitti em um dos filmes *A noite, O eclipse, Deserto vermelho* e *A aventura,* em que ela interpreta uma mulher chique, mas emocionalmente distante que entra num relacionamento com o amante de uma amiga desaparecida. Segundo a campanha de lançamento, o filme trazia "o beijo mais excitante que já foi filmado".

Você também vai saber que Monica Vitti começou a carreira como uma enigmática refugiada no filme de espionagem *Modesty Blaize,* de Joseph Losey, contracenando com Terence Stamp. Ela vive

hoje uma vida tranquila na Itália, mas continua a ser a grande estrela de cinema atemporal do século XX.
(ver: *David Attenborough, Cineclube*)

Viver no presente
(ver: *Fluir, Instinto*)

Você arrasa!
Essa é uma expressão fantástica originária de Trinidad e propõe que você é "a cara", faz as coisas acontecerem, é onde tudo começa e termina: "Você arrasa!"
(ver: Bien dans sa peau, *Vaidade necessária, Autoconfiança interior)*

Você decide
Todo mundo dá conselhos e a maioria os pede. As páginas deste livro estão cheias de conselhos que você pode querer ouvir ou não, mas só você pode decidir se quer.

Você não é o foco da questão
Todo mundo pode ficar paranoico quanto aos motivos dos outros, mas muitas vezes nós não somos o foco da questão. O chefe ou a chefe está de mau humor porque o filho não dormiu durante a noite. Sua amiga "não lhe deu atenção" em uma festa porque uma situação constrangedora se formou em torno do marido dela. Em vez de se apressar e ficar perturbada por conta do que acha ter sido uma desconsideração, procure analisar o problema com a cabeça fria. Ou mesmo deixe aquilo de lado até receber uma explicação adequada. Pode ser um alívio não ser o centro da atenção de todo mundo A

maioria das pessoas está ocupada demais com os próprios problemas para perceber os seus. No desejo de ser sensíveis e de "fazer parte", podemos nos considerar mais importantes do que realmente somos. É hora de parar de fazer drama.
(ver: *Autocomiseração*)

Você tem um conjunto?
Embora usar um par de meias finas com cinta-liga numa barraca empoeirada no campo talvez não seja sua ideia de diversão, não é falta de sensibilidade estar meio preparada para uma ligação perigosa, um fim de semana selvagem ou simplesmente uma iniciativa romântica da parte do homem que você ama. Um conjunto sedutor ou mesmo um sutiã bonito guardado no fundo de uma gaveta à espera do momento certo pode lhe conferir autoconfiança interior.
(ver: *Casos, Ligações perigosas,* Cinq à sept, *Lingerie criativa, Vale repetir*)

WXYZ

Westwood, Dama Vivienne [ícone]

"Acho que as pessoas todo santo dia devem procurar ter uma aparência especial."

Xadrez

Tal como as palavras cruzadas, o sudoku e os quebra-cabeças de bar, o xadrez exercita as articulações e estimula as trilhas neurais do cérebro. Dizem que ele previne o Alzheimer. Provavelmente vale a pena tentar.

XX no email*

É claro que você não ama o endereçado. Contudo, o "X" é a arma secreta da mulher: uma forma de aliviar o peso de um e-mail autoritário para um colega de trabalho ou uma abreviatura de "continuamos amigos" depois de uma mensagem um pouco incômoda. Há dois séculos, isso poderia ser considerado um convite aberto ao sexo. Agora é apenas uma forma simpática e platônica de dizer "obrigada por consertar a copiadora".

(ver: *Tecnologia, XXXs*)

---

* Um X representa um beijo. XX: beijos. [*N. da T.*]

XXXs
Distribua com liberalidade, mas sabiamente.

Yoga
Você já leu o suficiente sobre os benefícios da Yoga para a vida toda e talvez também para a próxima. Basta dizer que é "uma coisa boa", tem uma variedade de formas e provavelmente vai haver uma academia bem perto de você, mas não se esqueça de que essa prática consiste em uma série de meditações, e não uma rotina de exercícios de efeito drástico.
(ver: *Peso explosivo, Cintura*)

Zona de conforto
"A vida começa onde termina a zona de conforto."
— Neale Donald Walsch [escritor]

Todos precisamos sair da zona de conforto e cair no mundo. Tomar chuva e sentir frio é uma das melhores maneiras de nos sentirmos vivos. Passamos tempo demais reclamando do clima, escondidos em nossos escritórios confortáveis e climatizados ou em "bolhas" domésticas onde o pior que pode acontecer é quebrar um salto. Andar a cavalo, mergulhar num rio, remar, dormir em uma tenda ao ar livre, essas são maneiras de voltar a um estado básico fora da zona de conforto. Chegar ao local de destino com frio e com as roupas molhadas depois de uma viagem cansativa é uma delícia e nos faz sentir orgulhosos e à altura dos desafios. Se você vive no campo, não tem desculpa. Se mora na cidade, ainda tem acesso a parques, campos abertos e rios onde poderá encontrar todo tipo de atividade organizada, como caminhadas, passeios a cavalo, canoagem e ciclismo. Seja qual for seu projeto, apenas tome providências

para que no final você tenha à sua espera um chuveiro quente e uma boa refeição.
(ver: *Aventuras, Fluir, Natação ao ar livre*)

Zoologia

(ver: *David Attenborough*)

"A vida só pode ser entendida por uma ótica retrospectiva, mas precisa ser vivida de forma prospectiva."
— Soren Kierkegaard

Bibliografia

Andre, Rae, *Positive Solitude: A Practical Program for Mastering Loneliness and Achieving Self-Fulfillment* (Harper Perennial, 1992)

Athill, Diana, *Life Class: The Selected Memoirs of Diana Athill* (Granta, 2010)

Behrendt, Greg and Liz Tuccillo, *He's Just Not That Into You: The No-Excuses Truth to Understanding Guys* (Harper Element, 2005) [*Ele simplesmente não está a fim de você*, Rocco, 2005]

Bond, Michael, *New Scientist*, 23 de fevereiro de 2009, "When You Should Trust Your Gut"

de Botton, Alain, *Status Anxiety* (Penguin, 2005) [*Desejo de status*, Rocco, 2005]

Burchill, Julie, *Guardian*, 9 de setembro de 2000, "Relax? Don't do it"

Campbell, Joseph, *The Hero With a Thousand Faces* (Fontana, 1993) [*O herói de mil faces*, Ed. Pensamento, 1995]

Csikszentmihalyi, Mihaly, *Flow: The Psychology of Optimal Experience* (Harper Perennial, 2008) [*A descoberta do fluxo*, Rocco, 1999]

Didion, Joan, *The Year of Magical Thinking* (Fourth Estate, 2006) [*O ano do pensamento mágico*, Nova Fronteira, 2006]

Dolgoff, Stephanie, *My Formerly Hot Life: Dispatches From Just the Other Side of Young* (Ballantine Books, 2010)

Ephron, Nora, *I Feel Bad About My Neck: And Other Thoughts on Being a Woman* (Black Swan, 2008) [*Meu pescoço é um horror*, Rocco, 2007]

Gluck, Marion e Vicki Edgson, *It Must Be My Hormones* (Michael Joseph, 2010)

Grouse, Anouchka, *No More Silly Love Songs: A Realist's Guide to Romance* (Portobello Books, 2011)

Hamzelou, Jessica, *New Scientist*, 1 de dezembro de 2009, "The Loneliness of Three Degrees of Separation"

Hoggard, Liz, *How to Be Happy: Lessons From Making Slough Happy* (Ebury/BBC Books, 2005)

Israel, Betsy, *Bachelor Girl: The Secret History of Single Women in the 20th Century* (William Morrow, 2002)

Kennedy, Sister Stanislaus, *Moments of Stillness* (Transworld Ireland, 2009)

Meston, Cindy e David Buss, *Why Women Have Sex: Understanding Sexual Motivation From Adventure to Revenge (and Everything in Between)* (Bodley Head, 2010) [*Por que as mulheres fazem sexo*, Cultrix, 2011]

Moore, Thomas, *Care of the Soul: How to Add Depth and Meaning to Your Everyday Life* (Piatkus Books, 1992)

Monro, Kate, *The First Time: True Tales of Virginity Lost & Found (Including My Own)* (Icon Books, 2011)

Moore, Suzanne, *Guardian*, 15 de janeiro de 2011, "It's Time to Get Angry: All This Polite and Smiley Feminism Is Getting Us Nowhere"

Moran, Caitlin, *How to Be a Woman* (Ebury, 2011) [*Como ser mulher*, ed. Paralela, 2012]

O'Connell, John e Jessica Cargill-Thompson, *The Midlife Manual* (Short Books, 2010)

Patterson, Christina, *Independent*, 10 de abril de 2009, "Martin Amis the Gynocrat"

Perel, Esther, *Mating in Captivity: Sex, Lies, and Domestic Bliss* (Hodder & Stoughton, 2007) [*Sexo no cativeiro*, Objetiva, 2007]

Pine, Karen J. e Simonne Gnessen, *Sheconomics* (Headline, 2009)

Ross, Tim, *Daily Telegraph*, 9 de dezembro de 2010, "One in Five Women Is Childless by the Age of 45"

Ruddock, Jill Shaw, *The Second Half of your Life*(vermilion, 2011)

Scanlon, Jennifer, *Bad Girls Go Everywhere: The Life of Helen Gurley Brown* (Oxford University Press, 2009)

Seligman, Martin E.P, PhD, *Authentic Happiness: Using the New Positive Psychology to Realize Your Potential for Lasting Fulfillment* (Nicholas Brealey Publishing, 2003) [*Felicidade autêntica*, Ed. Ponto de Leitura, 2009]

Shalit, Wendy, *A Return to Modesty* (Pocket Books, 2000)

Shilling, Jane, *The Stranger in the Mirror: A Memoir of Middle Age* (Chatto & Windus, 2011)

Strauss, Neil, *The Game* (Canongate Books, 2007) [*O jogo*, Best*Seller*, 2008]

Tweedie, Jill, *Letters From a Fainthearted Feminist* (Robson, 1998)

Vernon, Mark, *The Philosophy of Friendship* (Palgrave Macmillan, 2006)

Watson, Shane, *How to Meet a Man After Forty and Other Midlife Dilemmas Solved* (Penguin, 2009)

Watters, Ethan, *Urban Tribes: Are Friends the New Family?* (Bloomsbury, 2004)

Wolf, Naomi, *The Beauty Myth: How Images of Beauty Are Used Against Women* (Vintage, 2007) [*O mito da beleza*, Rocco, 1992]

Wolpert, Lewis, *You're Looking Very Well: The Surprising Nature of Getting Old* (Faber & Faber, 2011)

Alguns verbetes deste livro foram inspirados por artigos e resenhas publicados nos periódicos *Evening Standard, Observer, Independent* e *Red magazine* – LH

Créditos

A reprodução das citações foi gentilmente autorizada pelas seguintes fontes:

p. 7 "Days", Philip Larkin (Faber & Faber Ltd, 2003)
p. 17 *God bless you, Mr. Rosewater*, Kurt Vonnegut, 1965.
p. 19 *Story of My Life*, Jay McInerney (Bloomsbury Publishing Plc., 1988)
p. 24 *Pulse*, Julian Barnes (Vintage, 2011). Reprodução autorizada por The Random House Group Ltd
p. 27 citado com autorização e Copyright do The Anais Nin Trust
p. 33 *On Kissing, Tickling and Being Bored*, Adam Phillips (Faber & Faber Ltd, 2003) [*Beijo, cócegas e Tédio*, Cia das Letras 1996]
p. 36 ©1998, 2001. por Eve Ensler. Reproduzido de *The Vagina Monologues* de Eve Ensler, com permissão de Virago, um selo de Little, Brown Book Group
p. 48 *A Child's Christmas in Wales*, Dylan Thomas (Orion Publishing Group, 1986)
p. 67 "Daddy", de *Selected Poems*, Sylvia Plath (Faber & Faber Ltd, 2003)
p. 73 *I Capture the Castle*, Dodie Smith, 1949. Reprodução autorizada por The Random House Group Ltd e Laurence Fitch Ltd
p. 77 *Lassie Come Home*, Eric Knight (Cassell, Orion Publishing Group, 1942)
p. 86 "Never Again Would Birds' Song be the Same", *The Poetry of Robert Frost*, Robert Frost (Vintage Classics, 2001). Citação autorizada por The Random House Group Ltd
p. 96 *One Flew Over the Cuckoo's Nest*, Ken Kesey (Penguin (nova edição), 2005) [*Um estranho no ninho*, Record, 2009]
p. 116 India Knight, *The Sunday Times*, NI Syndication
p. 125 e 145 *The Pursuit of Love*, Nancy Mitford (Penguin, 2010) Com a permissão de Rogers, Coleridge and White
p. 145 *One art*, Elizabeth Bishop (Chatto & Windus, 1994). Reprodução autorizada por The Random House Group Ltd
p. 146 © Patrick Marber, *Closer* (Methuen Drama, Bloomsbury Publishing Plc., 1997)
p. 156 *The Stranger in the Mirror*, Jane Shilling (Chatto & Windus, 2011). Reprodução autorizada por The Random House Group Ltd

p. 171 "Fashion, beauty and women's lives: the great debate", Emma Johns, 27 de fevereiro de 2011, The Guardian News & Media Ltd 2011
p. 185 *The Power of Now*, Eckhart Tolle (Hodder & Stoughton, 2001) [*O poder do agora*, Sextante, 2002]
p. 192 *Anger in the Sky*, Susan Ertz (Hodder & Stoughton, 1943)
p. 211 *The Turquoise Bee: The Love Songs of the 6th Dalai Lama* , Rick Fields (Harper Collins US, 1994)
p. 215 *Status Anxiety*, Alain De Botton (Penguin, 2005) [*Desejo de status*, Rocco, 2005]
p. 225 *Outliers*, Malcolm Gladwell (Penguin, 2009) [*Fora de série*, Sextante, 2009]
p.245 *Wild Swim*, Kate Rew (Guardian Books, 2009

Não dá para viver sem:

Sites

www.absolutevintage.co.uk – ampla seleção de vestuário vintage
www.alcoholics-anohymous.org.uk – alcoólicos anônimos
www.ar457.com – cosméticos com óleo de argan
www.argos.co.uk – equipamento para trabalhar os braços
www.artisanparfumeur.com – o aroma da sensualidade
www.batistehair.co.uk – xampu seco
www.biotherm.co.uk – serum hidratante
www.bookgroup.info – localização de grupos de leitura
www.bravissimo.com – sutiãs para seios grandes
www.bumbleandbumble.com – fixadores para o cabelo
www.byterry.com – maquiagem para mulheres adultas
www.camper.com – sapatos e botas de tamanhos especiais
www.canoethewye.co.uk – canoagem no rio Wye
www.caudalie.com – Caudalie Vinoperfect cosméticos para equilibrar a pele
www.citylit.ac.uk – cursos noturnos
ukclarins.com – pó facial que elimina o brilho
www.clarisonic.com – escovas para a pele
www.coco-de-mer.com – calcinhas sensuais, etc.
www.counselling-directory.org.uk – aconselhamento profissional para qualquer tipo de problema
www.cremedelamer.co.uk – excelente bálsamo para lábios ressecados
www.cutlerandgross.com – óculos escuros cheios de classe
www.darphin.com – cosméticos franceses para a pele
www.dauntbooks.co.uk – livros
www.divorcesolicitors.com – advogados especializados em divórcio, adoção e violência doméstica
www.thedispensary.net – vestidos de Notting Hill
www.drhauschka.co.uk – creme de marmelo e rosas para o dia. Perfeito para jovens
www.drifters.co.uk – aluguel de barcos para passeios nos canais

www.dyptyqueparis.com – velas e essências
www.elizabetharden.co.uk – creme noturno
www.environ.co.za – creme à base de alfa hidroxiácidos
www.esteelauder.co.uk – produtos Advanced Night Repair, afirmam restaurar a pele com uso noturno
www.evafraser.com – ginástica facial
www.evelom.com – técnica para limpeza facial
www.figleaves.com – maiôs e modeladores
www.firebox.com – carregador solar para telefones
www.fitflop.com – sapatos comfort
www.gaggiagelatiera.co.uk – fabricante de sorvetes
www.georgiafoster.com – hipnoterapia para alcoolismo por problemas emocionais
www.getsomeheadspace.com – dicas de meditação
www.greatwriting.co.uk – fórum sobre escrita criativa
www.harissalon.com – cabelos e beleza
www.havaianas.com.br – o chinelo de dedos original
www.hermes.com – perfume unissex
www.ila-spa.com – cosméticos orgânicos para peles sensíveis
www.imedeen.co.uk – vitaminas para a pele
www.jaeger.co.uk – roupas e acessórios maravilhosos
www.johnlewis.com – cortinas black-out
www.kiehls.co.uk – creme condicionador perfeito para cabelos longos
www.korres.com – cosméticos faciais gregos, perfumados
www.landmarktrust.org.uk – aluguel de propriedades para fins de semana
www.languagecourses.co.uk – aprenda um idioma
www.laprarie.com – dermocosméticos de luxo
www.lasenza.co.uk – fita adesiva para segurar vestidos tomara-que-caia
www.lauraleejewellery.com – bugigangas, tesouros e talismãs
www.the-little-things-in-life.co.uk – joias vintage para noivas
uk.lizearle.com – o melhor creme de limpeza
www.lkbennett.com – roupas
www.luluguinness.com – bolsas dos anos 1950
www.lumie.com – lâmpadas para fototerapia
www.mamamio.com – cuidados para o corpo todo
www.margaretdabbs.co.uk – a deusa dos pés
www.mariobadescu.com – produtos para peles com problemas
www.themayfairpractice.com – botox discreto
www.miicosmetics.com – a melhor base de maquiagem do mercado
www.millerharris.com – perfumes e fragrâncias
www.mooncup.co.uk – menstruação sem poluição

www.moroccanoil.com – nutrição a sério para os cabelos
www.myswitzerland.com – agente de viagens
www.nationaltrustcottages.co.ttk – aluguel de imóveis para fins de semana
www.neilson.co.uk – aulas de iatismo e passeios
www.neomorganics.com – velas e difusores sofisticados
www.nespresso.com – máquina de café espresso
www.netaporter.com – roupas e acessórios de designer
www.nowness.com – tudo sobre moda, cultura, arte e gastronomia
www.outerreefsurfschool.com – surfe
www.perriconemd.com – cosmética
www.philipkingsleyco.uk – toucas para natação
www.pinelodgeexmoor.co.uk – passeios a cavalo e chalés no Exmoor National Park
www.powerplate.com – aparelhos de ginástica em todo o mundo
www.the-print-warehouse.co.uk – cartões de visita
www.quirkyalone.net – site de discussões para solteiros descolados
www.rapidlash.com – alongamento milagroso dos cílios
www.rawfirepits.co.uk – lareiras portáteis
www.salomon.com/uk – calçados para caminhadas
www.scholl.com – calçados especiais
www.theschooloflife.com – palestras, performances, sermões leigos
www.sipsmith.com – gin Hammersmith
www.southbankcentre.co.uk – espetáculos musicais gratuitos
www.spacenkco.uk – cosméticos em todo o mundo
www.spasecretsmagazine.com – tudo sobre a mente, o corpo e a alma
www.stripwaxbar.com – depilação com cera
www.suedevittbeauty.com – lápis para os olhos
www.surfdome.com – aventura
www.sustrans.org – ciclismo
www.sweatybetty.com – roupas esportivas e ginástica feminina
www.ted.com – palestras de vinte minutos para download
www.tendskin.com – para irritação da depilação e pelos encravados
www.thelmandlouise.com – site de viagens para mulheres
www.toast.co.uk – roupas e calçados
www.triyoga.co.uk – Yoga e meditação
www.tweezerman.com – pinças de precisão
www.universalaunts.co.uk – festas, babás, empregadas
www.violetvintagejewellery.com – joias antigas bonitas e acessíveis
www.volunteering.org.uk – voluntariado
www.theweek.co.uk – notícias da semana em uma hora
www.thewhitecompany.com – colchões e roupas de cama

www.thewhiteleyclinic.co.uk – ajuda nos problemas venosos
www.wildswim.com – natação ao ar livre
www.thewinesociety.com – degustação de vinhos
www.yapp.co.uk – empresa familiar de enólogos
www.ysl.com – olhos brilhantes
www.yuroll.com – massageador facial de jade

Livros

According to Queeney, Beryl Bainbridge (Little, Brown & Company, 2001)
A Legacy, Sybille Bedford (Penguin, 2005)
Angel, Elizabeth Taylor (Virago, 2006) [*Angel*, Mandarim Editora, 1998]
Ariel, Sylvia Plath (Faber & Faber, 1968) [*Ariel*, Verus Editora, 2007]
Armadale, Wilkie Collins (Penguin, 2004)
The Bachelors, Muriel Spark (Penguin, 1963)
Bad Blood: A Memoir, Lorna Sage (Fourth Estate, 2001)
By Grand Central Station I Sat Down and Wept, Elizabeth Smart (Flamingo, 1992)
Castle Rackrent, Maria Edgeworth (Oxford Paperbacks, 2008)
Cold Comfort Farm, Stella Gibbons (Penguin, 2006) [*Fazenda maldita*, Record, 1997]
Collected Poems of Emily Dickinson (Barnes and Noble, 2003)
The Fountainhead, Ayn Rand (Penguin, 2007) [*A nascente*, Ed. Ortiz, 1993]
The Haunting of Hill House, Shirley Jackson (Penguin, 2009)
The Heat of the Day, Elizabeth Bowen (Penguin, 1987)
The House of Mirth, Edith Wharton (Penguin, 1979)
I Capture the Castle, Dodie Smith (Vintage, 2008)
The King's General, Daphne du Maurier (Virago, 2004)
The Lover, Marguerite Duras (Flamingo, 1994) [*O amante*, Cosac Naify, 2007]
Orlando, Virginia Woolf (Wordsworth, 1995) [*Orlando*, Ediouro, 2003]
The Passion of New Eve, Angela Carter (Virago, 1982) [*A paixão da nova Eva*, Rocco, 1985]
Persuasion, Jane Austen (Penguin, 2006) [*Persuasão*, Best Bolso, 2011]
The Pursuit of Love, Nancy Mitford (Penguin, 1999)
The Rover, Aphra Behn (Nick Hern Books, 1999)
Under a Glass Bell, Anaïs Nin (Ohio University Press), 1995
Villette, Charlotte Brontë (Penguin, 2004)

Músicas

"All I Want", Joni Mitchell (*Blue*, 1972)
"Band of Gold", Freda Payne (1970)
"Blue Valentine", Tom Waits (*Blue Valentine*, 1978)
"Clean Up Woman', Betty Wright (*I Love the Way You Love*, 1972)
"Cry Me A River", Julie London (1955)
"Diamonds Are a Girl's Best Friend", Marilyn Monroe (trilha Sonora de *Os homens preferem as louras*, 1953)
"Fake Plastic Trees", Radiohead (*The Bends*, 1995)
"Gloria", Patti Smith (*Horses*, 1975)
"I'd Rather Go Blind", Etta James (*Her Best*, 1968)
"I'll Take You There", The Staple Singers (*Be Altitude: Respect Yourself*, 1972)
"Is That all There Is?", Peggy Lee (1969)
"I Think I'm a Mother", PJ Harvey (*To Bring You My Love*, 1995)
"Jolene", Dolly Parton (*Jolene*, 1974)
"Keys to Your Heart", The 101'ers (*5 Star Rock & Roll Petrol*, 1976)
"Love is Losing Game", Amy Winehouse (*Back to Black*, 2006)
"Milord", Edith Piaf (1959)
"Mrs Robinson", The Lemonheads (*It's a Shame About Ray*, 1992)
"My Funny Valentine", Chet Baker (1952)
"Piece of My Heart", Big Brother and the Holding Company (*Cheap Thrills*, 1968)
"Roadhouse Girl", Ray LaMontague (*One Lonesome Saddle*, 2002)
"She Bangs the Drums", The Stone Roses (*The Stone Roses*, 1989)
"Someone to Love", The Great Society (1990)
"Strange Fruit", Billie Holiday (1939)
"Too Darn Hot", Ella Fitzgerald (*Ella Fitzgerald Sings the Cole Porter Songbook*, 1956)

Filmes

Alice não mora mais aqui (dir: Martin Scorsese, 1974)
A malvada (dir: Joseph L. Mankiewicz, 1950)
Tudo sobre minha mãe (dir: Pedro Almodóvar, 1999)
Noivo neurótico, noiva nervosa (dir: Woody Allen, 1977)
Uma rua chamada pecado (dir: Elia Kazan, 1951)
O último chá do general Yen (dir: Frank Capra, 1933)
Narciso Negro (dir: Michael Powell e Emeric Pressburger, 1947)
Corpos ardentes (dir: Lawrence Kasdan, 1981)
Missão madrinha de casamento (dir: Paul Feig, 2011)
Chinatown (dir: Roman Polanski, 1974)
O diabo veste Prada (dir: David Frankel, 2006)
Pacto de sangue (dir: Billy Wilder, 1944)
Fishtank (dir: Andrea Arnold, 2009)
E o vento levou... (dir: Victor Fleming, 1939)
A primeira noite de um homem (dir: Mike Nichols, 1977)
A doce vida (dir: Federico Fellini, 1960)
A última sessão de cinema (dir: Peter Bogdanovich, 1971)
Lolita (dir: Adrian Lyne, 1997)
Encontros e desencontros (dir: Sophia Coppola, 2003)
Thelma e Louise (dir: Ridley Scott, 1991)
O sol é para todos (dir: Robert Mulligan, 1962)
Um corpo que cai (dir: Alfred Hitchcock, 1958)
O que aconteceu com Baby Jane? (dir: Robert Aldrich, 1962)
Quem tem medo de Virginia Woolf? (dir: Mike Nichols, 1966)
O ano que vivemos em perigo (dir: Peter Weir, 1982)

Sinceros agradecimentos:

Em primeiro lugar a nossas editoras: Amanda Harris, Elisabeth Schmitz, Sarah Maclachlan.

A Alexander Cochran e à fantástica equipe em Conville & Walsh; a Tim Burke por "Bibliotecas", a Bridget Connolly por tornar viável uma vida de trabalho, a DBC Pierre por "pensamento mágico", a Simon Fellowes pelo título, a David Huggins, embrião do mesmo tipo, a Misha Glenny (você sabe por quê), a Johnnie Fiori por "Como invocar um homem", a Gerard Kite pelo apoio vital, a Carolyn Holder pela "Maionese perfeita", a Louise Allen-Jones e Alice Keens-Soper por rirem nos momentos certos, a Alexander, Emelia e Louis Maltby por tantas razões, a Harland e Jane Miller por serem quem são, a Caroline Muir por "Bordados", a Leonie Profit pela "Acupuntura facial", a Sasha Speed e todos na Coutts and Co. por "Questões financeiras", a Johnnie Shand Kydd pela fotografia, a Nic Cheetham e John Mitchinson por "Bebedeiras", a Brandi Stiles por "Plantar bananeira", a Nigel Langford e Harriet Vyner por telefonemas nas manhãs de sábado, e por último, mas na verdade em primeiro lugar, a Simon Finch e em memória de Kate Courtenay, Caroline Hardy e Katie Pearson, que abandonaram a festa cedo demais.

– CBC

A Simone Noakes pelo brilhantismo verbal; a Damian Barr, Peter Da Silva, Helen Ward, Jean Egbunike, Geraldine Rudge, Lauren Shanley e Dale Russell pelos estudos de caso e pelo estímulo. A Eve

Lom, Sue Devitt, Marcia Kilgore e Terry de Gunzberg pelos conselhos de beleza. A Hari Salem pela escova genial. A Clare Park pela fotografia. A Georgia Foster pelas estratégias no alcoolismo emocional. A Uchenna Okoye do London Smiling por dicas maravilhosas para o sorriso. Ao Dr. Mark Whitely (codinome Dr. Leg) pelos cuidados de angiologia. A Margaret Dabbs por tudo ligado aos pés. À Dra. Marion Gluck pela pesquisa de hormônios bioidênticos.

A Andy Puddicombe pela meditação. A Joanna Hall por revelar sua técnica de caminhada urbana. Não esquecendo de Paddy Renouf pelos conselhos profissionais sobre coquetéis. E a Kate Mosse por ter acreditado no projeto.

– LH

Aos Greys, por tudo, sempre, à Irmã Kate por quantidades copiosas de fianças e hilaridade. A Idina Pirie, pela amizade e inspiração com nossa amada Min, a Muff e Harry por sempre me deixarem fugir para a fazenda, a Sean the Taxi por me manter na estrada, a Lucinda Chambers – boa fada no fundo do jardim –, a Hector Christie por enxergar outra maneira e a Kate Chancellor pela próxima boa ideia!

– SJL

Agradecimentos especiais também a Jo Jones e Preeya Varsani no John Frieda pelo fantástico serum para os cabelos, a Jaeger pelos acessórios lindos e generosos, a Louise Nason na Melt em Notting Hill pelo chocolate divino, e a Ruthe Wainman da Thelma & Louise pelos vouchers.

Este livro foi composto pela tipologia Palatino LT Std,
em corpo 11 e impresso em papel offwhite
no Sistema Cameron da Divisão Gráfica
para a Distribuidora Record.